大展好書 好書大展

大展好書 好書大展

道學文化 6

李 剛／編著

勸善成仙

——道教生命倫理

大展出版社有限公司

編委會

總序

中華道學歷史源遠流長，內容博大精深，既是中華民族的文化精華，又是世界文明的寶貴財富。

道家歷來崇尚黃帝。黃帝是中華民族的創始者，五千年的偉大中華文明皆同黃帝有着千絲萬縷的聯繫，現在我們中國人仍然說自己是黃帝的子孫。先秦時代，道家之祖老子著《道德經》五千言，影響深遠，道家思想遂蔚爲『顯學』。道教創立，奉老子爲教主，以其《道德經》爲主要經典，規定爲教徒必須誦習的功課，道家與道教融合而爲中華道學。幾千年來，它經過長期的演變和發展，積累成豐富的道學文化，對中國社會的政治、經濟、哲學、倫理道德、文學藝術、醫藥學、養生學、古化學以及民族心理、社會風俗等方面都產生了十分深刻的影響，起過相當重大的作用。因此，如果不瞭解中華道學的豐富內容，也就不可能全面、深刻地瞭解中國的歷史和文化。在現今中國建設現代化國家的過程之中，也需要吸取道學文化的精華，以推進中華民族的精神文明和物質文明建設。

一

中華道學文化的核心是『道』。那麼，什麼是『道』？

老子認爲，『道』是產生宇宙萬物的總根源，也是天地之間萬事萬物盛衰變化的總規律。《道德經》開章明義就講：『道可道，非常道；名可名，非常名。無名，天地之始。有名，萬物之母。』大道既無形象，又無名稱，不能用人類的語言和文字去形容它、描述它。《清靜經》說：『大道無形，生育天地；大道無情，運行日月；大道無名，長養萬物。』故大到宇宙空間，小到瓦礫微塵，無不有『道』的存在。《道德經》四十二章說：『道生一，一生二，二生三，三生萬物。』學者們評述說，這是老子在中國哲學史上首次提出的宇宙創生模式。對於這些話，我是這樣理解的：『道』即是無形無象的浩然正氣，在宇宙還未形成之前的混沌時期，由浩然之氣將混沌一分爲二，分出了陰陽天地；之後，又是浩然之氣運行日月，天生成萬物，地長養萬物，如此周而復始，永不停止，『獨立而不改，周行而不殆』。大道化生萬物以後，『生而不有，爲而不恃，長而不宰』，讓萬物自然生長，『夫莫之命而常自然』。

二

『道』的法則落實在社會層次方面，這就是人們的道德行爲規範。老子說：『人法地，地法天，天法道，道法自然。』按照『道』的原則行事，這個行爲規範的核心就是『清靜』、『無爲』和『自然』。也就是說，人們應該效法『天道』，體會天地自然的規律，順其自然地把握自己，成就高尚、完整的人生境界，才能獲得人生與社會的永恒。

人生一世，應該和諧、美滿與幸福，人們相互理解、幫助、支持，與自然相協調。但是，怎樣才能實現這樣的人生目標呢？我想首先應該做到道家的『清靜』。老子認爲『清靜可以爲天下正』，意即清靜是天下最高的法則，心清神靜，就可以處理好天下之事。道家的『清靜』並不是現代語言中的安寧寂靜之意，而是去私寡慾、摒除雜念的意思。在老子看來，這是一種最高的人生境界。老子認爲，一個人只有不斷地反省自己，剔除從外在環境沾染上的私慾雜念，才會像渾濁的流水一樣，靜止下來重新變清。人出生之時，自然純淨，一無所有，隨着生命歷程的展開，逐漸生出和沾染上種種慾念，如果不時時用淡泊寧靜的『道』來抵禦心中的私慾雜念，整日爭名逐利，耽於聲色犬馬，就會迷失生活的方向，步入生命的歧途。人生路向誤導的結果，便是『甚愛必大費，多藏必厚亡』，爲身外之物破費精神，耗盡心力，到頭來一無所有，空拋卻寶貴的人生。明於此，就當『致虛極，守靜篤』，堅守清靜自然之道，人生於是走上正軌。

『無爲』是道學的中心思想，早爲人們所熟知，但是相當多的人對它並沒有正確的理解，祇是望文生義地解釋爲『無所作爲』；其實，道家的『無爲』是順其自然，按照天道自然的法則辦事，不妄作爲的意思。老子《道德經》中說，『無爲而無不治』，『無爲而無不爲』，這才是『無爲』的真正宗旨。譬如人生處世，有人用淡泊寧靜的心與利於他人的觀念去面對世間一切事物，不貪婪，不存非分之想，總想爲社會做點力所能及的好事，用這樣的心情去對待家庭，尊老愛幼，『老吾老以及人之老，幼吾幼以及人之幼』。這樣，他就會受到人們的尊重，自身又無掛礙，無煩惱，既能適應繁忙的事務，又能神清氣爽，內心寧靜，得到充分休息，使體內的組織細胞保持正常的新陳代謝，滋養生息，長此以往，他自會身强體壯，延年益壽。這就是『無爲』的人生實踐。反之，如果有人總想『有爲』，貪慾之心太重，隨時想把別人的財富據爲己有，貪贓枉法，胡作非爲，『不知常，妄作凶』，每天都在煩惱與恐怖中生存，結果只能加速自身的死亡。人是天地之間一衆生，如果人人都用道家『無爲』的思想告誡自己，規範自己的行爲，用淡泊寧靜的心和利於他人的意念去生活，去工作，去創造，那麼人類自然就會和諧相處，社會自然得到平衡發展。

三

世人都有永生的願望，這是人類自古以來便有的傳統。從遠古開始，中國人的內心深處就藏着一個秘密願望——長生不老，不死長存。這樣的民衆心理，由中國道教神仙長生的生命哲學充分顯示了出來。道教信仰神仙長生，認爲世間具有上根之人通過修習神仙之道，可以使生命獲得永恒不朽。儘管到目前爲止，長生不死尚無實證，但長期以來道教對這一境界的追求却產生了不少有益於人類的寶貴文化遺產，在人類探索養生長壽之道的歷史進程中做出了獨特的貢獻。

道家與道教的生命科學實踐，主要有道教醫學、道教養生學、道教仙學三個方面的內容。道教醫學與中醫學有密切的血緣關係，但又以其祝由、秘方、氣功診病治病等構成獨立於中醫之外的獨特醫療治病系統。道教養生學包括導引行氣（即今之氣功）、食養食補及日常生活等方法、技術和理論。它構成了中國傳統養生學和保健學的主體與基本內容。道教仙學包括內丹、外丹等修仙之術，雖然其中含有一定的宗教內容，但却對人體科學、智能開發以及古代化學等領域的研究實踐做出了重要貢獻。

道教主張『我命在我不在天』，即人的生命由自己控制掌握，人發揮自我主體能動性，可以延續生命的長度，提高生命存在的質量。這方面的途徑和方法是多種多樣的，可以歸結爲兩大方面：一方面是養生，一方面是道德修養。這種關於生命科學的歷史實踐，對於現代社會具有重大的現實意義。它在理論和方法手段上彌補了西方近現代醫學、保健學與實踐體系的不足。

首先，道家與道教主張在養生活動中應當身心並重、形神俱完、性命雙修；在形體保健中强調心智完整與道德修養的雙重意義。這種以修德養性爲養生第一要務的修道特徵，對於今天社會具有相當重要的指導意義。

其次，道學提倡全面養生，即從精神修養、飲食、鍛鍊以及日常生活衛生等各個方面來進行養生、發展身體、增進健康與延長壽命。道家和道教反對偏頗和單一的修煉，認爲生命是一個大系統，必須從各個方面、採用各種方法和手段來加以養護和發展。

其三，道家與道教認爲生命健康長壽的關鍵是人體內部精、氣、神的充盈旺盛。因而養生治身的原則是動靜結合、內外結合、煉養結合、形神結合，重在提高與發展人的內在精神和生理水平。其手段方法也就不是那種激烈的運動和比賽，而是重視靜養精神、內煉精氣、導引形體、飲食補養，從而構成了在世界醫療保健體系中堪稱獨樹一幟的具有中國傳統文化特色的養生文化體系。

由此可知，道教養生的方法無疑對延長人的生命，充實人的生活具有重要的意義；然而，僅僅如此還是不够的，生命還欠缺了一方面，不能盡善盡美。要使生命發出光華，萬古不朽，還必須在道德上下功夫，通過自我努力，成爲道德上無懈可擊的君子。養生加道德實踐，這才是完美的人生，這才是生命的坦途，這才能够不朽。這就是道教生命哲學的主體性原則。

道教認爲，要想從根本上解脱生死的煩惱，使人生走向永恒，必須加强身心的修煉，過一種合乎道德的生活。道教經典從《太平經》、《清静經》到後來民間流行的功過格，都提倡人生在世，應該多行善事。一個行善的人，光明正大，心中充滿正氣，活得自在踏實，所謂『爲人不做虧心事，半夜敲門心不驚』，這種充滿浩然正氣的心態對生理健康大有好處。人的長壽是由心理健康和生理健康交互作用而完成的，一個具有善良意志的人，心地是清静無爲的，摒棄了種種邪惡慾念，一心向善，自然有利於身體安康。

總之，德行充實者必會長壽，這是道教用『道』指導人生解決生命問題的一個準則，它對於世界文明和人類健康長壽事業具有重大的價值。

道教認爲，要想長生不老，僅有個人的道德實現是不完美的，還必須濟世救人，利他利民，建功立德。如果僅滿足個人的修煉，只能拯救自我的生命，這是很不够的，而且不能證道成仙。只有廣建陰德，濟物救世，行種種方便，做無量善事，拯救普天之下人們的生命，自己的生命才能得到拯救。道教文化中保存了許多中華民族的美德，如孝敬父母，敬老恤孤，憐貧憫疾，先人後己，損己濟物，助人爲樂，濟人貧困，解人之厄，扶人之危，抑惡揚善等等。這些美德都值得發揚光大，以淨化社會的空氣。

四

道教不僅試着解決生命的最終歸宿，而且熱切關懷生命存在的質量高低問題，也就是關心世人是否生活得幸福快樂。

怎樣才算是幸福生活？古今中外的哲學家、宗教家都在探討這一問題。古希臘的哲人德謨克里特告訴人們：幸福不在於佔有畜羣，也不在於佔有黃金，它的居處是在我們的靈魂之中。古希臘的另一大哲人亞里斯多德認爲，人的心靈可分爲『理智德性』和『道德德性』兩大部分，人們祇要具備了這兩種德性，並進而使兩者處於有秩序的和諧狀態，就進入幸福和至善的境界。所以他認爲，幸福就是心靈完全合於德行的活動。老子以『無爲』作爲人類本性和最高的道德，認爲『道常無爲』。無爲包含有無慾的意思在內，這種無慾無爲的道德，老子又把它叫做『自然』，講『道法自然』。人按照道的這種無爲無慾生活即是幸福。老子讚美『貴柔』、『知足』、『不爭』等品行，在道德修養方法上主張『少私寡慾』、『爲道日損』、『滌除玄覽』等。認爲據此修行，人生就可以免禍得福。

道教的幸福觀可以說與以上中外哲人的思想頗有異曲同工之妙。道教認爲，幸福不在於佔有物質財富的多寡，物慾的滿足並不意味着就是幸福。比如餐宴過度之後，人們常常感到腸胃的痛苦便是一例。

道教同樣認爲，精神的因素在幸福中佔有很大的比例，主張精神上逍遙自在，不爲外面的花花世界所勾引，不爲外物所染，心靈便清靜明亮。心如赤子，知足常樂。精神上與至善的德行合拍，人就生活得充實美滿。道教繼承老子，主張無慾無爲。

所謂無慾，不是禁慾，不是『存天理，滅人慾』，而是合理地控制自己的慾望。人慾是貪得無厭的，如不加以控制，就會走火入魔，縱慾傷身，談何幸福？所謂『樂極生悲』，就是縱慾過度，帶來的只是痛苦。因此合理控制自我慾望，既不縱慾，也不禁慾，適度得中，就找到了幸福的感覺。

所謂『無爲』，並不是坐享其成，什麼事也不幹，而是不妄爲，不亂來。比如君子愛財，取之有道，這就不是胡作非爲，就屬於『無爲』的範疇。搞假藥假酒，以假冒僞劣產品坑人騙人，甚至不惜圖財害命，這就不屬於道教講的『無爲』，而是屬於『有爲』。有爲必傷生，最終弄巧成拙，在人生舞臺上演出一幕幕悲劇，哪裏還有幸福可言？所以按照『無爲』的原則生活，就是讓自己的行爲合乎自然規律，合乎道德規範，過一種合乎理性的生活。無慾無爲，效法自然，按照這一原則去生活，去體證生命，相信一定會達到一個新的人生境界。

五

成都恩威集團與四川省社會科學院聯合創辦了『中華道學文化研究中心』，其宗旨是『弘揚中華文化，光大民族美德，繁榮學術研究，促進社會文明』。爲此，中華道學文化研究中心邀請了一批在道教研究方面卓有建樹的專家、學者，編撰了這套『道學文化』叢書，包括有道教醫學、道教内丹與養生學、道教倫理、道教神系、道教儀禮、道教文學、道教音樂、道教宮觀等方面的内容。旨在客觀介紹，以使熱心中華文化的社會各界人士對道學文化有一客觀、正確、全面的瞭解。

在此基礎上，我們再進而發掘這座思想文化的寶庫，用之於當用之處，無疑將對現代社會的發展起到一定的推動作用。我相信，炎黃子孫，同心協力，必能使中華民族之傳統文化發揚光大！

薛永新

目録

引言

本世紀七十年代，興起了一門新學科——生命倫理學（bioethics）。一九七一年，美國華盛頓喬治城大學建立了肯尼迪倫理學研究所，一九七八年，該所組織編寫的四卷本《生命倫理學百科全書》出版。

從此後，北美、西歐、日本等國大學出現越來越多的生命倫理學研究中心，各國和國際的有關生命倫理學的學術會議連綿不斷，出版了大量的學術論文和專著。

生命倫理學（bioethics）由兩個希臘詞 bio（生命）ēthikē（倫理學）構成。生命主要指人類生命，但也涉及動植物生命。倫理學是指對道德的哲學研究。有人認為，生命倫理學是根據道德價值的原則對生命科學和衛生保健領域內的人類行為進行系統的研究。據稱，生物技術的進步，使醫學面臨了許多前所未有的新難題，並對傳統的倫理觀念提出了新挑戰，這是

產生生命倫理學的根本原因㈠

其實，生命倫理學並非現代人的專利品，現代條件下產生的生命倫理學，也可以說是一門古老的學科。只不過古代的生命倫理學不同於現代的含義罷了。古人雖沒有創造生命倫理學一詞，但從現代人的眼光審視，實際上已形成了內涵不同於當今的生命倫理學說，這尤其表現在古代的宗教倫理學中。世界三大宗教的倫理觀可以說都是種生命倫理觀，它們都把生命問題的終極解決與道德行為的善惡連在一起，這樣一條生命——倫理的因果鏈，顯示了古人的人生價值觀。

如果說當代生命倫理學主要關心的是生殖技術、生育控制、遺傳和優生、安樂死、器官移植、行為控制等形而下的問題，那麽古代的宗教生命倫理學則對人的生命表現出終極關懷，關注人能否獲得永恒，生命怎樣才能得到拯救而永存不朽等形而上的問題。試看基督教稱人生而有原罪，只有一生不斷贖罪，才能最終獲得拯救，成為上帝的選民，進入永生之天國。『贖罪』就是道德上的去惡從善，生命問題的最終解決離不開道德修養。

再看佛教的六道輪迴說。佛教以人生是苦，人死後是上天堂還是下地獄，決定於在世上所造之『業』，人的身、口、意三業的善惡，必將受到相符的報應，善有善報，惡有惡報，為善者登上天堂，作惡者墮入地獄，臻於至善則可上昇到常樂我淨的涅槃境界，永恒常在，充滿歡樂，斷除一切煩惱。伊斯蘭教怎麽樣呢？

《古蘭經》教誨説：『善人們，必在恩澤中；惡人們，必在烈火中。他們將在報應日墮入烈火，他們絶不得離開它』；『惡人們的記録，將在一本惡行簿中』；『真是，善人們的記録，確在善行簿中。你怎能知道善行簿是什麽？是一本封存的簿子，真主所親近的天神們將作證它。善人們必在恩澤中，靠在牀上注視著，你能在他們的面目上認識恩澤的光華。』②善人的生命『必在恩澤中』，永居樂園；惡人的生命『必在烈火中』，墮入地獄。可見世界三大宗教都從生命哲學出發講道德問題，是種古老的不同於現代意義上的生命倫理學。

與世界三大宗教一樣，道教也有自己的生命倫理學。道教生命倫理學以『勸善成仙』為主題，由生命哲學和倫理學兩大板塊構造而成，或者説是二者聯姻的産兒。

解決生命存在問題。既是道教勸善成仙的生命倫理學的出發點，又是其目的地。道教對生命問題的解決以『成仙不死』為標榜，儘管這一標榜前後的內涵有所轉換③，但對『成仙不死』的追求却矢志不移。人類對死亡的憂慮、關切，深深地埋藏於潛意識中。

莎翁名劇《哈姆萊特》中有句名言：『生存還是毀滅，這是一個值得考慮的問題』④道

① 參見邱仁宗《生命倫理學》I《難題和挑戰》，上海人民出版社一九八七年版。
② 第八二、八三章，中國社會科學出版社一九八一年版，第四六七頁
③ 大約説來，五代以前肉體不死為主要傾向，五代以後精神不死佔主導地位。
④ 《莎士比亞全集》第九册第六三頁，人民文學出版社一九七八年版。

教選擇的是『生存』，也就是所謂『長生不死』。人十分不情願接受死亡這一事實，針對這一心態，『宗教總是象徵性地保證，「生命和有秩序一定勝利，死亡和混亂一定失敗。」』①但各個宗教的『保證』是不同的，各有各的特色。道教的特色是成仙不死，是面對死亡的主體性抗爭。人生旅途，生命就像是旅行，終有到站之時，且在旅行中還必須不斷逃避死神的追捕，一不小心便有可能落入死神的魔掌。道教所沉思、所要設法解決的，就是如何戰勝死神，把生命旅行無限延伸下去，所以從這個角度講，道教的神仙長生學就是死亡學，或者叫克服死亡之學。因為抱定戰勝、克服死亡的決心，所以道教對生命的態度是樂觀主義的。存在主義哲學對生命持悲觀主義態度，薩特《存在與虛無》說：『一個生命的歷史，無論它是怎樣的，都是一部失敗的歷史。』②由此說來，生命注定是失敗的。道教與此不同，認為人是自我生命的主宰，經過人的努力，最終可以克服死亡，戰而勝之，獲得『不死』。

問題是：怎樣去努力，通過什麼途徑獲得成仙不死？道教的答案是：除了修煉生命，或外丹或內丹煉養之外，不可或缺的就是道德上為善立功德，洗去自己的罪惡。這樣，就將生命哲學與倫理學銜接起來了，形成別具一格的生命倫理學。

這套生命倫理學主張『長生之本，惟善為基』③；『入善為生，為惡而死』④；『若能行善無惡，功德備足者，可得白日昇天，屍解成仙』⑤；『積惡造罪，無由冀仙』⑥。善則生，惡則死；善則長生成仙，惡則與仙無緣。這樣生命存在的長度便與道德上的善惡相聯繫，長生成仙即為至善的標誌。只要行善，生命就是充實的。通過行善，人感受到生命的價值，意識到生命是種享受，值得永久維持下去，而長生不死是人行善所得的回報。行善給人的感覺是生命找到了目標和追求，這種目標不會導致他走向毀滅，而是昇入永恒。

這套生命倫理學認為：『修善得福，為惡得罪』；『修善者福至，為惡者禍來』；『唯修善者得福』；『積修功德，謙讓行仁義，柔弱行諸善，清正無為，初雖勤苦，終以受福』；『不犯惡，善積行著，與道法相應，受福無極』⑦；『積善隆福基』⑧。善意味著福，惡意味著罪與禍，這樣生命存在的質量高低更與道德行為相關聯。人生的命運際遇實際上掌握在人自

---

① 瑪麗·梅多、理查德·卡霍《宗教心理學》第三一頁，四川人民出版社一九九〇年版。
② 三聯書店一九八七年版第六一八頁
③《墉城集仙錄》卷一。
④《太上老君戒經》。
⑤《太上妙始經》。
⑥《北極真武普慈度世法懺》。
⑦《正一法文天師教戒科經》。
⑧《太上三洞傳授道德經紫虛篆拜表儀》。

身手上，人要想離苦得樂，獲無量福，與滅惡興善是分不開的。行善可以使人產生快樂幸福，是對自己生存能力的一種體驗，體驗到自己的能力不僅足以保證自我的存在，而且有能力幫助他人，在行善中實現了自我。

善的人生是福與樂的人生。從美學角度講，善的人生也是美的人生。行善是生命價值的完美體現，生命之美，美就美在至善。如果說西方文化注重以真為美，求真知識，那麼中國文化則追求以善為美，生命之美在善行中閃閃放光，道教生命倫理學正是以至善為生命之美。

既然生命的長度與質量和善惡相關，所以道教生命倫理學勸人為善除惡。《正一法文天師教戒科經》勸人『除去已往之惡，修今來之善』。《女青鬼律》告誡說：『親善遠惡，與體自然』。《玄門十事威儀》要人『咸生善意』。《太上洞神三皇儀》呼籲人們『心識覺悟，捨惡就善』。善是人生的最高價值，其價值目標在於『成仙不死』。

道教生命倫理學從心性論去尋找善惡產生的淵源。《北極真武普慈度世法懺》分析說『凡世衆生，自從有命，善心因被外色侵凌，躭諸愛慾，遂乃蔽善事，積習惡緣』。《太上洞神三元妙本福壽真經》指出：人的本元天性，清寂虛明，『了無慾情』，怎麼會有善惡呢？但自心念一起，邪正區分，『人慾甚而天性喪』，於是生出種種罪惡來，致使良善受殃，生命夭折。既然問題出在人的心性上，那麼解決問題的根本方法也就找到了，只要找回人失落的『天性』，心不為外色所動，善就伴隨着人的生命，生命就可以獲得永恒。

日本學者西田幾多郎在《善的研究》中指出：『古來的倫理學說大致可以分為兩種：一種叫做他律的倫理學說，把善惡的標準放在人性以外的權力上，另一種叫做自律的倫理學說，想在人性之中尋求善惡的標準。』①一般說來，宗教倫理的善惡標準是來自神的權力，神說這是善便是善，說這是惡便是惡（當然神的權威無非是人的權威的異化），形式上表現為他律。

道教生命倫理學也求助於神的權威，表面上似乎全然以神為中心，神成為人類道德行為的裁定者，但實際上並不單單依賴於神的權威，而是把依神的權威而來的他律原理，同人自身的自律原理相結合，雙向並舉，規範人的道德行為。有時候，道教更强調人的自律的一面，强調發揮人的道德主體能動性。

黑格爾曾說：『當中國人如此重視的義務得到實踐時，這種義務的實踐只是形式的，不是自由的內心的情感，不是主觀的自由。』②

這或許指的是儒家道德所帶來的形式主義花架子。道教生命倫理學恰恰是要把行善去惡變為一種『自由的內心的情感』，使之出於『主觀的自由』，而不僅僅是被外在壓力所逼迫。

---

① 商務印書館一九六五年版第九一頁
② 《哲學史講演錄》第一卷第一二五頁，商務印書館一九五九年版。

儘管有外在神的監視，但最終是要形成個人的自覺，發自內心自願行善，只有這樣，生命才能『成仙不死』。基督教以外在最高神——上帝，公正審判萬民。道教生命倫理學除了設立外在神的審判，還講求內在心性的自我審判，是他律與自律結合的倫理學。

道教生命倫理學是道德理想主義的重建。《太上老君說解釋咒詛經》認為：『上古之時，人民淳樸，心行正直，禀性柔和，不相嫉妒。末世浮澆，人心狡詐，不修善行，唯習凶惡』。《女青鬼律》卷六抨擊說：『末世廢道，急競為身，不順天地，伐逆師尊，尊卑不別，上下乖離，善惡不分，賢者隱匿，國無忠臣，亡義違仁，法令不行，更相欺詐』。《真武靈應護世消災滅罪寶懺》也指責末世人心澆薄，惟用邪行背真就偽，『不義不仁』，『不忠不孝』，欺騙萬民，虐待百姓，殺戮衆生。既然末世道德淪喪，世風不古，那就應該重構道德理想，回到上古淳樸真實、只修善行的理想社會。

怎樣重構道德理想？道教生命倫理學提出了若干方案，這些方案中不乏代代相傳的傳統美德。這些美德有：

（一）先人後己，捨己為人，損己濟物，利他自稱。《太上洞玄靈寶八威召龍妙經》卷下稱：『爾欲度身，必先度人』。其『十八善』之一即講先人後己。《無上秘要》卷五十要人『常行善念，損己濟物』，『退身度人』。《雲笈七籤》卷三十七的『十善』之一是『損己救窮』。《吕祖全書》卷二十八反對『利己而損他人』。

（二）助人為樂，尊老愛幼。《洞玄靈寶飛仙上品妙經》列舉數十種善言，『敬重老少』為其中之一。《洞玄靈寶天尊說十戒經》的『十戒』之一是：『見人有憂，助威作福』。《雲笈七籤》卷四十《崇百藥》提倡『扶接老弱』，『以力助人』，『救禍濟難』，『尊奉老者』。《淨明宗教録》說：『凡得淨明法者，務在濟物，見他人之父，見他人之母，如我父母。矜老恤孤，憐貧憫病，如病危急，若在己身』。《呂祖全書》卷二十八教人『或行一善事，以濟人之困窮；或出一善言，以解人之冤結；或施一臂力，以扶人之阽危』。

（三）寬容精神。《玉詮》卷一說：『寶光現處空罪垢，容得他人即善壽。千年萬劫無量修，不如一日能和柔』。與人相處，寬容和柔。

（四）不取非義之財。《洞玄靈寶天尊說十戒經》强調：『不得取非義財』。道教勸善書和各種戒律中有很多同類主張。

其他還有一些，這裏略舉四條，以見一斑。道教要人具備這些品德的目的是度人成仙，但也在一定程度上產生了積極的社會作用。宗教道德本身是世俗道德宗教化的結果，因而同世俗社會道德有密切聯繫，並在一定社會條件下起世俗道德的作用。『宗教道德中那些被神秘化了的具有長期歷史傳統的世俗社會道德觀念，諸如不偷盜、不姦淫、不兇殺、不貪財、不搶劫、不誣陷、不妄語、平等愛人等，仍能成為世俗道德的補充。這是因為，這些具有歷史傳統的世俗道德被宗教化後，它們以上帝的名義，神的語言出現，並附之天堂地獄和善惡報應的道德歸宿，因而較之世俗的道德有更强的束縛力和更大的社會效力。這不僅使得有些虔誠的善男信女能成為執行人道主義的楷模，而且對於社會罪惡勢力也有一定的約束作用』①。

道德生命倫理學也具有此種『社會效力』，其中不少道德條目積澱為民族傳統的美德，至今仍有價值意義，值得弘揚！站在宗教社會學的立場上看，道教生命倫理學在中國古代社會裏扮演了一個重要配角（主角自然是儒家倫理），起到了强化社會秩序的功能，這種功能是對儒家道德的補充。

與儒家倫理相比，道教生命倫理學說不圖政治功利，不計較個人功名利祿，但求個體生命之永不失落。『儒家學說代表一種具有深刻的人道主義精神的家長統治的倫理觀』②，是宗法血緣社會的典型產物，儒家倫理講究社會成員，尤其是家族成員之間的某種特定的功能上的關係，這種關係的等級名份是有序的，不得破壞。

道教生命倫理與儒家道德的價值取向不同，追求個人生命的解脱，從個體出發，但對儒家道德規範又予以認同，因此主張在追求個體生命永存的同時，不違背社會羣體利益，儒家倫理强調義務而不是權利，道教生命倫理要人盡到宗法社會所要求的義務，而又努力爭取個人生命的權利。

儒家道德重視道德楷模的作用，以榜樣的力量鼓舞人，道教生命倫理也著力塑造因行善而成仙的形象，以此勸人為善。儒家面對死亡的道德擔待是『殺身成仁』，道教生命倫理則是『立功成仙』。

與佛教倫理相比，道教生命倫理是快樂主義的、節慾主義的。佛教倫理觀的出發點是人生皆苦，要解脱苦難人生，首先須將人生看作虛幻，這樣才能脱俗出世，既出世則父母妻兒都得拋棄，儒家的宗法倫理於此便化為泡影。道教生命倫理以人生為樂，快樂的人生是實在的，追求成仙用不着脱離塵世，能『和光同塵』者才算高明。

道教的神仙不是在世界之上，而是在世界之中，甚至還有着陸在地上的『地仙』。這些神仙有一個明顯特徵，那就是快樂非凡，人們行善成仙就是為了要過這樣一種快樂的生活。佛教把貪愛作為人生痛苦和不能超脱的根源之一，因此主張禁慾。道教承認塵世價值的作用，承認人應有生活的權利，主張節慾，過一種有節制的快樂生活。道教吸取佛教的輪迴轉世、因緣報應説，以解釋德福不一致的人生現象。

將道教生命倫理觀與儒、佛二家倫理思想比較，可以更清楚地看到其自身的特色，與儒、佛的同與異。可以這樣説，道教生命倫理以個人的生命存在價值和意義為出發點，要人

① 參見陳麟書《宗教學原理》第一一三—一一四頁，四川大學出版社一九八八年版。
② 李約瑟《四海之内》第一〇五頁，三聯書店一九八七年版。

通過為善去惡，提高生命的內在質量，延長生命的外在時間，最終為人的生命尋找到一個光明的歸宿。

本書在構架上，將首先用三章的篇幅縱向考察道教生命倫理學的歷史演變線索，然後用兩章橫向分析其特性。也就是說，全書以歷史為經，以特性為緯，經緯交錯，編織出道教生命倫理學的基本面貌。本書力求歷史與邏輯的統一，弘揚道教生命倫理學中所包含的傳統美德，古為今用，為淨化社會風氣，奉獻一點綿力。

一、漢魏兩晉勸善成仙思想的萌芽和初步形成體系

東漢至魏晉，是道教勸善成仙思想萌芽和初步形成體系的時期。這一時期勸人行善成仙的種種説教，主要保存在《太平經》與《抱朴子》這兩本早期道教的重要經典中。在這兩本經書裏，可以發現後世道教勸人行善成仙的生命倫理學的活水源頭，換句話説，道教生命倫理學此時已孕育出胚胎，鑄就了基本的模型。這個時期道教生命哲學的特徵是對肉體長生不死的强烈肯定與追求，為了追求到這一迷人的境界，道教除了實施種種修煉方法，便是要人行善除惡，成為道德上的完人、聖賢，這樣就產生了最初的勸善成仙思想。

下面我們就通過對《太平經》、《抱朴子》及其他魏晉道經的透視，追尋道教生命倫理學的根，觀察其原初風貌。

（一）《太平經》的生命倫理觀

《太平經》是漢代道書的一本合集，內容龐雜，語言通俗，多出自社會下層士人之筆，不是一時一地一人之作，為漢代道教的重要經典。《太平經》上論天道，下談人道；企求社會太平，政治清明；宣傳天人合一，和諧吉祥。其談天人之道的一項重要內容就是人的生命，人如何解脫死亡，實現神仙長生。《太平經》的生命倫理觀，即是以其生命哲學為出發點，圍繞對生命問題的解決做文章。因此要撩開其生命倫理觀的面紗，首先還得看看它的生命哲學，看清楚它怎樣從終極處解決生死問題。

古今中外不知有多少哲學家、宗教家對生與死作過深刻的沉思，發表過精妙的高論，試著解破這一永恒的斯芬克思之謎。《太平經》對生命問題也拋出了一套自己的答案。《太平經》非常非常重視生命，認為天地人性，萬千事物中，『人命最重』；天地之間，『壽最為善』，生命長久的存在本身就意味着是最高的善，只要能够生存著，什麼塵世的富貴啦，功名啦等等都不在話下，怪不得天上的神仙們，都『不貪尊貴』，『但樂活而已』①而且長生不死，永遠活着。在《太平經》的眼光中，真正的智者是能够延長自我生命的人，並且從人的本性來說，就是『樂生而惡死的』，就是『貪壽貪生』的，就是把死亡作為天下最凶的事對待的[2]。那麼，人怎樣才能避凶趨吉，從死亡的劫難中獲得解救呢？《太平經》的回答是：學習神仙長生之道，像神仙一樣長生不死。它讚美『善人之貪』就在於『貪得神仙』，『貪得不死位』[3]，這種貪圖並非惡人惡事，而是善人善事。所以神仙長生不死，就是《太平經》從終極處下手對生命問題的解決。

本來，老莊道家思想的旨意，養生在於無欲無為，效法自然。但到秦漢之際的黃老道家受神仙家影響，把這種樸素自然的養生思想加以發展演化，逐步演變為追求長生不死的神仙學。由養生長壽轉而追求長生不死，可以說是漢代道家思想的一大轉折，體現這一巨大轉變的黃老道家代表作《淮南子》，雖然祖述老莊，但也大談黃白術等神仙之學，大量吸收了神仙方士的思想觀念。

以後黃老學發展為黃老道，神仙不死學說便順理成章組合進道教中去，神仙長生更成為漢代道教，以及後世道教生命哲學的核心命題，成為道教與衆不同的獨特標識。

再從漢代流行的社會思潮分析，神仙長生說亦是其中之一，對社會各階層特別是社會上層產生了廣泛影響。漢武帝招求神仙方士，十分優待，不惜花費大量人力物力為他搞長生之

① 參見王明《太平經合校》第三四、二二二、二二八頁，中華書局一九六〇年版。
② 《太平經合校》第二九七頁
③ 《太平經合校》第五三八頁

藥、封禪求不死等之類活動。漢宣帝通達黃老學，『復興神仙方術之事』④；王莽『興神仙事』，操作『黃帝穀仙之術』②；漢桓帝『事黃老道，悉毀諸房祀』，③這些都是帝王崇尚神仙不死的典型例證。士大夫流也不例外。《漢書·郊祀誌》記載谷永告訴漢成帝說：社會上流傳有仙人，服食不死之藥，輕舉飛昇；士大夫不得志便退而『養仙』，以求『松喬之福』。從《古詩十九首》中，我們看到文人感嘆人生之短促，時光飛逝如電，神仙之不可得。這些都表明神仙長生思想，在漢代社會各階層有廣泛的傳播，人們的生命意識十分強烈，對生與死的問題非常關注，尤其是知識分子羣體和宮廷貴族人士，對生命懷着無比的留戀，熱情的衝動。這就是《太平經》神仙長生不死的生命哲學所興起的社會思潮背景。

《太平經》的這種生命哲學與其宇宙論是銜接的，體現了人與天的統一，人的生命須遵照『道』、『一』、『氣』、『神』的法則運作，否則就會使生命失調，短命夭亡。

就生命與『道』來說，《太平經》認為：守道而一直不中止，可以得仙不死④。守道是長生成仙的首要條件，一旦得道就能由人變易成仙，隨天變化，無所不為，從而獲得生命存在的絕對自由。生命『得道則吉，失道則凶』⑤因為『道』即意味着永恒不朽，長生不死。但是要想得道，卻不是一朝一夕的事，必須經過長期學習，刻苦磨練，歷盡艱難，才能與道同在，變形為仙，也就是所謂『學道積久，成神真也』⑥。

這樣一種把道理解為永恒不朽的思想，在漢代是較為普遍的。《老子河上公註》就認為

『常道』指的是『自然長生之道』，相信人能『保身中之道』，就『可以長久』⑦。《論衡·道虛》記載了當時好道者的觀點，『以老子之道為可以度世』成仙。這些都向我們透露出某種信息，信息顯示漢代社會的好道者們，已普遍地把老子之道詮釋為可以度世不死的神仙之道，《道德經》原來意義上的『道』已被改造。這是《太平經》大講神仙不死之道的思想背景。

《太平經》不僅總結了漢代神仙長生之道的思想，而且總結了當時修煉仙道的各類方術，使它對於生命問題的解決方案具有一定程度的可操作性。它的生命哲學是形而上之道與形而下之器的巧妙結合，而非純思辨的產物，這是其特徵，這種特徵在其生命倫理觀身上同樣可以找到。《太平經》將神仙之道分為九種形態，每一種形態都有相應的操作方法。這九種形態從總體上又分被分為三等，上等可度世，中等可召使真神，下等可召鬼魂。度世一等中又以修煉『元氣』最為高明，其次是以虛無自然的精神『守形』，再次是內視積精。可以發現

① 《漢書·楚元王傳》。
② 《漢書·郊祀誌》。
③ 《後漢書·王渙傳》。
④ 《太平經合校》第七八頁。
⑤ 《太平經合校》第六八〇頁。
⑥ 《太平經合校》第二六頁。
⑦ 《守道》第五九。

道教從其產生伊始，就把煉氣放在修煉神仙之道的首要位置。

從生命與『一』的關係來說，一既然是數之始，萬物之源，生之根基所在，那麼守住一，生命自然永久存在，所以『守一』是通向神仙妙境的重要途徑，無怪《太平經》說：『古今要道，皆言守一，可長存而不老』[1]。守一作為長生無極之道，同樣有許多具體的操作方法，這些方法可分為兩大類。一類專從養生角度講，包括靜坐、安臥、守神、煉氣等，其中最受《太平經》重視的是守神，即保持『精神專一』，使形與神時常合一不分。另一類則是結合道德修養與養生去講，與道家傳統的只講全生保生的『一』有所不同，實際上是將道家養生學說與儒家道德實踐結合起來操作，是儒道聯姻後的產兒。

從生命與『精』、『氣』、『神』的關係說，《太平經》指出精、氣、神三位一體，對於人的生命不可缺少；精氣神三項要素中以氣為本根，即氣是神之根，神須氣而存，精也存在於神氣之中。神與氣的關係是：神乘氣而行，故人有氣則有神，有神則有氣；人無神亦死，無氣亦死[2]。精、神與氣之間好像魚水關係，人的精、神活動於氣之中，恰似魚兒游於水中，魚離不開水，精、神也離不開氣，氣是肉體生命最基本的元素。

總之，《太平經》的生命哲學試圖證明死亡是徹底的毀滅，是人類最為『悲之大冤』之事，因此人們應該按照所開列的『真道善方』，『以小增其年，不死遲老』[3]。《太平經》針對人們畏懼死亡的心理，勸誘人修習神仙不死之道，而為了鼓勵一般人樹立起長生不死的信心，它千方百計力圖最終否認死亡這個事實。卡西爾《人論》在談到原始宗教和神話對死亡的態度時認為：『對生命的不可毀滅的統一性的感情是如此强烈如此不可動摇，以致到了否定和蔑視死亡這個事實的地步』；『如果有什麼東西需要證明的話，那麼並不是不朽的事實，而是死亡的事實。而神話和原始宗教是絕不承認這些證明的。它們斷然否認死亡的真實可能性。在某種意義上，整個神話可以被解釋為就是對死亡現象的堅定而頑强的否定。由於對生命的不中斷的統一性和連續性的信念，神話必須清除這種現象。原始宗教或許是我們在人類文化中可以看到的最堅定最有力的對生命的肯定。』④

《太平經》繼承發揚了原始宗教和神話的精神，對生命作了最堅決最有力的認同，徹底否認了死亡的真實可靠性。人能成仙不死，這就是《太平經》生命哲學的關節點。對永生的信仰，是世界上各種各樣的文化所普遍共有的，但絕大數文化與宗教，承認肉體將腐朽，只有精神獲得永生。《太平經》與衆不同處，就在於其肯定肉體可以不死，與精神一道獲得永恒。

若要想不死，在《太平經》看來，僅僅從養生角度去修煉、去下苦功夫是完全不够的，

① 《太平經合校》第七一六頁。
② 同上第九六頁。
③ 同上第三四一頁。
④ 第一〇七—一〇八頁，上海譯文出版社一九八五年版。

還必須從道德修養上提出十分嚴格的要求，以此作為規範人們行為的清規戒律，使人不僅具備奇妙的養生法術，而且還是道德上無懈可擊的聖人，如此才有成仙之望。這就是《太平經》生命倫理觀的基本內核。

兩漢思想家，多以人倫道德為出發點去構造自己的思想系統，儒家的三綱五常說於此時完成。由於漢代流行天人感應的觀念，故當時的倫理觀普遍認為人的善惡行為會與天界發生相互感應，上天依據人的道德行為來裁決人的命運，或降吉福，或予凶禍，全看你的道德表現如何。在骨子裏，儘管是人們的動機和行為決定結果，但表面上卻掩蓋着老天爺的意志，充滿權威的天在那裏發號施令，預報人們的吉凶福禍，懲惡揚善，從而推動人們的道德動機與行為，朝着善的大道邁進。《太平經》勸人為善的生命倫理觀頗受此影響。

由行為善惡所招致的吉凶壽夭等因果關係，即道德動機與效果之間的關係，是《太平經》生命倫理觀討論較多的問題，特別是壽夭（即人的生命）與善惡（即人的道德表現）間的因果關係，成為其關注的重大問題。在《太平經》的眼光中，生命的長短與善惡行為有相應的因果關係，善與長壽相對，惡與短命相應，也就是所謂「善自命長，惡自命短」⑩。要想延長生命，人就必須努力為善，建立陰功，向道不倦。人的壽命長短雖係天數，但通過修身正己，不犯神靈，多做好人好事，即便本來短命者也可以「增算」，也就是增加你的壽算，此即所謂有善增算，有大功增命益年，為德不止增算[2]。反之，假如『失善從惡』，本當長壽者卻讓你『減算』，也就是減少你生命的長度，讓你短命夭亡，此即所謂『為凶除算』，行惡天遣神加以記録，除算減年[3]。可見在《太平經》那裏，人的生命長短是既定的又是可以發生轉化的，是朝長壽甚至長生不死轉化，還是朝夭折短命轉化，先行條件之一就是看你行善還是作惡，是善果累累，還是作惡多端。在此，人的道德表現怎樣便成為自我命運及生命長短的裁定者。

但是，這種裁定在《太平經》中是套上了神的光環的，在形式上表現為神對人的裁決，道德主體的內在自律呈現為神約束制裁人的外在他律。在《太平經》的觀念中，神仙長生者有『簿籍』掌握在『天君』手中，命中已注定要成為仙人；至於那些無心學習仙道的人，完全沒有可能將自己排名於神仙簿籍上的，換句話説，這樣的人没有資格拿到神仙户口，即便他們有萬貫家產，也休想買到人轉神户口。如果命中注定不能昇仙，但卻熱心學習仙道，那麼還可以『竟天年』。在道德修養上做進一步的努力，立有『功效』者，更可轉死籍而得『小生』。那些作過惡的人也切勿自暴自棄，假如能夠日夜自我懺悔，『自責悔過』，天上衆神得知後就會原諒其過失，並稟報天君。天君於是下令掌管生死録籍之神將其生命從短命簿移

① 《太平經合校》第五二五頁。
② 同上第四六四、五三七、二五〇頁。
③ 同上第四六四、四二七、五六八、五二六頁。

到『壽曹』，即長壽之列，不僅多壽，而且多子多福。至於那些富豪之人自恃『家强』，財大氣粗，『殺傷無數』，為富不仁，對此天君不僅斷其香火，且短其壽①。

上述表明《太平經》的生命倫理觀是以『神』為表現形式的，人的生死壽夭操於天神之手，神依據人的道德行為來決定把你登記在哪一類生命簿上，從而裁定你是『添算』還是『減算』。所謂『算』，本是漢代數學、曆法的名詞，如《漢書·律曆誌》所謂：『數起星初見所在宿度，算外，則星所在宿度也』；『數從丙子起，算盡之外，則太歲日也』。《太平經》中用『算』來表示人的生命長短，如說『子已得益天算』，『人生各得天算』，『增算於天』等等②。所謂『天算』就是上天安排的『命數』。雖有『常法』，但也可通過人的修行來『增算』。這種『天算』秘密地記載於司命的簿籍上，司命根據人們的善惡表現或者延長或者縮短其壽算。

司命在哪裏？它就在人的心胸之內，『不離人遠人，為精神舍宅』，以便密切監視人的道德表現情況，據此對人的『壽算』作修正。司命的職能是『司人是非』，一旦你有過失，便減去你的壽命，如果你積累過失太多，便『下主者之曹』，收取你的魂神，『考問所為』，如果你再三犯惡，且行欺詐，即便悔過，也是『罪不可貸』。假如行惡之人『得戒止惡』，改邪歸正，徹底從良，則『神不上白』，也就是不再向天君打小報告，彙報你的罪過。善惡與壽命是休戚相關的，賞善罰惡主要就是在『壽』字上做文章，上天的報應主要也就表現在福祿壽的『壽』之上。所謂『罰惡賞善』，『善惡之壽當消息』，一語道破了其中機關③。

由此可見，司命神的職責除了暗中監視你的一舉一動是否符合道德規範，再就是定時向天神打小報告，檢舉你的醜行，從此你的生命簿便被改寫，或者讓你少活十年八年，或者讓你早死二三十年不等。司命本為漢代民間俗神，掌管人生死，這從其『司命』符號本身即可看出它的功能所在。另外在緯書《河圖紀命符》中有所謂三尸神，住人身中，專向上天報告人的過惡，過大者奪紀，過小者奪算④。《太平經》的司命神可說是結合了漢代流行的這樣一類神的功能。後世道教則由此發展出三尸神的形象，使《太平經》中司命神的職能更為完善化，進一步發揮對人的監控作用。

在《太平經》看來，生命簿籍的最高一等就是『不死之籍』，獲得此籍便進入神仙長生的快活林，『行天上之事』，這是人們去惡從善所企求所夢想的終極境界。為了實現這個美夢，《太平經》制定了一整套自我監督的行善措施，這些措施有：

---

① 《太平經合校》第五四六頁。
② 《太平經合校》第三四、四六四頁。
③ 《太平經合校》第五七二—五七三、六〇〇頁。
④ 《緯書集成》卷六。

一、『天券』

照《太平經》所說，只要人們年復一年，日復一日將自己的善惡行為記錄於『天券』上，檢查自我行為的得失，並與上天之神所記相應相符，那麼就可『易心向善』，成為名副其實的善人①。這實在是後世道教功過格的起源，所謂『天券』可說是道教功過格最初的名稱。二者名異而實同。特別值得指出的是，功過格之『格』在《太平經》中曾多次提到，表現為自然之法則。如說：『余算一歲一算，格在天上』；『天地格法，善者當理惡，正者當理邪』；『天之格法，凡物悉歸道德』②。這種自然法則當然是神化了的，天以人格神的臉孔向人發號施令，由此規範人的道德品行合乎『天之格法』。十分明顯，此類『天格』的功能就是化惡為善，勸善懲惡。既然天之格法勸人為善，懲罰惡行，那麼人自當效法，棄惡從善，並堅持不懈地將自我道德表現狀況逐日逐年記載於『天券』之上，以備案可查，隨時糾正違反天格之處，最終成為一至善之君子。這裏對發揮個人道德主體能動性是十分强調的。

二、『守戒』

《太平經》認為，戒無論大小，都可以作為人們行動的準則。實際上，『戒』就是被神化了的道德律令、道德規範。因此，戒又被稱為『神戒』，《太平經》要人不得『失神意』，

『失大神之戒』，而應時刻奉行。這種奉行不僅僅是口頭上和行動上的隨大流，而是發自內心深處的自覺自願，『以心自況之從善』。有一顆從善如流的良心，只要此心中閃現出小小的不軌念頭，就當自戒自滅，亦即狠鬥惡字一閃念，將其消滅在萌芽狀態，從而自覺遵從神的戒律。這樣一來，道德命令就從外在的他律轉化為內在的自律，神戒化為人們的一種自覺信條，讓人自我約束，自我完善，自我成長，成長為符合天上的大神和地上的君王所要求的完人。因此，《太平經》的生命倫理學説儘管製造了一個外在的高高在上的『天』的道德律令，但其落脚點仍在於强調人的道德意識和情感，即最後落實到道德主體的自覺性這一層面上。於是，外在的神的律令便和內在的從善意志相統一，人不再是裝模作樣在那裏行僞善，成為『鄉愿』，而是從心田中就萌發著、成長著向善的種子，生命的骨子裏就浸透了行善去惡的强烈衝動。

三、『思善』

這種內心向善的衝動表現為『常陰念為善』，神仙之人所以『常獨有善意』，就在於其

① 《太平經合校》第一五四頁。
② 《太平經合校》第六九五、六九七、一二三一頁。

「本以思善得之」，故能「獨得不死」①。善惡報應就在人的一閃念之間，思善就致善，思惡就致惡。切不要以為「海枯終見底，不死不知心」，自己可以隨心所欲，心欺暗室，其實鬼神就在你的身上，密切注視着你的意念活動，舉念之間神即知曉，給予你相關的報應，所以應時時刻刻「陰念為善」，一點作惡的念頭都不要動，這樣才有羽化登仙的回報。在此，道教的道德規範直指人心深處，人心必須作繭自縛，自縛於善的領地之內，不得越雷池半步，否則就是行偽善，就是偽君子，就不可能排名神仙班次。可以發現，《太平經》十分重視人們內在的道德意識和情感走向，認為只有道德意識趨向於善化，才可能成仙。

為什麼《太平經》特別强調神對人隨時隨地的暗中監視，人心必須時刻趨善避惡呢？這與其人性論分不開。《太平經》認為除了少數「性善不逆」的賢聖，大多數人的本性為「惡」，罪孽深重，足以致死，除了皈依神戒，一心向善，是無法解除罪過的。「凡人」有六條不可解除的大罪，它們是：（一）積道無極，不肯教人開矇求生。（二）積德無極，不肯力教人守德。（三）積財億萬，不肯周窮救急，使人饑寒而死。（四）知天有道而反賤「道」，不肯力學道以自救。（五）知為德善，卻不肯力學為德，反賤德為非。（六）不自食其力，反常自言愁苦饑寒②。這六條大罪都是天公所「憎惡」的，屬「滅門之罪」。

對於凡人有罪的說法，「真人」曾表示疑問：「平平人不犯事，何罪過哉？」「人不犯非法而有罪』③？於是天師便開導他，凡人是否有罪並不在於是否犯法，而在於其違反天生的道德信條，成為罪人。由於觸犯天條，人性成為惡的。按照天地之性『善性致善，惡者致惡』的『自然之術』④性惡之人自然招致惡，自然便有罪。這種罪過使人根本無法延續生命，只能使人死有餘辜，且罪過『當流後生』。後人因此承負先人之罪，由此產生『下古人罪過，皆足以死』的悲慘世界⑤。這種罪惡意識，即後人承負祖先之過生而有罪的意識，可說是早期道教特有的中國式的原罪意識。只不過，《太平經》的原罪論——『承負』說沒有得到後世道教的認同和發揚，這與中國古代思想界性善論佔主導地位的狀況分不開。

正因為人有這從其祖先那裏繼承來的諸多罪惡，所以人必須通過不停地自我懺悔，自我檢束，洗心革面，從而贖罪。拿《太平經》的話來說就是『解承負』，如此才能延長生命，其中極少數德行圓滿者就會上昇神仙世界。

與後世道教的標準比較起來，《太平經》的要求是嚴格的，滿足其要求取得進入神仙王國入場券資格的人真正是鳳毛麟角，只因生而性善者少得可憐。後世道教受佛性論影響，認

①《太平經合校》第七〇六、一八九頁。
②《太平經合校》第二四一—二四三頁。
③同上第二四一頁。
④同上第五一二頁。
⑤同上第五一五頁。

為人人皆道性，人皆有可能成仙。與此不同，《太平經》堅持認為只有個別人有道性，大多數人生性本惡，生而承負先人罪過，不可能成為神仙家庭的一員。所以我們說《太平經》出售的進入神仙樂園的門票比後世道教要昂貴得多，昇仙的條件苛刻得多。

既然《太平經》把生命存在問題的解決與道德實踐聯繫起來，那麼它要求人們進行道德修養的主要內容究竟是什麼呢？歸納起來就是「忠孝誠信」四個字，正如它所指出的：「天下之事，孝忠誠信為大」①。這四個字又可劃分為兩個方面，一是忠孝，二是誠信。

關於忠孝，《太平經》認為：子女不孝，就不能盡力養親；弟子不順，就不能盡力修明其師道；臣不忠，就不能盡力共同敬事其君。不孝、不忠、不順就是不善，「罪名不可除」，「天地憎之，鬼神害之，人共惡之，死尚有餘責於地下。」②。就是說不行忠孝，必遭天地人神的共同聲討，死有餘辜。更進一步，它把忠孝擴充到了整個宇宙，宣布人是「天地之子」，人如不慎力，「養天地所為，名為不教之子」③。現象界的一切都被倫理化了，忠孝終於找到了「天」作為它合理存在的依據。可以說，後來宋明理學使倫常道德本體化、神聖化，以仁義忠信等道德範疇為萬物始源及宇宙本身的作法，在此已能見到端倪。忠與孝比較起來，孝是忠的基礎，沒有孝決不會有忠，所謂「少為孝子，長為良臣，助國致太平」④，就是說在家行孝，才能治國行忠。

這與《孝經》的「孝」開始於事親，中於事君，終於立身的說法何其相似啊。

關於誠信，《太平經》認為：至誠說的是『上視天而行，象天道可為』，人為至誠於內心，『心神至聖』，可『動神靈』⑤。誠信同樣以天地之德為轉移，關鍵在人心至誠；誠則靈，心誠就能感天動地，招來神靈護佑。人如果丟失誠信而互相欺騙，就會引起天地的厭惡痛恨，『使其短命而早死』⑥。人如果害怕演出短命的悲劇，那可要『誠信不欺詐』。所謂『誠信』實師法於儒家倫理觀。《大學》三綱八目之一即講『誠意』；《中庸》也講『誠』，認為誠是天之道。《太平經》既講誠心誠意的重要，强調慎獨，但又加上了外在神靈，說此種神靈就在人心中，暗中監視人的一舉一動，甚至於人的意念活動，人心是否誠信老實決瞞不過神靈，故人一定不能有『心欺』。看來，《太平經》講『誠信』源於儒家倫理觀，不同的是外加了神對於人的監視審判，並與生命問題聯繫起來討論。

這樣大講特講『誠信』的現實背景，就在於東漢社會上下交相欺騙，不僅官場中爾詐我

---

① 《太平經合校》第五四三頁。
② 《太平經合校》第四〇五—四〇六頁。
③ 同上第四〇六頁。
④ 同上第四〇九頁。
⑤ 同上第四二六頁。
⑥ 同上第四二八頁。

虞之風盛行，而且市賣相欺，婚姻相詐，『虛誕者獲譽』等時有發生⑦。《太平經》高揚誠信的大旗，就是要抨擊這類社會醜惡現象，以扭轉相互欺騙的不良之風，與當時的社會批判思潮相一致。

綜合忠孝與誠信兩方面加以分析，《太平經》如此不遺餘力宣傳的目的，除了為實現其太平之夢而外，再就是追求長生不死的夢，它要沿着道德修養的途徑步入神仙殿堂。《太平經》毫不隱晦地談論忠孝誠信，也表露出它以儒家的三綱五常作為修煉仙道的一個重要內容，作為道士成仙了道的必要條件之一。這樣的生命倫理觀實質上是儒家倫常與道教神仙長生之道的結合，是儒道互補的產物。先秦老莊批評儒家仁義道德，主張自然無為，而秦漢黃老道家如《呂氏春秋》、《淮南子》則結合儒家禮法仁義到『道』、『無為』等觀念中。另外緯書《河圖紀命符》說求仙之人當恬淡無慾，積衆善，才能成仙。《太平經》顯然受到黃老道家及讖緯神學的影響，結合儒道的特質，從而形成獨具特色的生命倫理觀。

綜合上述，《太平經》以人的生命與善惡行為有因果關係為出發點，把肉體生命的永恒作為道德修養的最高目的，並制定了一系列道德修養措施來保證實現這一目的，於是生命的存在不僅取決於修道養生，而且有賴於道德實踐。這就是《太平經》獨具一格的生命倫理觀。這套生命倫理觀直接影響了魏晉道教，並給宋明道教勸善書以深遠影響，奠定了道教生命倫理學的基礎。

（二）《抱朴子内篇》的生命倫理觀

魏晉時，道教繼承發展了《太平經》的生命倫理觀，進一步對生命的價值作了高揚，對道德倫常在人生命運和壽命長短方面的舉足輕重地位給予充分肯定，這特別表現在《抱朴子內篇》中。

《抱朴子內篇》可以說是道教中第一部把神仙不死學建築在理論體系上的著作。著者葛洪（二八三—三六三）字稚川，自號抱朴子，出身士族，為東晉時代著名道教學者。那是一個天下解紐，社會動亂的時代，生活於亂離世道之下的葛洪一生坎坷。他學通儒道，所著《抱朴子》分為內外篇，內道外儒，外篇言人間得失，政治世事，內篇講神仙方藥，鬼怪變化，養生延年。葛洪神仙學所包含的生命倫理觀就表現在內篇當中，內篇的主題就是要證明神仙長生的實存性。

神仙長生思想先秦已出現苗頭，到漢末魏晉，十分盛行，流風所及，士大夫多有信奉者。著名文人嵇康《養生論》認為神仙雖未看見，但史有記載，『其有必矣』，肯定神仙存

①　參見《潛夫論·斷訟》、《後漢書·左雄傳》等。

在。士大夫層中服食長生之藥的風氣甚行，對此魯迅先生在《魏晉風度及文章與藥及酒之關係》有深刻揭示。當時社會上活動著為數不少的神仙方士，從事神仙方術的修煉與傳播，其活動地域從南到北，十分廣泛。對神仙的嚮往，也反映在魏晉的文學思潮中，不少作家借助道教神仙描繪出種種虛玄世界，王喬、赤松子這些神仙成為他們人生所追求的理想，招隱、遊仙、昇天等成為當時文學流行的題材。神仙思想經文學作品的張揚粉飾，遂更加擴大了其思想領域的市場，成為魏晉時代的一大社會思潮。

神仙不死如此流行的深層原因之一是生命意識的猛烈覺醒，潛意識中對死亡的恐怖，對生存的眷戀，對生命短促的哀嘆，都在刺激着對不死的渴求。《抱朴子內篇·勤求》引俚語啟發人們：人在世間，日失一日，如牽牛羊到屠宰場，每走一步，都在向死亡靠近，又告誡人們，一旦入於九泉之下，就像進入無盡頭的長夜，開始是螻蟻的食糧，最終則與塵土合為一體。死亡如此令人恐怖，為什麼還不趕緊修學神仙之業，『營長生之事』，以解除死亡的威脅呀？所以《抱朴子內篇》著力證明神仙存在，神仙世界之必有，人能不死成仙，並勸人努力修學仙道。

葛洪講長生不死並非純粹從道教修煉方術出發，他的人生理想也並非只是棲遁山林，隱修神仙，他沒有忘記建功立業、修身齊家治國平天下。他主張在現世活動中獲得精神解脫與肉體飛昇，既做到經時濟世，又最終超凡入仙。因此他贊成這樣的說法：『上士得道於三軍，中士得道於都市，下士得道於山林。』[1]既能佐時治國，又能輕舉修仙的『上士』，是葛洪心目中理想的修仙者形象，也是他所追求的最完美的人生價值目標。可以說，《抱朴子內篇》的生命倫理觀是道教生命哲學和儒家倫理型文化的典型結合，充分體現了儒道互補、仙聖雙修的精神。

然而，修仙之士畢竟有『大倫之亂』、『不臣之慢』的嫌疑，道與儒、仙與聖的矛盾衝突明眼人已經發現，他們追問葛洪，如果人人都去修道，誰來治理國家，忠孝不是會落空嗎？正因有這樣的責難，《抱朴子內篇》與《太平經》不同，有意識地從理論上解決儒道矛盾關係，強調指出仙與聖的不悖，並將其生命倫理觀建立在調整儒道關係的基礎上。那麼，葛洪是怎樣整合仙聖關係的呢？

首先，他把二者關係規定為道先儒後，道本儒末。他認為黃老既能『寶德以長生』，又能『治世致太平』，比堯舜周孔更為全面，而且孔子曾問禮於老子，稱老子『猶龍』一般，這都表明道在儒之前。可恨『侏儒』不知由來，毀謗道家，實在無異於子孫罵祖先，不知自己的根由，太過分了[2]。為什麼講道本儒末？葛洪的理由是：道是儒之本，儒為道之末；只

① 王明《抱朴子內篇校釋·明本》，中華書局一九八五年版第一八七頁，以下凡引《抱朴子內篇》只註篇名頁碼。
② 《明本》第一八八頁。

有道家之教，使人精神專一，動合無形，包容了儒家墨家等諸家之長處，『事少而功多』，堅守了世界的『真正之源』。從議論『道』的角度觀察思考，黃老抓住了『本』，儒家不過『治其末』，因而道本儒末說可以成立。道儒的矛盾關係，在葛洪那裏，顯然道教是矛盾的主要方面，人生當以修仙為主，但又不廢濟世立功，就像黃帝一樣仙聖兩全。

在給道儒地位的先後本末定格以後，葛洪又詳細比較道儒的差異。他認為：輕身重義，歡憂禮樂，經世濟俗，這是儒者之所務；外物棄智，忘卻富貴，不恤窮，不榮於達，不戚於毀，不悅於譽，這是道家之業。儒者『所愛者勢利』，道教『所寶者無慾』；儒者『汲汲於名利』，而道教『抱一以獨善』①通過比較，他得出的結論依然是：道家為：『百家之君長，仁義之祖宗』②。當然，葛洪確立以道家道教為本為先的地位，並非是要拋棄儒家，他並未完全否認儒家的人生價值觀及此種價值觀在人生中的地位，他只不過是將此種價值放在人生目標中略低於修仙的地位上。當時社會上一般人多以儒家思想作為『立身舉動之準繩』，尊儒毀道，葛洪對此進行了價值重估，把道本儒末、仙前聖後作為其安身立命的準繩，認為只有這樣人生的本末才没有倒置，先後才没有錯位，才不會迷失人生的路向。這就是葛洪的人生價值取向。

道與儒在人生中的價值比重一經確定，葛洪便設法調合仙與聖的矛盾，向世人證明二者並無根本衝突，完全可以合為一體。就拿儒家最為重視的孝道來說，有人懷疑修仙之士，

『背俗棄世』，敬祖之禮，没有修奉，祖先有知，一定責怪。葛洪不厭其煩地解釋說：身體不傷，這就是最根本的孝，何況得仙道，長生不死，既能光宗耀祖，也是盡了最大的孝道。以『得道之高』的老子為例。他也有兒子，且仕魏為將軍，有功受封，這不能說與儒家不孝有三，無後為大相左吧！而且當今修學神仙的人，都有子弟，以承祭祀，祭祀祖宗之事並未滅絕[3]經他這樣一解釋調合，儒家祖先崇拜與道教神仙信仰的矛盾便冰消雪化，水乳交融，似乎魚與熊掌可以得兼。

為了調解仙聖矛盾，葛洪還主張道與儒並重兼用，不可偏廢一方。他指出：孔子是儒家之聖，老子為得道之聖，養性是道之餘，禮樂是儒之末。之所以要尊貴儒是因其有移風易俗之功用；之所以要寶貴道是因其可以不言而化行，並非單單只能養養生而已。他得出的結論是：孔子未可專信，老子也不可孤用[4]。儒道互補，仙聖並舉，這就是葛洪崇尚的理想人格。他心目中這種理想人格的楷模，就是他那位『明五經，知仙道』的老師鄭隱[5]，他選擇的人生路向也同其師一樣。這樣的理想人格把道教的神仙形象與儒家的聖者風範完美地融匯於一

① 《明本》第一八七—一八八頁。
② 《明本》第一八八頁。
③ 《對俗》第五一—五二頁。
④ 《塞難》第一三八頁。
⑤ 參見《遐覽》第三三二、三三八頁。

身，解決了道儒的不協調之處，成為《抱朴子內篇》生命倫理觀的出發點之一。

在和解道儒矛盾之後，葛洪著力證明神仙長生不死的實存性，人可以成仙不死的可能性。為了證明神仙不死，他主要採取了三種方法，前兩種脫胎於漢代學術，後一種受玄學啟示，具有較高的思辨性，它們是：

第一，引證定論，效之以實的經驗論。

漢代學術的思想方法是經驗論的，《春秋繁露·深察名號》宣稱：『無驗之說，君子之所外』，就代表了漢人的看法。自漢代以來，對神仙不死的否定就採取了經驗論的方法。《新語·懷慮》指責世人不學詩書，行仁義，而是『論不驗之語，學不然之事』，即討論學習神仙之道。《漢書·郊祀誌》稱神仙之道沒有『毫釐之驗，足以揆今』。《風俗通義》卷二『封泰山禪梁父』條引《春秋》『傳聞不如親見』之說，以糾正黃帝昇仙的世俗說法。《論衡·道虛》指出：『世無得道之效』，並認為『服食藥物，輕身益氣，頗有其驗。若夫延年度世，世無其效』。這都是從效驗的角度否定神仙不死存在。有意思的是，葛洪肯定神仙存在，也從效驗出發。《對俗》說：『夫得道者，上能竦身於雲霄，下能潛泳於川海。是以蕭史偕翔鳳以淩虛，琴高乘朱鯉於深淵，斯其驗也』。[1] 稱得道者神通廣大是有驗證的。有人提出懷疑，說『神仙方書，似是而非，將必好事者妄所造作』，托名黃老罷了。葛洪回答：『若如雅論，宜不驗也，今試其小者，莫不效焉。……按《漢書》欒太初見武帝，試令斗棊，棊自相觸。而

《後漢書》又載魏尚能坐在立亡，張楷能興雲起霧，皆良史所記，信而有徵，而此術事，皆在神仙之部，其非妄作可知矣。小既有驗，則長生之道，何獨不然乎！』② 先以親身感受說明方術的效驗，然後又引良史所記證明神仙方術的『信而有徵』，最後得出試其小者皆有效驗，推而廣之神仙之道有驗的結論。按《史記·孟荀列傳》所載：鄒衍之學，『必先驗小物，推而大之，至於無垠。』葛洪所謂以小驗推大驗的方法就源於此。葛洪的效驗論不僅注重親身經驗，而且强調前人的間接經驗，如《對俗》即反覆申說：『若謂世無仙人乎，然前哲所記，近將千人，皆有姓字，及有施為本末，非虛言也。』③ 又如《至理》說：『潁川高士陳元方、韓元長所以相信天下有神仙，是因他們的父祖輩親眼看見卜成飛昇成仙的緣故，『此則又有仙之一證也』④ 在葛洪看來，『前哲所記』，前人所見，是絕對靠得住的，都是神仙存在的證明。

作為古代科學家的葛洪，處處體現出用經驗事實來證明認識正確與否的精神，其神仙學所重視的採藥煉丹是具體的功夫，必須去實行並取得效驗，才能解決服丹求仙的問題，這也促使他注重『校驗』。這種實驗主義精神無疑在客觀上推動了當時自然科學的發展。但葛洪

① 《對俗》第四九頁。
② 《對俗》第五一頁。
③ 《對俗》第四六頁。
④ 《至理》第一一五頁。

對神仙存在的經驗論證明破綻也多，其要害就在於將假幻的經驗誤當作真實的存在，背離了實事求是的科學方向。王充曾批評『道家論自然，不知引物以事驗其言行，故自然之說未見信也』①。王充論自然時便自覺克服這一缺陷，不僅『引物事以驗』，而且通過作實驗來再現自然風貌。葛洪繼承了王充這種引物事檢驗認識的經驗論，以為這樣即可避免其神仙存在之說『未見信』於人。但葛洪的經驗論是不徹底的，他有時以經驗來推未驗，從而超越經驗，有時又否定經驗，說不見仙人，『不可謂世間無仙人』②他甚至有教條主義傾向，故有人稱他『墨守師傳，不矜妙語。譬之儒者說經，其神仙家之漢學乎！』③葛洪與王充，同持經驗論，但在神是否存有的問題上，卻得出了截然相反的結論，這說明單靠經驗論是不能解決這個問題的，還須理性的冷峻審視。

第二，廣譬博喻的類推法。

新托馬斯主義在論證上帝存在時，宣布這些論證是類比的論證，即雖然不能同論證自然事物的方法來論證上帝存在，但通過與自然事物及其各種聯繫的類比（analogia entis），可以認識上帝。因為儘管上帝與其創造物有本質的區別，但畢竟有某些共同性，可以類比，於是類推法被宣布為認識上帝的基本方法④。無獨有偶，類推法也是葛洪論證神仙存在的一種基本方法，不同的是，葛洪更善於運用譬喻來進行類推。

《春秋繁露·陰陽義》認為：『以類合之，天人一也』。葛洪的類推法即繼承了漢學這種天人一類的思維模式，把人與自然視為同類進行比附，於是一切都變得相通起來，都可進行類推，從而推出神仙不死存在的結論。《淮南子》對類推法持保留態度，認為物物之間，有的可以類推，有的則不行⑤。《春秋繁露》則將類推法無限擴大，把許多毫不相干的事物進行類比，遂使類推法演變為牽强的比附。葛洪的類推法即具有董仲舒的這種特徵，比如《對俗》說：『龜有不死之法，及為道者效之，可與龜同年之驗也。』⑥人與龜雖同為動物，但屬性根本不同。葛洪運用聯想式的思維方法，依據二者間的某些類似之處，由龜之不死推出得道之人可得永年。又如《金丹》說：草木之藥，埋之即腐朽，煮之即爛，燒之則焦，不能自生，怎能讓人長生呢？而金丹則不同，燒它愈久，變化愈妙。黃金入火，百煉不消，埋起來永久不朽。服此二物，煉人身體，所以能令人不老不死⑦。草木之藥性易腐朽，而金性不朽，借此『以自堅固』，便能使人不死。這種思想源自《周易參同契》所謂：『巨勝尚延年，還

①《論衡·自然》。
②《論仙》第二一頁。
③方維甸《校刊抱朴子內篇》。
④參見劉放桐等編著《現代西方哲學》下册第四六五頁，人民出版社一九九〇年版。
⑤參見《說山訓》、《覽冥訓》等。
⑥《對俗》第四八頁。
⑦《金丹》第七四、七一—七二頁。

丹可入口。金性不敗朽，故為萬物寶。術士服食之，壽命得長久。」

第三，形而上的玄思法。

魏晉玄學是種理性主義哲學，注重邏輯推理，比如王弼哲學就講究運用邏輯方法去推演世界本體『無』的存在，具有較高的抽象思辨性，受玄學影響，葛洪論證神仙存在時也採取了邏輯思辨的方法，『用思遐邈』，『而推神仙之遠旨』①。他推神仙之遠旨的具體方法之一是從一般與個別的矛盾出發，說明生死始終是一般，神仙不死是特殊現象。在《論仙》中，他指出存亡終始是總體情況，其間有『異同參差』，變化萬般，奇怪無方，『未可一也』。他列舉了自然界種種異於一般規律的特殊現象，又指出人作為『貴性之物』，本應是同一的，但卻有智力、相貌、品行的種種差異，各具個性。既然世界存在不同於一般的特殊事物，那麼『不與凡人皆死』的特異者『神仙』的存在便是可以推知的了②。

葛洪推神仙遠旨的具體方法再就是從認識的有限性同實在的無限性的矛盾出發，說明認識主體之有限，認識對象之無限，從而推論無限宇宙中神仙不死存在的實有性。他說：雖然有『至明』，但有形狀的東西並非都能看見；雖天賦『極聰』，但『有聲者不可盡聞』；雖然有『禹益齊諧』一樣的智慧，但所認識到的東西，不如『所不識之衆』。萬物紛芸，什麼東西沒有，更何況『列仙之人，盈乎竹素』，如此推算下來，『不死之道，曷為無之』③？在他看來，天地之間，無窮之大，其中特殊奇怪的東西是無限的，人的感官功能、智力水平都受局限，所認識到的東西是十分少的，神仙不死之道就是未被人們所認識的事物之一。莊子曾指出人的生命有限，認識有限而知識領域無限，『人之所知，莫若其所不知』④。人所沒有認識到的事物遠遠超出已經認知的，這就是葛洪論證神仙存在時採用的理論依據之一。

綜合葛洪論證神仙不死存在的三種方法，顯然比漢代道教的神仙長生說更精緻、更系統化。在此基礎上，他又提出人能不死成仙。既然神仙不死存在，那麼這是不是與人毫不相干，人與神仙是不是互相絕緣的兩個世界？葛洪的答覆當然是否定的。他肯定人能飛昇成仙，從而不死。對這一命題的論證，他從兩方面着手進行。

第一方面，他强調『仙人無種』、『學之所致』。當有人問：古代的仙人，是由學習而獲得呢，還是因為其『特禀異氣』？葛洪對答：他們無不是『負笈隨師，積其功勤，蒙霜冒險』，『始見之以信行，終被試以危困，性篤行貞，心無怨貳』，才能昇堂入室於神仙之家⑤。又有人問：古代有沒有『無所施行，而偶自長生者乎？』葛洪的回答是：沒有。他認為要成仙必須跟隨明師進行長期艱苦的學習，『積功累勤』，決無偶然自得長生者，即便如黃帝和老

---

① 《對俗》第四九頁。
② 參見《論仙》第一三、一四頁。
③ 《論仙》第一二頁。
④ 郭璞《山海經序》引；又參見《莊子·養生主》。
⑤ 《極言》第二三九頁。

子那樣的天授自然之體者，也必須經過學習方可度世得仙。他打個比方說：神仙可以學致，就好像『黍稷之可播種得』，這是很明白的道理。但決沒有『不耕而獲嘉禾』，『不勤而獲長生度世』的①。他在答覆『人中之有老彭，猶木中之有松柏，稟之自然，何可學得乎』這個問題時指出：

夫陶冶造化，莫靈於人。故達其淺者，則能役用萬物，得其深者，則能長生久視。知上藥之延年，故服其藥以求仙。知龜鶴之遐壽，故效其道引以增年。且夫松柏枝葉，與衆木則別。龜鶴體貌，與衆蟲則殊。至於彭老猶是人耳，非異類而壽獨長者，由於得道，非自然也。衆木不能法松柏，諸蟲不能學龜鶴，是以短折耳。人有明哲，能修彭老之道，則可與之同功矣。……若謂彼皆特稟異氣，然其相傳皆有師奉服食，非生知也②。

就是說，神仙之道不是生而即知的，必須通過學習，老子、彭祖並非異類，只不過是人之中學仙得道者，人們只要向彭、老學習，則可與其一樣成仙了道。葛洪不厭其煩地指出大神仙都是學來的，如天下衆仙皆隸屬的大神仙之人元君，『猶自言亦本學道服丹之所致也，非自然也③。一般人以這些神仙為楷模，修學神仙之道，便可『與之同功。』人為萬物之靈，但各人對仙道的認識深淺不同。認識仙道較膚淺的人，可以駕馭萬物，認識深刻者，便可獲得長生不死。所謂『得道』就是一個修煉學習的過程，通過學習就加深了對仙道的認知，成仙必須通過親自實踐。

第二方面，葛洪又認為有『受命應仙』的得道者。當有人問及：『皇穹至神，賦命宜均，何為使喬松凡人受不死之壽，而周孔大聖無久視之祚哉？』葛洪給予這樣的解釋：

> 命之修短，實由所值，受氣結胎，各有星宿。天道無爲，任物自然，無親無疏，無彼無此也。命屬生星，則其人必好仙道。好仙道者，求之亦必得也。命屬生星，則其人亦不信仙道。不信仙道，則亦不自修其事也④。

這種說法顯然是從王充那裏因襲來的。王充認為：『天有百官，有衆星。天施氣，而衆星布精，天所施氣，衆星之氣在其中矣。人稟氣而生，含氣而長，得貴則貴，得賤則賤；貴或秩有高下，富或資有多少，皆星位尊卑小大之所授也』⑤。儘管葛洪與王充在天文學上所持觀點不一⑥，但在以受氣與星宿說『命』這一點上卻是相同的，稍有差異的是葛洪將王充的富貴貧賤命中注定轉換成了『命之修短』。葛洪還引道經說明人有受命應仙和不應仙之別；

---

① 《勤求》第二六〇頁。
② 《對俗》第四六頁。
③ 《金丹》第七六頁。
④ 《塞難》第一三六頁。
⑤ 《論衡·命義》。
⑥ 王充為蓋天說，葛洪持渾天說，參見《晉書·天文誌上》。

應仙者在其受命的一剎那偶然獲得仙氣，於是在母腹中便具備『信道之性』，以後必然好道學仙，這是『天命』①。葛洪在人能成仙問題上的這類命定論和偶然論，明眼人一下便可看出與其神仙學致論是互相衝突的。產生此種矛盾的原因，一是受到不同的思想源輻射，雜取各種說法；二是要應付和解決的問題不同，如神仙學致論是要解決長生稟之自然，何可學得的問題，命中應仙論是要回答為何周孔大聖無久視長生的問題，依方辯對，因人而宜。

把以上的葛洪對神仙不死存在的證明和人能成仙的論證合起來，就構成其生命哲學的主體內容。本來，在葛洪之前，道教神仙長生的生命哲學已經發生，但缺乏理論性和系統性，葛洪在道教史上第一個對神仙存在和人成仙的可能性作了系統闡述，首次建立起神仙學體系，賦予道教生命哲學思辨化色彩。這套生命哲學是其生命倫理觀的形上架構和出發點。

由此出發，葛洪的生命倫理觀反覆强調修神仙長生之道必須同時解決積善立功的問題。他在闡發這個問題時，往往借他人之酒杯，澆自己胸中的塊壘，多引用魏晉道經的同類觀點。《抱朴子內篇·微旨》引《易內戒》、《赤松子經》以及《河圖記命符》說：天地之間有專司過錯之神，根據人所犯錯誤惡行的輕重程度，『以奪其算』，算減，那麼人就貧病交困，屢屢遭逢不幸、禍患；如果『算盡』，那麼人就死了。應該『奪算』的惡行有數百種之多，不可完全說清。人身中還有『三尸』，三尸無形，是魂靈鬼神之類。三尸每到庚申之日，便上天向司命作匯報，報告人所犯的過失。月晦之日的夜晚，竈神也上天告發人的罪狀。罪過大的減去生命之數一紀，也就是三百日；罪過小的奪走陽壽一算，也就是三日。天地是如此之大，從道理上推論起來必有精神作主宰，有『精神』就一定會賞善罰惡。但因天地之體大而網疏，故不一定『機發而響應』。許多道戒都認為，要想長生不死，必須積善立功，慈心於物，恕己及人，仁愛昆蟲，樂人之所樂，苦人之所苦，急人之所急，救人之所窮，手不傷生，口不勸禍，見人之所得如己所得，見人之失如己所失，不自貴，不自吹，不嫉妒勝過自己的人，不獻媚佞諂，這樣才稱得上有德行，可受福於天，所作一定取得成功，求仙有希望了②。

葛洪引用這些話的意圖是要讓人們明白，修仙必須積累善行，建立功德，具備慈善為懷、助人為樂等高尚的道德情操，上天才能福佑你，昇仙才有實現的可能。否則，多行不義，罪惡深重，不但成不了仙，反而被天地之間糾察過錯的神抓住尾巴，減奪你的陽壽，叫你早日見閻王。不要以為自己神機妙算，所作惡事詭秘，無人知曉，甚至包上了善的外套，須知你身中的三尸神以及家中竈神都在暗中監視你的一舉一動、一言一行，它們明察秋毫，

① 《辨問》第二二四、二二六頁。
② 《微旨》第一二五—一二六頁。

並於特定的時日向上天專管人壽的神仙告你的諸種罪狀，叫你吃不了兜着走，於是你的生命便在不知不覺中為天地神靈所奪滅，得不償失。積善之人長生仙去，積惡之人短命夭亡，這是《抱朴子內篇》生命倫理觀的一個主要論點。

所謂『積』，意味着一定程度的比例關係。善積累越多，昇仙的品位也就越高，善與仙的品位成正比關係。具體地說：人希望成為地仙，就必須立三百善；要想作天仙，就得立一千二百善。這一千二百善當中，如果已經做了一千一百九十九善，最後造作了一件惡行，那就前功盡棄，一切又得從頭來過①。這種說法，《正一法文天師教戒科經》也有：道人百行當備，千善當著，雖有九百九十九善，一善未滿，中途為利所動，皆棄前功。因此，積善意味着除惡務盡，持之以恒，不可稍有疏忽閃失，不然就會為山九仞，功虧一簣。葛洪是十分重視煉丹服藥在修仙中的功用的，以此作為成仙了道的重要一環。儘管如此，如果所積累的善功未能達到規定的數量，即使服仙藥，也無補於事。假如不服仙藥，但能一輩子做好事，不做壞事，即使不一定變形為仙，但也可免於卒死之禍②。看來，要想成仙，善功必須積累到一定的量，到達這個量，就會發生質的飛躍，由人轉化為神仙，由死變為不死。

應該積累的最根本的德行是什麼？《對俗》引《玉鈐經中篇》說：『欲求仙者，要當以忠孝和順仁信為本。若德行不修，而但務方術，皆不得長生也』③。『忠孝』、『仁信』這都是儒家倫理的核心範疇，以此為道教神仙學道德修養之『本』，這就從根本上緩解了仙聖之間的衝突。衆所周知，儒家的『忠孝』等倫理範疇，體現了中國宗法社會的羣體性，是對宗法血緣社會家族秩序的維護。而道教的修仙了道畢竟還是個體的事，是自利而非利他的，與中國社會傳統的羣體共存的道德原則相脫節，由此招惹了不少的社會批評。這些批評在《抱朴子内篇》中記載甚多，顯示了當時的社會眼光對這些修仙者追求個體自由的不滿，及社會羣體對修仙個體的道德壓力。這種羣體與個體、利他與自利的矛盾，自《太平經》以來便試圖加以克服，以跳出被宗法社會所指斥的困境。化解矛盾的關鍵途徑就是將忠孝仁義等宗法社會所欣賞的共存道德組合進成仙了道中去，甚至作為個人要昇仙的先行條件。如此一來，求仙的個體永存傾向便與盡忠盡孝的羣體共存意識相有機的結合，仙與聖融匯，構成了從《太平經》到《抱朴子内篇》的道教生命倫理學。

這種仙與聖兩位一體的生命倫理學對後世道教產生了較大影響，後來很多道教學者對此作了模式化認同。如陸修静《道門科略》說：最上的德行可以成為神仙，中等德行可以使壽命加倍，下等德行也可以讓人延壽。又說：『若救治天下百姓，扶危濟弱，能度三命』。這也是將儒家的濟世美德與道教對生命問題的解減聯繫起來宣講。又如施肩吾《西山羣仙會真

① 《對俗》第五三頁。
② 同上第五三—五四頁。
③ 同上第五三頁。

記·養壽》說：『善養壽者，以法修其內，以理驗其外』。所謂『以法修其內』是指道教的閉養精炁，安魂清神，形神都妙，與天地同壽等一套內容；所謂『以理驗外』是指儒家的『孝於家人，忠於國，順於上，憫於下』。二者合起來叫做『內外齊成』，也就是儒道兼修，長生可成的意思。這些影響反射出漢魏道教的生命倫理觀經葛洪闡揚，進一步在歷史中積澱下來，成為道教解決仙聖矛盾、既修仙又佐時的傳統模式。《抱朴子內篇》成系統的生命哲學更為道教生命倫理學提供了形上架構。

（三）《天師教戒科經》、《洞淵神咒經》、《西昇經》等魏晉道經的生命倫理觀

在魏晉時代，除了具有代表性的《抱朴子內篇》之外，《正一法文天師教戒科經》、《太上洞淵神咒經》、《西昇經》等魏晉道經也可看到當時道教生命倫理學說的梗概。

《正一法文天師教戒科經》不是一人一時所作①，其中《大道家令戒》、《陽平治》兩篇或認為作於曹魏末年。《大道家令戒》提出怎樣才能成為『種民』的問題。所謂『種民』有點類似於基督教的『上帝的選民』，成為種民就可以避免一切災難病痛，逃脫劫難，上昇神仙世界。要取得種民的資格，就必須守善行善，做到臣忠子孝、夫信婦貞、兄敬弟順、內無二

心②。作過惡的人，如果『改心為善』，即可見到太平，度脱於厄難之中，成為後世種民，雖有兵病水害之災，臨危無咎。『忠臣孝子之道』是《大道家令戒》大力提倡的，它要求信道之民『户户自相化以忠孝』，『行仁義則善』。至於天師晝夜『周流四海之內，行於八極之外』，忙忙碌碌八方奔走的目的也在於『令君仁臣忠，父慈子孝，夫信婦貞，兄敬弟順，天下安静』。這顯然對儒家道德抱認同態度。另外《天師教戒科經》的第一篇也要求奉信道者必須『勤事師』，『敬事親』，『孝事君』，『教仁義』，『行施惠』。這都是以儒家倫常作為修奉仙道的內容。

《正一法文天師教戒科經》一再勸人為善，要人除去以往之惡，修現今之善，並要人敬奉善人，規勸惡人，積累善行，以合乎道的規範。只有這樣，才能『故過悉除，新善自著』，神定體安』，『真氣來附』。為什麼應該修善去惡？因為『修善得福，為惡得罪』，善有福報，惡遭罪罰。西方中世紀神學家否認人有行善的意志自由和可能性，而把善行看成是祈求上帝賜福，恐懼上帝懲罰的結果，並創立了一套靈魂不死，來世受賞罰的理論。魏晉道教講善行，也含有請求人格化的『天道』賜福去禍的因素在內，道徒為善就會榮獲幸福，作惡就會

① 該經約為魏晉至南北朝初的作品，簡稱《天師教戒科經》。
② 參見《道藏》第三〇冊第二四二六二頁，臺灣藝文印書館本。

招致災禍，而且現世即刻就有賞罰報應。幸福是行善的必然結果。

什麼是幸福？西方文藝復興時期，人文主義者把幸福歸結為世俗的、感性的享樂。費爾巴哈認為幸福就在於人的感覺慾望的滿足。道教的幸福觀與此不同，反對不加克制的滿足自我慾望，只圖感覺快樂。《天師教戒科經》認為最根本的幸福就是生命的永恒，生命存在着就是種幸福；如果任意滿足情慾，這無疑是在損耗生命，最終喪失人生最根本的幸福。故《天師教戒科經》所謂行善得福，從終極處說就是獲得永生，神仙不死。為了達到這個總目的，在行善時吃點苦頭算不了什麼，苦盡甘來，長生不死之福終於到手。在《天師教戒科經》看來，萬物之中人為貴，人的生命又最貴重。人處天地之間，皆知生之日而不知死來之日，不管是善人惡人，富貴的還是貧賤的，都想延年益壽，誰也不想早死；但惡人過積結罪，罪滿作病，病成至死不自知，只有修善者可以得到長壽之福。長壽就是幸福，這與民謠所謂『天上五福壽為先』一樣，反映了中國以多壽為福的民族心理，透示了中國人藏在心底的秘密願望——長生不老。

《天師教戒科經》認為：『道』是『愛惜人命』、『好生惡殺』的。人生在世，生命短促，快得就像眼睛視看的一瞬間，大道含弘，憐惜人命短促，故教人修善，上備者神仙，中備者地仙，下備者增年，為惡者不盡壽而橫夭。人感存道恩，精勤修善，雖不能做到中等的德行，但下德是應具備的，人所寶貴所留戀的是生，人所輕賤所厭惡的是死，賢明之人為什麼不抓緊修善，從而『久視長生』呢？天道是公正無私的，『以生賞善，以死罰惡』，決不含糊。行惡之人雖一時未遇災禍，但如甑中餘氣未盡，雖有餘氣，勢不可久。『道』並不會親自出面『殺』惡人，惡人作惡不止，自有『司神』記錄其惡事，過積罪滿，執殺者自會懲罰惡人。『道』與人的關係就像在張網捕魚，道網弘大無邊，疏而不漏，魚兒游行於網中，並不知道有網在外，牽網便可捕住魚，人的不知有真道大神就像魚不知網，愚人捨真就偽，一時得利，終將受罰。因此，人們切勿以為人不知鬼不覺而做惡事，須知有雙天眼時時刻刻在暗中盯着你，等待你一萬回當中的一回不小心，一不小心，就落入道網。

《天師教戒科經》認為：『道』是無為的，以無為最上，又是無所不為的。正因為道的無為特性，『故能生存』。天地法道之無為，與道相統一；真人法天地之無為，故致神仙長生。一般人的過錯主要就在於有為，為所欲為，貪利百端，為財而死，為食而亡，為情慾而獻身，連壽終正寢都做不到，哪裏還談得上長生不老。『道』對於人來說，人不念道，道就不念人，人體念道，道也就體念人。人好比魚，道就像水，魚得水而生，失水而死；道去則人虛，怎麼可以企望『久生』呢？所以必須精進存念『道』。天道無親，惟與善人。善人能修身行善，精誠念道，可與道合，獲致神仙。信道之人清正，上屬天；不信道的俗人穢濁，死屬地官。俗人貪一時之利，死後身為糞土，魂神同朽；道人初雖勤苦，終當受福，飛昇成仙，永存不朽。俗人與道人所得結果相差天遠。結論是：人必須奉道，奉道就是積修功德，謙讓行仁義，柔弱行善，清正無為，奉道的結果就是神仙長生不死。

魏晉時期，道教進一步用戒律來約束道徒行善去惡，《天師教戒科經》可以說正是這種傾向的產物。該經指出：賢人若想除害止惡，『當勸奉教戒，戒不可違』。教戒的功用就是令人勸進長生，保命無窮。人如能奉守教戒不倦，積善行，累功德，豈止全身保命，乃可身與天通，延年無窮，福流子孫後代。奉敬教戒者，先苦而後報其福應，先勞而後報其度身神仙。得道之人並不是不知道滿足各種感官慾望是快樂的，但是為了更大的快樂，更長久的幸福，他們『以戒制情』，從不犯惡，因而善積行著，與道法相應，受福無極，快樂無窮。相反，那些『背戒向利』的俗人，只圖及時行樂，享受一時片刻的感官刺激，不久便『大命傾矣』。《天師教戒科經》中記載了五戒，這五戒警告人說：犯戒不改就積怨在身，傷損五臟，從而病不可治。人身中有天曹吏兵，屢屢犯過則神不守，吏兵上詣天曹，白人罪過。過積罪成，左契除生，右契著死，禍小者罪及自身，多者殃及子孫。特別是不可懷有惡心，心神為五臟之主，如若心專念惡事，心神便不安，心神不安則身中諸神皆怒，怒則減壽。諸賢者欲保身，應去先前所犯過惡，進修後善；見人有違失之行，當規勸相教，則功報效應，受福無量。由五戒可以看出，戒律的作用主要是在修煉神仙之道中，教人止惡，防惡於未然。

大約作於晉代的《老君說一百八十戒》也強調，持戒為道德之人，死補天官，屍解昇仙；假如有的人享壽萬年，但卻不持戒律，這與老樹朽石有何差異。《老君說一百八十戒》

托稱老君對于吉說：我前授你『助人救命，憂念萬民，拜署男女祭酒，廣化愚人，分布弟子，使上感天心，下動地祇，當令王者歡心。』①但自那時以來，我從千萬億里之外相觀察，看見那些個男女祭酒『貪財好色』，撥弄是非，『憎惡同道，妒賢嫉才，驕恣自大』，禁止百姓，來從我道。我擔心『大道澆季，萬民喪命』。這些祭酒死入九幽之下不足痛惜，我只痛念『萬民』呀。我命令，諸男女祭酒，改正以往的惡行，『從今之善』。諸祭酒聽著，『天下萬民，無有長存，人生有死，物有成敗，日出則没，月滿則缺。從古至今，誰能長存者，唯道德可久耳。今月亦善，今日亦善，今時亦善。諸賢亦善，師甲亦善，弟子亦喜。』善使『萬神備具』。我現在『念萬民之命』，所傳授『禁戒重律』。於是老君說一百八十戒，要人：不得多畜僕妾；不得淫他婦人；不得盜竊他人財物；不得殺傷一切物命；不得燒野田山林，不得求知軍國事及占吉凶；不得多積財物侮蔑孤貧；不得販賣奴婢；不得言人陰私；不得自殺；不得評論師長；不得慢老人；不得咒人命死敗亡；不得強乞擾亂百姓；常當勤求長生，晝夜勿倦，不得懈慢；若人以惡向汝，汝重以善報之，不得怨尤；崇賢重聖，我當度你，你遇真仙；若行戒不犯，犯即能悔，改往修來，勸人奉受，念戒不念惡，廣度一切，五拜神真，成你清志。如此等等。不一而足。老君並告訴弟子說：『往昔諸賢仙聖皆從一百八十戒

① 按：「祭酒」為道官名。

得道』，言下之意，只要奉行此一百八十戒，就有成仙之望[2]。道教戒律規勸人止惡廢惡，對人的行為作出種種規定，以解救人的生命，於此可看到一個縮影。

西方中世紀的教會常以人們的『善功』，如買贖罪券、捐獻、修行等作為衡量人之善惡的根據。道教也是如此，要人建立種種善功，並明確規定了完成善功的數量。道教還非常重視內心的信念，即對道的信仰，不論屬於哪種社會等級的人，只要是堅定不移地信奉道，就是善人。從某種意義上說，善來自對道的無限信仰，善的動機決定人行善而非作惡。道教戒律不僅提出了人們外在行為的要求，而且强調了內心信仰的重要性。《天師教戒科經》就反覆闡說：『賢者正心守道』，『心不想可欲之快』，『不可復為妄想』；勸人『改心為善』，『內無二心』，『端心正意』。在《天師教戒科經》看來，人應該只崇拜『道』，最根本的戒律不是從外在强加於人頭上的，而是通過內心信仰來履行，約束檢點自己來完成的。這就提高了道德動機在人類行為中的地位。

在《太上洞淵神咒經》中[2]我們同樣可以找到與《天師教戒科經》類似的生命倫理觀。《神咒經》亦非一時一人之作，書中的大部分內容大概寫成於晉代，有些篇章約成於南北朝初，這裏我們一併將其作為魏晉道教的生命倫理觀加以考察。

《神咒經》的生命倫理觀以性惡論為出發點，從人性本惡出發，勸人去惡從善，羽化登仙。《神咒經》認為人世間『多惡少善』，不厭其煩地悲嘆：『世間濁惡』，『世間不淨』，『世間無善人』，『世間惡人聚生』，『人民多惡』，『善者極少，惡者甚多』，『劫運垂至，人民多惡』[3]。尤其是『末世之民』，淳源已散，妖氣萌生，僞劣者衆，不忠於君，不孝於親，違三綱五常之教，自投死地[4]。世間多惡人的根本原因在於『世人不行道法』，『世人多不信道』，『信道者稀』，自牽入惡，不務仙品』[5]。因此，惡人與不信仙道是緊密地連在一起的：『世人積惡，不信道法』；『世促人惡，信法者少』；『世間人惡，不信至言』；『天下多惡人，不知有道』[6]。不信仙道之法，不聽仙道的『至言』，不從事『仙品』，當然會形成『天下惡人聚生，不肯念善』[7]的悲劇性場面。怎麽辨？

《神咒經》的辦法是單刀直入，勸人信道行道，除去萬惡，億劫不死。『道』是純粹之至善，信道就意味着向善，行道就意味着實踐善，屢立善功，積陰德，就意味着仙階可冀，長生不死。反之，不信道者有重罪，罪不可赦；『不信道者，善神不護』[8]；不信道就是從惡如

① 《老君說一百八十戒》收入《雲笈七籤》卷三九，引文據此。
② 以下簡稱《神咒經》。
③ 參見《神咒經》卷一、卷三、卷四。
④ 《神咒經序》。
⑤ 《神咒經》卷三、卷二。
⑥ 同上，卷一、卷二。
⑦ 同上，卷二。
⑧ 同上，卷二。

流，『不見善』，不識仙法，定遭種種不幸，為此多死有餘辜。如此說來，『道』是一把雙刃寶劍，此劍分別善惡，懲惡揚善，握有人的生殺大權。無怪乎『道』大聲宣布：『我之法律，能生善者，能成善者；能殺兇者，能絕惡徒』①由於《神咒經》始終堅持認為這個世界充滿着惡，滿街跑的都是惡人小人，故經中更多的是對惡人的警告，警告惡人『不信大道』，將會遭到『天兵誅之』，『鬼兵亦誅之』，天人皆誅之的滅頂之災②。最為可怕的是，惡人不信道法，壞道士，會受到『疫鬼』的誅殺。疫鬼殺惡人的手段是令其染上種種不治之症，痛苦而死。所謂『惡人不信道法，天遣疫鬼行七十二種病，病殺惡人』③。

所謂『有疫癘之鬼八千萬人來殺惡人，惡人不信道』④云云，都描繪了這種恐怖的場景。在《神咒經》看來，惡人不信經教，『盡死猶不足』，僅以死亡懲罰還太便宜了，還不足以解恨，這些傢伙必須被打入地獄，歷盡無數劫運，吃够無法忍受的苦頭，永世不得翻身。從這一方面說，《神咒經》真可以稱得上是『嫉惡如仇』，『除惡務盡』。

儘管《神咒經》詛咒惡人不信道法必死，惡黨萬死不生，惡人入三途，行惡者死入九幽，殃及子孫，惡人罪重下豐都二十四地獄⑤，但它並沒有把勸善度仙的大門關死，它留給惡人改過自新的機會，這機會帶給惡人一線生機。惡人只要積善行道，除惡從良，即可起死回生[6]。惡是可以向善發生轉化的，一旦改惡為善，『何憂命不長』[7]。惡就是種犯罪，值得慶幸的是此罪能够解除。除罪解惡的方術之一是信奉和誦讀道教經書。在《神咒經》中，許多過惡通過『轉經』也就是誦經可以消除；惡人只要信奉道教的『三洞經法』，即意味着改惡向善，會有無量福[8]。這種宗教的解除儀式並非道教所獨有，在基督教、佛教等宗教中我們同樣可以發現。罪惡的解除，表明這充斥着惡人的世界有被淨化的可能，特別是當理想的『真君垂出』時，太平盛世降臨，『男女悉聖，無有惡人』[9]。此時滿街跑的都是『聖人』了。這是個充滿善與美的世界，《神咒經》的良苦用心亦即在此！

《神咒經》的生命倫理觀散發着報應論的氣味，其報應論既繼承了道教傳統的祖先遺報說，又吸取了佛教的因果報應、生死輪迴說。從繼承道教傳統的一面審察，它認為祖先不論

① 同上，卷二。
② 同上，卷一〇。
③ 同上，卷三。
④ 同上，卷三。
⑤ 由上，卷三、卷一三、卷一四、卷一五。
⑥ 同上，一卷一五。
⑦ 同上，卷一一。
⑧ 同上，卷一四、卷一五。
⑨ 《神咒經》，卷九。

行善還是作惡，都留給後世子孫一份道德上的遺產。行善者留下的遺產將使子孫們幸福快樂，大富大貴，上生天界，如卷八《召鬼品》：『有奉三洞之者，後獲大福，福延子孫，世世不絕生天』。為惡者的遺產則殃及子孫，搞得子孫們無端痛苦不堪，貧窮淒寒，下沉地獄。照此推算起來，一個人的道德表現好壞，不僅關係其本人的命運浮沉，生命是否獲得拯救，而且更重要的是牽連家族的遭際，或者光宗耀祖，澤流子孫，或者家門不幸，斷子絕孫。因而個人的命運好壞，生命長短不完全由個人道德行為所決定，其中一部分來自家族的因素，借用《太平經》的話來說就是『承負』先人過失。

從受佛教影響的一面透視，《神咒經》承認佛教的前世、今生、來世說，認為一個人『前身』的善與惡涉及現世的命運遭遇。今生的重罪都是前生積下，是由於『先世有罪』，『先身不善』；現世得以作道士貴人，在於前身積善，『先身之基耳，非今卒得』①。是前世與現世的因果報應，而現世的表現，又決定着來世的幸福與否。現世作功德，如營修崇建『古蹟、靈蹟、聖治、仙居』，可以得現世報，『現世獲福，不在後時』②；也可以來生獲報，或大富貴，或上生天。如果現世惡貫滿盈，就會『死入火車八風地獄中，一日三死三生，七十萬劫不復人身』，即使『脫得復人』，來世也是『有人之形無人之情，聾騃瘖瘂』，生成丑八怪③。甚至變為『禽獸六畜之身』。行善與作惡，各自果報不同，善人上天堂，惡人下油湯④。另外，劉宋前問世的古靈寶道經《太上玄一真人說勸戒法輪妙經》也稱：人們『藉先世之功，以得今日之道，莫不由其前行積善所致』。可知佛教三世輪迴、果報因緣之說對當時道教已產生一定影響。

《神咒經》往往將道教傳統說法，與外來佛教觀念結合在一塊講善惡報應。卷十七《召諸天神龍安鎮墓宅品》認為：『善報者，或是前生自種，福報今身；或承祖父，餘慶潤及兒孫』。所謂『前生自種』，今世福報，即採取佛教三世果報論。所謂『承祖父』，福流兒孫，即繼承道教傳統觀念。卷九《殺鬼品》說：『先身造立功德，今為大富貴，流及子孫。先世應仙，未即昇騰，今故大富貴也。』更將道釋二家渾然合為一體。無從區分。《神咒經》還講現世報，立地報。卷二十《長夜遣鬼品》說有相鄰的兩家人信奉道教，其中一家篤信不疑，延請道教三師消災，夫妻二人現世即『上仙，天人護之』；另外一家則信道不篤，無誠意，未請三師消災，於是『不終天壽』，兩年內『皆滅門族』。可見今生的表現當世即報，人們不抓緊奉道行善，還等待什麼！

對於奉道向善之人的回報是『免災』、『得福』，假如世界末日來臨，洪水滔天，只有善

① 同上卷九。
② 同上，卷一七。
③ 同上，卷二〇。
④ 同上，卷一四。

人能夠得救⑤。善人收獲的最大回報就是『不死』，上昇為仙。一般人『愚痴，見道士亦死，惡人亦死，不知分別有異，直見同死』，卻看不見惡人死後入三惡道，『道士死者昇天，上人間或為大王，若便仙去，終不生惡處也』②。奉道行善之人表面上也死掉，實際上所得結果與惡人大相徑庭，依據他們行善的不同檔次，或者大富大貴，或者『白日上仙』。這是對於奉道行善的最高獎賞，生命由此得以昇華，倫理價值由此得以實現。

奉道行善從根本上說還是要培養起自我的善良意志。人的道德意志具有選擇性，既可以選擇向善，也可以選擇為惡，故當從為善為惡的要害處着手，培育向善的道德意志，從而按照自身良心的意志而行動。這一點用《神咒經》的語言表述就是『修善心』，『一心信善』，『令善心恒生』③，即只選擇體現了善之特性的善良意志，樹立善意，克服惡意，無論何時何地，道德衝動只傾向於善。糟糕的是現實不妙，『世人多有惡心』④，世俗之人的道德意識多傾向於惡，一肚子壞水，致使這個世界成為『惡』的天下。為此之計，《神咒經》勸人行道，『心常念善』，發誓要令一切衆生『歸心向善』⑤，人人都成為有德之士，人人都具備高尚完美的人格。在它看來，善心本身就閃閃發光，具有全部的價值，其中最重要的價值當然是成仙了道，所以它勸人們『心貪仙道，不求世榮』⑥。仙道是『善心』的主要內涵，自始至終對人都是最有益的價值。這樣，生命與倫理又完美地統一於一體。

魏晉道經的生命倫理觀中，還值得一提的是《西昇經》。據稱，《西昇經》是老子著《道德經》之後，猶感不足以『盡妙』，於是又為關尹『言道之要，列為三十九章，目曰《西昇經》』⑦。陳景元《西昇經集註序》也說：關尹望氣，知老子西遊，乃『邀迎至舍，請問乙密』，於是老子『復為著言若干，其微言奧旨，出入五千文之間，記而成書，名曰《西昇記》』。其實這都是道教神話，不足憑信。學界一般認為《西昇經》產生於晉代，主要依據是葛洪《神仙傳·老子傳》提到《西昇經》。另外，晉釋道安《二教論》引《老子西昇經》，又引《西昇玄經》，這都表明《西昇經》在葛洪之前已問世。所以我們將其作為魏晉道教的生命倫理觀來加以分析。

《西昇經》可說是魏晉道教生命倫理觀中一股清新的小溪，代表了某種新勢頭。此種新勢頭就是盡力吮吸佛教生命哲學的營養，對道教傳統的生命哲學給予改造，甚至作了某些否定。《西昇經》中，道教肉體不死成仙的傳統觀念，已經被佛教式的否定形體所取代，《邪正

①《神咒經》卷二〇。
②同上，卷三。
③同上，卷二、卷二〇。
④同上，卷三。
⑤同上，卷一三。
⑥同上，卷二。
⑦宋徽宗《西昇經序》。

章》第七說：「道有真偽之分，『偽道養形，真道養神』。照此說來，傳統道教講形本不朽便成為『偽道』，道教的神仙生長說就這樣被否定了。《西昇經》對肉體的否定是明顯的，它勸人『不貪身形』①，蓋因『身為惱本』，『形為灰土』，『吾拘於身，知為大患』，『觀古視今，誰能形完』②。既然從古到今的經驗已證明形體終將成為土灰，不可能永久保持『形完』，那麼對形體的貶斥便是自然而然的了。無怪它嘲笑愚人『但知養身，不知戮形』③，向人們宣說：『人未生時，豈有身乎？無身當何憂乎，當何欲哉！』④『無身』即無憂患，無煩惱，無痛苦，這是何等乾脆痛快，所以它讚美：『絶身滅有，綿綿常存』⑤。正因它對身形抱着這樣虛無的態度，所以它高唱：『空虛滅無，何用仙飛！』⑥這簡直就是把道教飛昇成仙的生命理想完全否決了。至此，我們差不多快要認不出《西昇經》的道教面目了。幸而，它在一些地方還保留了傳統道教重視肉體的說法。

《道虛章》第二十說：『無為養身，形骸全也。天地充實，長保年也』。《哀人章》第二十一引老子說：『哀人不如哀身，哀身不如愛神，愛神不如含神，含神不如守身，守身長久，長存也』。《常安章》第二十三用『孝』母來比喻愛身，說是『天下尚孝，可謂養母。常能愛母，身乃長久』。這些都是其保留傳統生命哲學的地方。

《西昇經》在輕視身形的同時，卻重視精神的作用，渴求獲得精神的永恒。它認為：

『生我者神』⑦，人是由精神而得以生存的，只有精神才能與道相通，『能亡能存』。從神與形的關係來說，『神生形，形成神。形不得神，不能自生；神不得形，不能自成。形神合同，更相生，更相成』⑧。神與形互為生成，誰也離不開誰，二者合則生，離則死。這仍是道教傳統的形神觀。但《西昇經》並不囿於保守這個傳統，它還有所突破，走向對精神主宰作用的高度肯定，所謂『神能飛形，並能移山』⑨，就是置精神於形體之上。如此高揚精神，當然就會要求人們『外其身，存其神』了⑩。存神才可獲得永恒，解脱生死。有生就有死，生即意味着死。要解脱生死，一勞永逸的辦法是最好不生，不生就不會死，故『生死有，不如無為安』⑪。這已接近於佛教所謂無生無滅。

① 《西昇經》《聖人之辭章》第一一。
② 同上，《邪正章》第七。
③ 同上，《道生章》第六。
④ 同上，《生置章》第一七。
⑤ 同上，《戒示章》第三九。
⑥ 同上，《經戒章》第一三。
⑦ 同上，《生置章》第一七。
⑧ 同上，《神生章》第二二。
⑨ 同上，《邪正章》第七。
⑩ 同上，《生置章》第一七。
⑪ 同上，《聖辭章》第一一。

多半是新，少半是舊，這就是《西昇經》生命哲學的特點。其新來自於佛教，其舊保存了道教傳統。新舊的混血成為其生命倫理觀的培養液。在這樣的養分中培育的生命倫理觀，理所當然以揚善去惡作為生命的首要價值。《善惡章》第三十七說：『積善善氣至，積惡惡氣至』，而『氣是人的生命中最重要的元素之一，善氣有益生命的健康發展，惡氣凝結於身，生命垂危，不言自明。由此推論，人的生命太需要『善』了，善的本身即代表生命的光明面。人積累善行，不僅保證自己身心愉快，活得問心無愧，理直氣壯，而且贏得神與天道的庇佑，保護人凡事有成，生命安康。故稱：『積善神明輔成，天道猶佑於善人』①。總歸一句話：『掩惡揚善，君子所宗』②。所謂『掩』不是『掩滅』消除『惡』，而是將惡掩蓋起來，儘量減少作惡。因為《西昇經》知道，『惡』與『善』是相輔相成的，『善生於惡』③，二者對立統一，沒有了惡也就無所謂善。這是它對《道德經》辯證法思想的繼承。

那麼它所講的『善』內涵如何？《西昇經》借老君的口說，我講的善與衆不同，『非效衆人行善，非行仁義，非行忠信，非行恭敬，非行愛慾』④。即與世俗社會的道德價值全然不同。世俗社會以『仁義』、『忠信』、『恭敬』、『愛慾』為實踐『善』，而在《西昇經》看來，這够不上是善。君子與一般人的價值標準不同，一般人認為是善的，一般人所喜歡、所樂、所為、所信仰的，君子剛好與之相左。『是以君子善人之所不善，喜人之所不喜，樂人之所不樂，為人之所不為，信人之所不信，行人之所不行』，這樣，君子便『道德備矣』⑤。君子的這種道德價值觀顯然承襲了老莊道家的風範，而世俗之人遵行的不過是儒家倫理的條條框框。很顯然，從這個角度看過去，《西昇經》與《抱朴子內篇》的生命倫理觀頗不一致。葛洪竭力網羅儒家倫常，以儒家忠孝為成仙的首要條件，不再像先秦道家那樣揮斥儒家禮義。而《西昇經》則發揚老莊精神，繼續將儒家倫理規範排斥於門外。從這點上說，《西昇經》又較葛洪為保守，或許因為這是它假借老子說法的緣故。

不僅如此，它更假借老莊無慾無為的思想以說解『善』，在它看來，至善就是『無慾』，《為道章》第十八說：『橐籥之器，在其用者，虛實有無，方圓大小，長短廣狹，聽人所為，不與人爭』。而『善人』就好像是『橐籥』，不與萬物交爭，但『其德常歸焉，以其空虛無慾故也』。『空虛無慾』是其道德的基本原則，是理性主義的象徵，它否認人的感性要求，否定人們心靈中的任何慾望，特別是『聲色滋味』。故《色身章》第十九稱：『人皆以聲色滋味為上樂，不知聲色滋味，禍之太樸，故聖人不欲，以歸無慾也』。聖人與世俗之人的不同，

① 《西昇經》《善惡章》第三七。
② 同上《生道章》第六。
③ 同上《意微章》第三一。
④ 同上《我命章》第二六。
⑤ 同上《有國章》第三三。

就在於他超越了七情六慾，超越慾望而把握自我的道德行為，從而獲得了永生。慾望感情本身就是惡的，因為慾望的衝動背離了理性精神，人的生命要想『長久』，就必須『斷情去慾』①。只要你能『捐慾』，保證你『舉事能全』②。為此《西昇經》特別反對『貪慾』，痛斥『貪慾為殃咎，貪者為大病』③能治貪慾之病的良醫唯有『無慾』，無慾則萬善叢生，生命久長。在此，聖人與俗人的道德標準是不同的，『聖人通玄元混氣，思以守其身，俗人以情愛貪慾，以守其身。此兩者同有物而守其身，其道德各異焉』④。聖人無慾，俗人貪慾，道德各異，守身的結果也不同。西方中世紀的道德以神為中心，輕視人的價值，對現世生命持否定態度，倡行禁慾主義。《聖經·加拉太書》說，人播種什麼，就收獲什麼。順着情慾撒種，必從情慾收敗壞。順着聖靈撒種，必從聖靈收永生。這是要人禁慾，才能獲得永生。《西昇經》所謂的『善』，就有股濃濃的禁慾主義氣味，要人超凡脱俗，泯滅情慾，才有生命之永恒。這與《聖經》的倫理學説確有異曲同工之妙。《西昇經》的『善』又是純粹理性的，走的是理性主義倫理路綫，貶低人的感性需求。它所謂『無慾』即善，並非西方柏拉圖的『善的理念』、『善的本體』那樣是種抽象的善，而是人們應該追求的某種具體的善，這種具體的善在它的觀念中並非可望而不可及，是人們能够求得到的。這些，就是《西昇經》所講『善』的內涵。

老子曾說：『吾所以有大患者，為吾有身，及吾無身，吾有何患？』⑤《西昇經》抓住老子這一說法，吸收佛教生命哲學，加以闡揚，從而形成其否定肉體不死昇仙的新型生命觀。

在此新的生命觀基礎上，將行善無慾和精神生命的不朽相結合，構成魏晉道教中別具一格的生命倫理觀。所以我們説，它猶如道教園地中一股清新的小溪，帶給人們新鮮的感覺。這股清新的小溪流到南北朝隋唐時便發展成為道教生命倫理學中的一大流派，即混合佛道的半新半舊派，或者叫半傳統派，這留到第二章中再述。

總觀漢魏兩晉道教生命倫理觀的發生發展，我們發現，勸人行善去惡，以便成仙不死，獲得肉體生命的永恒，在道教中是十分普遍的思潮，除了少數道經受佛教思想影響較深，主張精神不朽之外，道教生命倫理學在其發生初期的主流傾向是勸善度仙，肉體長生。這一階段，道教生命觀受佛教的輻射程度還不算太强烈，主要是中國傳統的道儒二家成分，即道家哲學加上儒家倫理學，再加上道教自身的消化改造，構成其生命倫理觀的基本內容。

我們發現，對儒家倫理條目的承認是普遍的，除了《太平經》、《抱朴子內篇》等已經介紹的之外，其他如產生於晉代的《洞神八帝妙精經》將玄元始三炁與儒家仁義禮智信『五

---

① 《西昇經》《民之章》第二九。
② 同上《邪正章》第七。
③ 同上《觀諸章》第一二。
④ 同上《治身章》第三五。
⑤ 《道德經》第一三章

德』融匯，稱『通此五德，三五烝和，八達六通，成真聖也』。這樣作，和先秦道家的排斥儒家倫理價值觀有很大區別。

我們發現，性惡論是這一階段道教對人性問題的基本認識，也是其生命倫理觀的出發點。由於認定了人的本性是惡，便產生了一種中國式的原罪論，似乎沒有一人是純潔無罪的，都從其先輩那裏『承負』了罪惡。這些罪惡，除了自覺修習神仙之道，請求神的寬恕之外，是無法解除的。所以這段時期道教生命倫理觀更集中於勸人除惡，從『惡』的一面下手了證生命。除惡務盡，不僅使自己飛昇成仙，而且使『七祖』解脱地獄之苦，同登天堂。

我們發現，這一階段道教生命哲學初步自成體系，其生命倫理學也初步具備個性特色，並已顯示出某種分化的苗頭，這種苗頭，到南北朝隋唐五代便呈現分化發展的趨勢。

二、南北朝隋唐五代勸善成仙思想的分化發展

南北朝隋唐五代，道教受到佛教的强烈輻射，勸善成仙思想呈分化發展的勢頭。這種分化發展主要表現於生命哲學逐漸產生歧義，除了傳統的神仙不死說，又有將佛教無生無死說與道教長生不死說混雜在一起的雜拌兒，還有將道教傳統的神仙長生說徹底拋棄，完全接受佛教不生不滅的生命哲學。對這三種情況，我們可以稱之為傳統派、半傳統派和反傳統派。但不論哪一種，它們對儒家的倫理道德規範都採取認同的態度，除了個別走極端的言論和觀點，一般都以儒家道德條目如忠、孝、禮、義等來勸人為善。因此，所謂分化主要是指道教生命倫理學在這段時期中生命哲學部分發生了不同的演變，而非倫理學部分有什麼分歧。很顯然，發生此種分化的直接原因，就在於佛教生命哲學的强大影響力以及道教中部分人士對它的接受，對於道教傳統的拋棄。這種分化，進一步豐富了道教勸善成仙的生命倫理學，促

進了它的發展。在這一章裏，我們用三節來分別考察這種分化發展的情況。

（一）傳統派的生命倫理觀

所謂傳統派，並非説他們的思想完全没有受到佛教影響，徹底承襲了漢魏道教傳統的生命倫理觀，而是指他們的基本傾向是守舊的，基本上堅持漢代以來道教傳統的神仙不死説。他們也主張對外來佛教文化應該抱一種開放吸取的態度，應該具有寬容精神，而且實際上多多少少都受到佛教倫理思想的影響。只不過，他們的主流是保守的，對於傳統一往情深，眷戀舊説，恪守家法。

這種懷舊情緒首先表現在生命哲學上，陶弘景①《養性延命録序》首先肯定『稟氣含靈，唯人為貴』，接着指出人們所貴重的就是生命。這種貴生的思想我們在《太平經》中已經發現，説明陶弘景是對漢代道教傳統的繼承。再下來，陶弘景説：『生者神之本，形者神之具。神大用則竭，形大勞則斃』。這顯然也是從傳統的形神觀出發討論人的生命存在。

這一點，《養性延命録》卷上説得更清楚：『太史公司馬談曰：夫神者生之本，形者生之具也。神大用則竭，形大勞則斃。神形早衰，欲與天地長久，非所聞也。故人所以生者神也。神之所托者形也，神形離別則死。死者不可復生，離者不可復返。故乃聖人重之』。引司馬談的形神觀抒發自己的感想，闡明形神合則生、離則死的道理。司馬談論形神的這段話，在漢代即為道教採用，作為論證神仙不死的依據。陶弘景繼承傳統，重申形神永恒統一即可獲得不死的觀點。

《養性延命録》中除了大談『延命』之術，對『不死』的傳統觀點也屢屢重申。諸如『延年不死』、『不死之道』、『養神不死』、『不食者不死而神』、『不死之藥』『長生要術』、『令人長生』之類，都是在宣揚傳統的神仙不死說。

道教生命哲學另一個顯明的傳統特徵：『我命在我不在天』，在《養性延命録》中也得到繼承發揚。『我命在我』體現了人對自我生命的主宰，對自然的抗争。『養性延命』不是依賴上天的賜予，而是靠人的主觀努力去延長生命，乃至長生不死，這是『我命在我』的具體展示。因此，單從該經的經名『養性延命』即可發現一種强烈的主體能動精神。至於經文中，對這種生命精神的頌揚，滿篇皆是。卷上說：人的生命有長有短。並非自然所造成的，而是由於人自身不愛惜生命，食色無度，『忤逆陰陽，魂神不守，精竭命衰，百病萌生』，結果不得『終其壽』。一般人不知道『我命在我不在天』是人的『生命之要』，所以他們『不知自惜』生命，而是放縱自然的情慾。如此『恣意極情』的結果，當然會『虚損』生命，使生

① 陶弘景（四五六—五三六）南朝梁武帝時著名道教學者，茅山宗的開創人。

命像那枯朽之木，遇風即倒折，又像那將崩之岸，水來就潰散。人們應當知道：「人生大期，百年為限」，但只要養護生命，掌握長生之術，便「可至千歲」。神仙服不死藥可以永恒，一般人若不能服藥，「但知愛精節情，亦得一二百年壽」。可見，壽命長短的主動權掌握在人自身手裏，人發揚主體能動性，再加上恰當運作養生方法，就可超越生命的自然之限，邁向長生。這些，都是漢代以來道教的傳統觀念。

必須指出，陶弘景延續了《太平經》神仙不死之道的精神。作為上清派重要傳人以及茅山宗締造者的陶弘景，十分重視《太平經》，並曾親自加以考定，其《真誥》多言「太平」，又繼承《太平經》「存思」、「守一」等修養方法①。

《真誥》對《太平經》的神仙長生之道予以肯定，要人信仰「道德長生」，持之以久，可以入道，「入道則得仙，得仙則成真」②。儘管《真誥》有受佛教影響的痕跡，認為人生如幻化，「寄寓天地間少許時」，但最後落脚點仍在傳統的神仙長生：「若攝氣營神，苦辛注真，將得道久，道成則同與天地共寓在太無中矣。若洞虛體無，則與太無共寄寓在寂寂中矣。能洞寂者，則視之不見，聽之不聞，死生之根易解，久長之年易尋。尋之可得，解之可久。」③人經過刻苦修煉，就可以得道，獲得「道」所具有的永恒不朽屬性，與天地同在，與日月同輝，解脱生死，尋求到「久長之年」。所謂久長之年，正是道教傳統的神仙長生思想。

《真誥》中，多處講到「不死」。如卷十四《稽神樞第四》說：人只要行玄真之法，可以

『神仙不死』；服白琅之霜十轉紫華，『使人長生飛仙，與天地相傾』。又稱：『有不死之鄉，在桐柏之中』。卷九《協昌期第一》則稱有『不死草』，『食者不死』；『大方諸之西，小方諸上，多有奉佛道者。有浮圖，以金玉鏤之，或有高百丈者，數十曾（層）樓也。其上人盡孝順而不死，是食不死草所致也。』卷十五《闡幽微第一》引蔣夫人說：讀《黃庭內景經》使人無病，是『不死之道也』。這些都表明陶弘景對神仙不死之道這一傳統的繼承發揚。

自陶弘景開創茅山宗之後，到唐代，茅山宗成為道教的主流派④。這個主流派既是開放的，又是保守的。它並不排斥對佛教思想的借鑒吸取，但又在主體上保存了道教傳統。

茅山宗第十一代宗師潘師正即體現了這一點⑤。大約為其門下弟子所錄的《道門經法相承次序》可以看到潘師正的思想。他一方面吸取佛學，運用佛學的名詞術語，另一方面又肯定道教神仙思想，主張漸修以證仙果，並繼承《太平經》以來傳統的守一存思修煉法，作為成仙的主要方法。潘師正繼承陶弘景《真靈位業圖》的作法，將神仙世界描繪為等級森嚴的地方，人要修仙，必須一級一級的循序前進，每登上一個階梯都有賴於道德品行上的進

① 詳見拙作《也論太平經抄甲部及其與道教上清派之關係》，載《道家文化研究》第四輯，上海古籍出版社一九九四年版。
② 《真誥》卷六《甄命授第二》。
③ 《真誥》卷六《甄命授第二》。
④ 詳見拙作《中國道教史》（卿希泰主編）第二卷第五章第三節，四川人民出版社一九九二年版。
⑤ 潘師正（五八四—六八二）唐高宗時著名道士。

步。在潘師正看來，初學修仙，持法不犯戒，在德行上挑不出毛病，則名繫仙録，得入五嶽靈山洞宮之中；德行提高，則位登慾界諸天；隨着在道德上的日益完善，便一步步上登色界諸天、無色界諸天、四種人天、無上三天、最上大羅之天。從無色界以下的諸天中，如不進修無上大道，則劫運難免。而四種人天以上即是至道極果，與道同真，常湛極樂，神仙長生。潘師正還强調，學仙當修善立功，『功滿三千，遷名仙格』。這些思想並無創新，只是對傳統的承襲。

茅山宗第十二代宗師司馬承禎在其《坐忘論》裏提出：『人之所貴者生也，生之所貴者道也。人之有道，如魚之有水。』[1] 貴生貴道，並把人與道的關係比喻為魚水關係，這和《太平經》差不多。傳統的肉體不死思想在《坐忘論》中也有反映。

《得道七》說：『山有玉，草木因之不彫。人懷道，形體得之永固』。又說：『身與道同，則無時而不存。』人一旦得道，肉體即可『永固』，永恒存在。這種不朽的肉體稱為『真身』，是形神不分離的產物，即所謂『身神共一，則為真身』。司馬承禎眼中，只要形神統一，就能長生不死，所謂『形神合同，故能長久』，『神不出身，與道同久』[2]，都說的是這個意思。司馬承禎相信，人依靠自己的力量可戰勝死亡；生命的存亡修短，都看主觀努力如何，而非客觀外界來決定。

《坐忘論·得道七》說：『存亡在己，出入無間』。《坐忘論序》引《西昇經》說：『我命在我，不屬於天。』緊接着指出：『由此言之，修短在己。得非天與，失非人奪。』天與人奪，這是外因，不是決定因素，只有自己，才是生命能否存在，存在長短的內在決定因素。這些思想可以說都是在發揮傳統觀點。

對道教傳統的神仙長生說作了重要發揮的當數吳筠。吳筠與司馬承禎差不多同時，也是潘師正弟子，在道教思想發展史上作有一定貢獻，其代表作有《玄綱論》、《神仙可學論》、《形神可固論》等。《神仙可學論》集中論述神仙是否可以學致的問題。關於這個問題。自漢代以來即在道教中佔有重要地位，是道教生命哲學無法迴避的一個理論課題。

《太平經》主張，神仙是由『積學不止所致』。陰長生告誡人們：『子欲聞道，此是要言，積學所致』③。葛洪一方面主張仙人有種，『受命應仙』④；另一方面又承認仙人乃『學之所致』，認為沒有不學而獲長生度世者⑤。

嵇康『養生論』主張神仙特受異氣，禀之自然，非積學所能致，一般人不論如何努力修學，也不可能成仙。陶弘景調和兩種說法，在《真誥》卷五《甄命授第一》指出：像青光先

① 《坐忘論序》。司馬承禎（646—735），唐玄宗時著名道教學者。
② 以上均見《坐忘論·得道七》。
③ 《全後漢文》卷一〇六《自叙》。
④ 參見王明《抱朴子内篇校釋》第一三六、第一七六—一七七、二二四—二二六頁，中華書局一九八五年版。
⑤ 參見王明《抱朴子内篇校釋》第一三六、一七六—一七七、二二四—二二六頁。中華書一九八五年版。

生，谷希子、南嶽松子、長里先生、墨羽之輩，都是『不學道而仙自來』者；但此輩之下的人物，都必須篤志苦學才有望成仙。可見，神仙是否可以經過勤學苦練而獲得，在道教歷史上曾引起長期爭論。吳筠的《神仙可學論》可以說正是對這一爭議的總結。

《神仙可學論》首先提出是否有神仙這個問題，以正本清源。它說，從前桑矯問涓子：『自古有死，復云有仙，如之何？』涓子的答覆是：『兩有耳。』既然『兩有』，那麼神仙『理無不存。理無不存，則神仙可學。』① 這是講『人生自古誰無死』，而道教偏偏說有神仙，這豈不是和人生現象相矛盾嗎？他以『兩有』來回答這個難題，即兩種現象都存在，以此證明神仙長生的『理無不存』。神仙存在為神仙可學的先決條件，如根本上就不存在神仙，又哪裏會產生學仙的問題，故吳筠首先設法證明有神仙，吳筠認為成仙有幾種情況：有不因修學而成仙者，因他們稟受異氣；有一定要學而後才能成仙者，因為他們需要功業來充實；有學而未能成仙者，因為他們『初勤中墮，誠不終也。』正因為學仙者有區別，故他指出遠於仙道有七種情形，近於仙道也有七種情形。

遠於仙道的七種表現是：

第一，『以泯滅為真實，以生成為假幻，但所取者性，所遺者形，甘之死地，以為常理』，殊不知，『形氣者為性之府，形氣敗則性無所存。性無所存，於我何有？』這是批評佛教以人生為假幻，以泯滅為真實的生命哲學，强調對形體的重視，因為心性有賴於形體而存在，形體一旦敗壞則心性無所依存。這與道教傳統的肉體不死說是相通的。

第二，只知道『仙必有限，竟歸淪墜之弊』，却不懂得『道固無極，仙豈有窮』的道理，實在是大迷不悟，故遠離仙道。

第三，『强以存亡為一體』，錯誤地認為『形體以敗散為期，營魄以更生為用，乃厭見有之質，謀求將來之身』，不知『遊魂遷革，別守他器；神歸異族，識昧先形。猶鳥化為魚，魚化為鳥，各從所適，兩不相通。形變尚莫之知，何況死而再造？』這也是在批評佛教的生命哲學，認為生命輪迴是說不清楚的事，不抓住現有的生命，實現其永久存在，去『謀求將來之身』，是很不現實的，因此遠離仙道。

第四，『以軒冕為得意，功名為不朽，悅聲耽色，豐衣厚味，自謂封殖為長策，貽後昆為遠圖。焉知盛必衰，高必危，得必喪，盈必虧。守此用為深固，置清虛於度外，肯以恬智交養中和，率性通真為意乎？』這是批評儒家的人生哲學，指出以功名作為生命不朽是靠不住的，遠遠地背離了仙道。

第五，『强盛之時為情愛所役使，斑白之後有希生之心，雖修學始萌，而傷殘未補』，不過是『竊慕道之名，乖契真之實』。學習神仙之道當趁早，否則『少壯不努力，老大徒悲

---

①《宗玄集》卷中，上海古籍出版社一九九二年版第一三頁。

傷』。

第六，『聞大丹可以羽化，服食可以延齡，遂汲汲於爐火，孜孜於草木。財屢空於八石，藥難效於三關。』不知『金液待訣於靈人，芝英必滋於道氣，莫究其本，務之於末，竟無所就。』這是對道教外丹學的批評，認為修煉者如果只是一味追求爐火草木，無異於捨本逐末，決不會成仙，所以說遠離仙道。

第七，『身棲道流，心溺塵境，動違科禁，靜無修習；外招清靜之譽，內蓄奸回之謀』。身在道流，心存利慾，不守戒律，豈能得仙？這也是遠離仙道的表現之一。

以上遠離仙道的七種表現形式，有對儒釋二教生命哲學與人生價值觀的批評，有對世俗陳見的指責，也有對道教內部修學神仙不得當的教正，均是學仙之人當避免的。

近於仙道的七種表現是：

第一，性耽玄虛，情寡嗜好，不知榮華可貴，不見淫僻可慾，體仁含靜，超越塵滓，棲真物喪，以無為為事。

第二，希高敦古，克意尚行。知榮華為浮寄，忽之不顧；知聲色能伐性，捐之不取，剪除陰賊，樹起陰德，懲忿窒慾，齊一毀譽，處山林修真。

第三，身居祿位之場，心遊道德之鄉。奉上以忠，臨下以義。對己薄，待人厚。仁慈恭和，弘施博愛，外混囂塵，內含澄清，潛行密修，好生惡死。

第四，樂貧甘賤，給爵不從，予祿不受。抱經時濟世之才若無，洞古今之學若虛。以方外為尚，以攝生為務。

第五，功成身退，靜以安身，和以保神，精以致真。

第六，追悔既往，洗心自新，雖失之於壯齒，希收之於晚節，以功補過，以正易邪，惟精惟微。

第七，至忠至孝，至貞至廉，如此之流，咸入仙格，叫做隱景潛化，死而不亡。

以上近於仙道的七種表現形式，基本上是道教傳統的再現，昭示了道教傳統的生命哲學與人生價值追求。

在闡述了『七遠』、『七近』之後，吳筠總結性地指出：修學仙道就是要『放彼七遠，取此七近，謂之拔陷區，出溺途，碎禍車，登福輿，始可以涉神仙之津矣。於是識元命之所在，知正氣之所由，虛凝淡泊怡其性，吐故納新和其神，高虛保定之，良藥匡補之，使表裏兼濟，形神俱超，雖未昇騰，吾必謂之揮翼丹霄之上矣。』他的結論是：『神仙可學，炳炳如此，凡百君子胡不勉之哉！』①

吳筠的《神仙可學論》在批評佛教生命哲學的同時，捍衛了道教的神仙不死的生命哲

① 以上均見《宗玄集》卷中《神仙可學論》。

學；在當時普遍注意修煉心性的情況下，重新提出了肉體修煉亦即道教傳統的『煉形』問題。所以我們認為，吳筠是傳統派一員健將，他宣傳『神仙可學』，目的在於把人們從修學仙道的誤區中救拔出來，重新回歸道教傳統的『神仙之津』，用他的話說就叫『拔陷區，出溺途，碎禍車，登福輿』。

形神統一，形神可固，是傳統道教肉體不死說的哲理依據，道教傳統派深知，如果抽去這條依據，那就無異於釜底抽薪，使肉體不死說不攻自破。因此，道教傳統派都十分重視形神統一、形神可固論，不斷申述這一論斷。吳筠對此也作了總結。在《形神可固論》中，他提出這樣一個問題：天得一自然清，地得一自然寧，天長地久，但人得一炁為何却不能與天地齊壽而致喪亡呢？他的解答是：人的『嗜欲之機』，加速了生命的消亡①。他認為，人的生命存在全在於自己的所作所為，不得『怨天地之不佑』；人若能修煉得法，便『可得長生』，『可與天地齊壽』。人怎樣發揮自己的主體性，修煉長生不死？他主張：

(一)『守道』。道是『無為之理』，『玄妙之本』，『自然之母』。人能守道，『福自至』，有益肉體，感通神明，成為『至真之士』。

(二)『服炁』。炁是『神』，而人是『神之車』，『神之室』，『神之主』。只要主人安靜，『神則居之』；假如主人躁動，『神則去之』。『神去則身死』。《龜甲經》曾說：『我命在我不在天』。所謂不在天，指的是『知元炁』。人與天地各分一炁，天地長存而人的生命多夭逝，原因就在於『役炁』。故必須正確掌握服元炁之術。

（三）『養形』。人的形體只要『有一附之，有神居之，有炁存之，』便可以『齊天地之壽，共日月而齊明』。人對於肉體，『不能守養』，只『取餘長之財，設齋鑄佛，行道吟詠，祈禱鬼神』，這樣去『固形骸』，就如同止沸加薪，火上加油，只會加快形體的朽敗。形與神必須經常保養，如果以聲色香味『以快其情，以惑其志，以亂其心』，那麼就會喪身敗身，亡形沉骨。這當然就達不到養形不死的目的。

（四）『守神』。人的生命『有炁存之，有神居之』，然後才能平安，可惜人們『得神而不能守』，『得炁而不能採』，『得精而不能反』。人的『炁與精神，易濁而難清，易暗而難明。知之修煉，實得長生』。人如果能『常固於炁，則不死矣』。人們都怕死，却不知道『守神固炁』，如懂得了守神固炁，則生命長存。

（五）『金丹』。金丹大藥入口，可『共天地齊壽，可與鷄犬同飛，室宅拔上』。

以上五條修煉不死的方法，基本上沿襲了《太平經》以來的傳統，對道教肉體不死，長生成仙的舊說作了充分認同和肯定。

綜合起來看，吳筠的生命哲學是對傳統的回歸，是對佛教挑戰的迎面回擊。南北朝以

① 《宗玄集》卷中《形神可固論序》。

來，佛教在中土日漸流行，影響日益擴大，對中國傳統文化形成强有力的挑戰。面對挑戰，道教中人紛紛考慮對策，有的加緊吮吸佛教身上的養分以彌補自己的不足，有的堅守傳統，反擊外來佛教。吳筠就是唐代道教徒中辟佛的健將之一。他認為，佛教傳入中土後，在社會上起了破壞作用。

在《思還淳賦》中，他從政治經濟、思想文化、倫理風俗等各個方面揭露了佛教興起以來的危害，指出應以道教的威力來吞滅佛教，『然後人倫可以順化，神道可以永貞』，從而使民俗雍熙，民風復淳。

據《宋高僧傳》卷十七《釋神邕傳》說：『中嶽道士吳筠造邪論數篇，斥毀佛教，昏蒙者惑之』。此所謂『邪論數篇』當包括《通誌》所録《道釋優劣論》、《明真辨偽論》、《輔正除邪論》、《契真刊謬論》、《辯方正惑論》、《復淳化論》等。這些論作今皆亡佚，故吳筠的辟佛思想現已無從窺其全貌了。吳筠在生命哲學上批評佛教，堅持道教傳統，即與他這種堅決反佛的立場有關。

茅山宗在司馬承禎之後，曾傳南嶽天臺一派，這一派的應夷節，晚唐五代著名道教學者杜光庭曾師事於他[1]。因此，杜光庭當屬茅山宗道士。茅山宗對傳統生命哲學的堅守，這一特色也體現在杜光庭身上。他在《墉城集仙録叙》中肯定：去俗登仙，超凡證道，同金石之固，長生度世，『代有其人』。就是説神仙必有。他將神仙分為幾等：最上者『雲車羽蓋，形神俱飛』；次一等的『牝谷幽林，隱景潛化』；再次一等的，『解形托象，蛇蛻蟬飛』，屍解成仙。衡天者為優，屍解者為劣。另外又有『積功未備，累德未彰；或至孝至忠，至貞至烈；或心不忘道，功未及人；寒棲獨煉於己身，善行不加於幽顯者』。對這些人，『太上以其有志，太極以其推誠』，使他們得為『善爽之鬼』，『逍遥福鄉，逸樂遂志，年充數足，得為鬼仙，然後昇陰景之中，居王者之秩，積功累德，亦入仙階矣。』這樣做，就可使『善不徒施，仙固可學』，就能鼓勵人們『立功而不休，為善而不倦』。

在《墉城集仙録叙》中，他還肯定了道教傳統的肉體飛昇説，批評『常俗之流，或言神仙者，必俟身形委謝，魂識成真，而後謂之神仙，非是骨肉昇翥。』認為這是『愚瞽』没有通達神仙之理。他同樣主張：『我命在我，長生自致』，贊成人們在生命問題上發揮主體能動性，『弘道無已，自致不死』②。

在《毛仙翁傳》中，杜光庭亦肯定了肉身成仙，認為『仙之上者，骨肉昇飛，與天無極』；指出世上得道的人，『煉陰而全陽，陰滓都盡，陽華獨存，故能上賓於天，與道冥合』。他告訴世人，肉體成仙之事，『史簡昭著』，是用不着懷疑的③。漢代以來，一般人對肉體不

① 關於南嶽天臺派，詳參卿希泰主編《中國道教史》第二卷第六章第三節。
② 以上參見《雲笈七籤》卷一一四《墉城集仙録叙》。
③ 見《全唐文》卷九四四。

死多持懷疑態度，或加以攻訐，或信奉不堅，《太平經》、《抱朴子內篇》都曾解疑釋難，以堅定人們的信仰。但南北朝以降，隨着佛教生命哲學影響的日益擴展，對肉體長生不死的信仰漸漸衰退，人們多把生命的希望寄於來世。

針對這種情況，吳筠、杜光庭等道教傳統派人士都力圖挽狂瀾於既倒，拼命為肉身不死說爭回理論上的一席之地，以弘揚道教。實際上，杜光庭們懂得，肉體不死的神仙理論是道教自己的獨有的特色，失去了這一特色，就意味着放棄道教自存的價值，為他人所同化。因此，他們堅守在傳統的陣地上。

南北朝隋唐五代，除了茅山宗具有較强的懷舊情結，我們從其他一些道士或道經那裏也能嗅到傳統的氣味。

《雲笈七籤》卷十七《太上老君內觀經》對生命與道的關係作了描述，認為『氣來入身謂之生，神去於身謂之死，所以通生謂之道』。道是不可見的，因為『生』而明之，而生命無常，應當『用道以守之』。如果生命死亡則表明『道廢』，而道廢也就意味着『生亡』。所以生命與道不可分離，『生道合一，則長生不死，羽化神仙』。肉體所以存在，是因為『得其道』；肉體所以消亡，是由於『失其道』。人若能做到『存生守道』，那就一定『長存不亡』。亦即所謂『守道不失身常存』。這樣描述生命與道的關係，看得出來，走的是傳統的路子。

五代彭曉，在其《紅鉛火龍訣》中說：有『習常道者』曾對彭曉講，從前先聖有言，

『死生有命，修短在天』；天地之內，萬物從起，『豈有不拘常數而長存哉！數盡皆歸於空，空者無也』；人生猶如箭射空，力盡還墜。現在你却說服金液還丹之人，壽命無數，又稱我命在我不在於天，這豈不是偏見嗎？彭曉答覆道：這才是『鄙俚偏執之談』！要知道，天上的神仙，受純陽之精；『神仙之道貴有形，故棄陰而煉陽，陽氣積而動，動即返陽，陽即歸生，生即得仙不死者，故名曰上昇。上者，輕也，飛也；仙者，昇也，舉也。仙道貴有形』。修丹術士煉純陽，『變為純陽之身』，而『純陽之真無死數』[1]。所謂『仙道貴有形』，應該就是肉體不死的另一種說法。這也是在走老路。

南唐沈汾《續仙傳序》讚美說：『大哉神仙之事，靈異罕測』！剛開始修煉時，守一煉氣，拘謹法度，及修煉成功，『千變萬化，混於人間，或藏山林，或遊城市。其飛昇者，多往海上諸山，積功已高，便為仙官，卑者猶為仙民』。在十洲間，有仙家數十萬，耕植芝田，有仙官治理仙民。』『其隱化者，如蟬留皮換骨，保氣固形於巖洞，然後飛昇成於真仙，信非虛矣』。這是對《太平經》、《抱朴子內篇》神仙存在證明的進一步發揚。

上述說明，南北朝隋唐五代時，道教中仍有不少學者堅守神仙長生、肉體不死的門户，儘管他們多少也受到佛教思想的衝擊，但其基本傾向是守舊的。

① 《雲笈七籤》卷七〇《紅鉛火龍訣》。

在倫理觀上，傳統派對漢魏舊說也大加闡發，進一步從理論上闡明，只有積功累德，行善不已，才能登上神仙之堂。陶弘景《養性延命録》卷上警告世人：天知人情，神見人形，『心言小語，鬼聞人聲，犯禁滿千，地收人形』。意思是說，不要以為自己做的事很隱秘，掩盡天下人耳目，殊不知天地在盯着你，鬼神在監視着你，一旦作惡『滿千』，你的小命也就玩完了。接着，陶弘景向人們講述善惡報應，餘慶餘殃的道理：『人為陽善，吉人報之；人為陰善，鬼神報之。人為陽惡，賊人治之；人為陰惡，鬼神治之。故天不欺人依以影，地不欺人依以響。老君曰：人修善積德而遇其凶禍者，受先人之餘殃也；犯禁為惡而遇其福者，蒙先人之餘殃（慶）也。』這些說法，我們感到似曾相識，一對照，原來在《太平經》、《抱朴子內篇》及魏晉道經中早已有之。

陶弘景《真誥》比較集中地反映了上清派的倫理思想。卷四《運象篇第四》說：『大道不親，唯善是與；天地無心，隨德乃矜』。神仙長生之道不搞裙帶關係，不會讓人走後門，只要你行善，它就賜與你生命永存。天地也是如此，有德者必得到表彰。卷六《甄命授第二》載南嶽赤君告誡世人：『人有衆惡而不自悔，頓止其心，罪來歸己，如川歸海，日成深廣』。人是有罪的，如不加以悔改，日積月累，罪惡越來越深重，生命也就無可救藥了。拯救生命的唯一妙方就是改邪歸正，棄惡從善，清洗罪孽，即所謂：『有惡知非，悔過從善，罪滅善積，亦得道也』。這與《太平經》認為人是有罪的，人必須懺悔贖罪才能神仙不死完全一致。卷六又引南極夫人說：『學道者，行陰德莫大於施惠解救，志莫大於守身奉道。其福甚大，其生甚固』。所謂『守身』當然是指道德修養完美無缺，這是學道之人必須樹立的『志』。應該實行的『陰德』很多，其中最首要就是濟世救人，解危救困，雪中送炭。多行如此陰德，很快就會進入神仙隊伍。正如卷十六《闡幽微第二》所說：『先世有陰德惠救者，乃時有徑補仙官，或入南宮受化，不拘職位也。……大都行陰德，多恤窮厄，例皆速詣南宮為仙。』這很明顯是在勸人行善，以便早日昇仙。

同卷還稱：『有上聖之德，既終皆受三官書為地下主者，一千所乃轉補三官之五帝，或為東西南北明公以治鬼神。復一千四百年，乃得遊行太清，為九宮之中仙。』這段話是什麼意思呢？據陶弘景的註釋，所謂『聖德』是指尚未達到『忠孝』的標準，故死後共需二千四百年才『得入仙階』。而『至忠至孝之人，既終皆受書為地下主者，一百四十年乃得受下仙之教，授以大道，從此漸進，得補仙官，一百四十年聽一試進』。道德品行越高，積累善德越多，那麼昇仙的速度就越快，在仙階當中晉陞的機會也越大。這可說是上清派在繼承傳統基礎上的推陳出新。

這裏特別需要提到的是，《真誥》上承《太平經》、《抱朴子內篇》及魏晉道經估算善惡功過的作法，下啟後世道教《功過格》對功過逐日逐月逐年的統計法。卷五《甄命授第一》說：『積功滿千，雖有過，故得仙。功滿三百，而過不足相補者，子仙。功滿二百者，孫仙。子無過又無功德，藉先人功德，便得仙，所謂先人餘慶。其無志。多過者，可得富貴，仙不可冀也。』

陶弘景註稱：『此一條，功過之**標格**也』①。卷十三《稽神樞第三》也說：地仙、天仙都有等級，依世人積陰德的程度分別授予；而要在神仙世界的等級秩序中向上爬，也得按年限、依品格而來。按『四明法』，最低一等的地下主，『一百四十年依**格**得一進』②，『一進始得步仙階』。第二等地下主『徑得行仙階』，經一百四十年，『進補管禁位』，這個位置猶如『世間散吏』，『此格即地下主』的中等。第三等地下主的『高者』，便可以『出入仙人之堂』，『五十年位補仙官，六十年得遊廣寒，百年得入昆盈之宮。此即主者之上者，仙人之從容。』這些內容都是對漢魏道教傳統思想的承續發揚，而所謂『標格』、『格』實為宋元以後道教功過格的濫觴②。由此我們可以發現，從《太平經》的『天券』，到《真誥》的『標格』，再到《功過格》，形成道教生命倫理學的一條線，《真誥》位於這條線的中間部位，承上啟下，繼往開來。

茅山宗學者，全力弘揚道教傳統倫理學的，還有吳筠。《在玄綱論》中，他回答了人們關於倫理方面的問題。有人問：『人有善惡，天地神明豈悉知之乎？』他回答說：心是神靈之府，神棲於心間，假使心一動，神即知道，神知道也就是『天地神明悉知之』。人們的善惡行為未有不先謀於心的，『既謀於心，則神道所察，無逃於毫分。無逃於毫分，則福善禍淫』，一點不差。又問：既然天道福善禍淫，那麼為什麼『顏生夭，冉子疾，盜跖壽，莊蹻富，楚穆霸，田恒昌』呢？就是說，為什麼歷史上總是好人往往遭遇不幸，壞人活得十分自在？吳筠應答說『天道遠，人道近，『報應之效，遲速難量』。因此出現『君子遭命，小人有幸』的反常現象。但是，『吉凶糾纏，豈止於一形』，天網恢恢，疏而不失，報應之道可明，『何必一切徵之於目前』呢③？又有人問：理世者是否無望成仙？

他引《真誥》、《抱朴子》及《元始上仙記》答覆說：自古至忠至孝、至貞至廉，有大功及物者，皆有所得，不同於一般人。像堯、舜、周、孔諸聖賢，都『上擢仙職』，這就是所謂『死而不亡者壽』。另外，『白華自以隨世畏死而希仙，沒為靈官，其骨不朽。功充之後，靈肉附骸，返魂還形，倏忽輕舉。』像這樣『片善不失』的人都能成仙，更何況『專以神仙為務者』了④。這些問題都是漢代以來的老問題。吳筠的回答也是傳統的說法。

在《玄綱論》中，吳筠還特別強調『制惡興善』、『立功改過』。他認為：陽的精叫做魂與神，陰的精叫做屍與魄。『神勝則為善，屍強則為惡。制惡興善則理，忘善從惡則亂。理

① ②着重號為引者所加。
② 關於道教功過格，詳見本書第三章第一節。
③ 《玄綱論·畏神道章第二十六》。
④ 《玄綱論·專精至道章第二十九》。

久則屍滅而魄煉。亂久則神逝而魂銷。故屍滅魄煉者，神與形合而為仙；神逝魂銷者，屍與魄同而為鬼。』① 可見，所謂『制惡興善』的內涵是强固陽神。泯滅陰屍，只有如此才能成仙。他把倫理道德的善惡與修煉仙道的具體方法聯繫在一起。更加體現出道教生命倫理的特徵。『立功改過』的含義是什麼呢？他認為：功應當把它掩藏起來，過應該把它暴露出去。建立陰功才能保全『功』，暴露過錯方可消滅過錯。假如『功不全，過不滅，仙籍何由書，長生非可冀』。當然，『功不在大，遇物斯拯；過不在小，知非則悛。』因此，『不必馳騁於立功，奔波於改過。過在改而不復為，功惟立而不中倦，是謂日新其德，自天佑之。』能夠做到這一層，又『何必八節三元，言功悔過』。如果一定要『謝過祈思，務在精誠，懇志注心於三清之上，如面奉金闕之前，不必屈伏形體，宣通言辭。若徒加拜跪、扣搏、誦課平常之文者，可謂示人以小善，實未為感激之弘規耳。』② 就是說，立功改過不在於做一些表面文章，形式主義，主要是精誠注心，日新其德，則上天保佑，長生可望。這種行善立功以求神仙之道的思想，是對《太平經》、《抱朴子內篇》等傳統思想的繼承和發揮。

杜光庭，也大力彰善癉惡，宣傳道教倫理觀。其《道教靈驗記序》說：『惡不可肆，善不可沮，當賞罰以評之。』即主張賞善罰惡，從而引導人們趨於行善。又引道經說：『人之不善，何棄之有。故立天子置三公，此聖人教民捨惡從善也。』倫理與政治分不開，天子三公的置立，是為了教誨百姓們改惡向善，另外，道經所謂『為惡於明顯者，人得而誅之；為惡於幽暗者，鬼得而誅之』；『為善者善氣至，為惡者惡氣至。此太上垂懲勸之旨也』等觀點都被他引用來說明『崇善』的道理。他在引用《尚書》：『惟上帝不常，作善降之百祥，作不善降之百殃』之後指出，這是聖人效法天道禍淫福善之戒，『由此論之，罪福報應，猶響答影隨，不差毫末』。由此看來，不獨佛道二教講善惡報應，『儒術書之固亦久矣。』③為了證明三教都講的罪福報應是正確的，他專門搜集報應及靈驗的例子，編成《道教靈驗記》以『勸善懲惡』，强化人們對道教的信仰。他還編有《録異記》，其目的也在於宣傳積善成仙，善惡報應。

他的《墉城集仙録》，塑造了衆多女仙形象，以這些形象來教育人們棄惡從善，遵守宗法社會的道德規範。該書卷一《聖母元君》借聖母元君之口說：重長生者當從自己之身開始，次及家鄉，至於天下，為子盡孝，為臣盡忠，為上盡愛，為下盡順。如果只止於自身，『獨願長生，久住無為，逃避上下，不嘗忠孝，不存兼濟』，那也是不能成仙了道的，這與漢代以來道教强調仙聖雙修的思想傳統完全一致。又說：『上士積善，永久長生，號為真人，天地有壞，真人無毀，超出三界，逍遥上清。』積善成真人，便獲得『無毀』之身，超越三

① 《玄綱論·制惡興善章第二十一》。
② 《玄綱論·立功改過章第二十》。
③ 《雲笈七籤》卷一一七《道教靈驗記廣成先生序》。

界，逍遥於神仙世界。這仍是道教傳統的勸善成仙思想。

自《太平經》以來，道教便十分注重對善惡進行數量統計，以此作為獎善懲惡的客觀依據。杜光庭繼承發展了這一方法，對善惡數量的多少與獎懲大小的比例關係作了更詳細的規定：人有一千惡，後代妖逆；二千惡，身為奴僕；三千惡，六疾孤窮；四千惡，疫病流徒；五千惡，為五獄鬼；六千惡，為二十八獄囚；七千惡，為諸方地獄徒；八千惡，墮寒冰獄；九千惡，入邊底獄；一萬惡，隨薜荔獄，永無原期，渺渺終天，無由濟拔。人有一善，則心定神安；有十善，則氣力强壯；有百善，則寶瑞降臨；有千善，則後代神真；有二千善，則為聖真仙將吏；有三千善，則為聖真仙曹掾；有四千善，是為天下師聖真仙主統；有五千善，則為聖真仙魁師；有六千善，則為聖真仙卿大夫；有七千善，則為聖真仙公王；有八千善，則為聖真仙皇帝；有九千善，則為元始五帝君；有一萬善，則為太上玉皇帝。『行善益算，行惡奪算，賞善罰惡，各有職司；報應之理，毫分無失；長生之本，惟善為基』①。這些說法，我們在《太平經》、《抱朴子内篇》中都已領教過，杜光庭將其稍作加工，使道教勸善止惡的思想得以進一步發揮。

在以上茅山宗學者之外，還有不少道經作者弘揚道教傳統。如《九天生神章經》，自稱是『鬼靈聞之以陞遷，凡夫聞之以長存』的經典，認為人欲長生當『尊其炁，貴其形，寶其命，愛其神』。主張『形神同仙』，『終歸仙道』，『形與神同，不相遠離，俱入道真』。這都是傳統的生命哲學。所大力宣傳的『科別種人，考算功過，善惡當分』；『使有心者得於考算之中』；『四宮選舉，以充種民；三代昏亂，善惡宜分』，也都合於傳統。其描寫『諸天選叙』仙官，應選那些『有心積善建功，為三界所舉，五帝所保，名在上天者』；『或以篤好三寶，善功徹天；或供養師寶，為三官所稱；或修齋奉戒，功德積感』者充任，顯係將道教勸善成仙思想搬到天上，由此人界與仙界都統一於『善』的大旗之下。

又如《太上洞玄靈寶中和經》勸人奉道守戒，行善去惡。認為道以『中和』為德，人當以戒制情，德行合道，上得神仙，中得倍壽，下得延年，又認為人身之中有天官吏兵，記録人的罪過，以報告天曹。積過成罪，輕則罰身，重則殃及子孫。這基本上承襲了《太平經》的生命倫理觀。

再如《雲笈七籤》卷三十八引太極真人說：『學昇仙之道，當立千二百善功，終不受報。立功三千，白日登天』；『立三百善功，可得長存地仙，若一功不全，則更從一始，而都失前功』。這與《抱朴子內篇》引魏晉道經所言了無二致。太極真人還告誡人們：學道當使各種行為『合法』，廣建福田，發大慈之心，能做到這些，再加上『吐納服藥，佩符讀經，精進終身不倦』，豈有不得仙之理！人如不具備這些德行，即使服藥佩符，讀經齋戒，也於

① 《墉城集仙録》卷一《聖母元君》。

生命無補。人的惡行，最大莫過於嫉、殺、貪、奢、驕、淫，如果這些惡行有一個『在心』，則伐人『年命』。帶着這些惡劣品行『以學神仙』，不是太可悲了嗎？這位太極真人的説教也是陳貨，在傳統的圈子裏打轉轉。

總之，傳統派中人所受佛教影響不等，但其佔主導地位的思想，仍然是漢魏道教的老套子，他們没有越出傳統的雷池，傳統派中人堅守傳統的程度也不一樣，有的多些，有的少些，有的堅定不移，有的有所動摇。比如吴筠，可以説是保守傳統最多，排斥佛教最力的一個典型。

傳統派特別是其中的茅山宗學者，文化水準較高，理論修養不錯，故大都自家有一套，在繼承傳統的基礎上進一步有所發揮，有所創新，起到了保存道教傳統，承前啟後，繼往開來的作用。傳統派在南北朝隋唐五代的道教中居於主流地位。正是傳統派對道教傳統的繼承發揚，使道教得以保持了自身的特色，不致完全為佛教所同化，從而能與儒釋鼎足而立。漢魏道教生命倫理學的火炬，經傳統派之手，傳遞到宋元道教勸善書系統中，這條線或許就是道教勸善成仙生命倫理學的『道統』。傳統派弘揚道統的這一功績殊不可没。

（二）半傳統派的生命倫理觀

所謂半傳統派，是指道教中一部分人在大量吸收佛教生命倫理學內容的同時，又保留了道教自身的傳統。他們將道儒釋三教的東西雜拌在一起，囫圇吞棗，食而不化，缺乏理論上的創造性，給人的印象是拼拼湊湊，東抄西抄。這部分人的文化水平較低，名不見經傳①，故多假托道教神仙泡製經典，以提高其經典的地位，然而這無補於其理論上的不足。由於他們雜湊道儒釋三家而消化不良，但出現許多理論上的自相矛盾，特別在其生命哲學，一會兒講道教的神仙長生，一會兒說佛教無生無滅、身為空幻，很不協調。在倫理觀上，儘管半傳統派們也是拼湊三家，但由於三家的倫理思想較接近，尤其是道佛二教都接受了儒家的道德規範，所以情況顯得較好些，無理論上的自相牴牾，使人能够理解。可以這樣說，半傳統派的生命倫理觀就像一碟拼得不好的拼盤，給人以雜亂的感覺。

首先觀察這碟拼盤中的生命哲學部分。半傳統派對道教傳統的肉體不死、白日飛昇的生命哲學已發生嚴重懷疑，他們不得不痛苦地承認，肉身總有一天會毁滅，成為佛教所說的『空幻』。然而他們還捨不得徹底丢棄道教的神仙長生說，他們還在幻想着『白日飛騰之道』，還希望生命能够『獨步玉京』，『逍遥玄都』。在理想與現實之間徘徊，在長生與無生之間猶豫，這就是半傳統派的寫照。

《三天內解經》卷下一方面說：老子教化，唯使人守住自身的根，牢固自身的本。『人皆

① 此指一般情況而言，也有別文化層次較高的道教學者。

有道氣而生，失道氣則死。故使思真念道，堅固根本，不失其源，則可長生不死』。這是講道教的傳統生命哲學。另一方面，它又認為：道就是『無』，一切事物都是從無而生有，所以萬物之本是『無』。既然有終歸於無，那麼『能察無者，則忘其身，忘身者，一切之物都盡忘之。忘之者，是不愛物。既不愛物，唯無是愛，無以養見，不以身為身。』所謂『忘身』、『不以身為身』，顯然已經和道教重視肉身的傳統相去甚遠。為了證明其忘身說是有根據的，它引《道德經》第十三章：『吾所以有大患者，為吾有身，及吾無身，吾有何患？』既然老君都講『無身』，那麼『忘身』之說能够成立，和道教開山祖的觀點一致。具有權威性。接下來，它說神仙就是無身的：『無則與道合同，有形而無體，故真人能存能亡，承虛而行，日中無影，皆是無身。身與無合，故無有體影也。』顯然，該經受魏晉玄學貴無派的影響，肯定老子的『道』是『無』，宇宙之根本是『無』，人合道就是合於『無』，只有無身才叫得道。這就很容易和佛教『以有生為空幻』接通，落入『不生不滅』的套子。果然，它馬上就說：『恬然無為，不有辭辯，似頑似鄙，不生不死，無有復反』，這是學道者所應追求的生命終極目標。既以『不生不死』為生命的根本解脫，那豈不是和其前面所謂『長生不死』自相矛盾嗎？這正是消化各家思想不良的表現。

這種食而不化的症狀，在《三天內解經》上卷中也能找到。它比較道佛二教說：『老子主生化，釋迦主死化。故老子剖右腋而生，主左。左為陽氣，主青宮生録。釋迦剖右腋而生，主右，右為陰氣，主黑簿死錄。是以老子釋迦教化左右法異，左化則隨左宮生氣，使舉形飛仙，右化則隨右宮死氣，使滅度更生。」道教的『生化』與佛教的『死化』顯然是兩種根本不同的生命哲學，但它試圖將二者加以調和，稱這都是太上老君所教化，『同根而異支』，『法雖殊途，終歸道真，無有異也』。當然二者也有高下之別，生化高於死化，左比右好，『右化雖不及左宮速易，輪轉歸真，亦為善乎。所以言右不如左』。也就是說，道教解救生命的方法比佛教更為快速簡易，道教生命哲學更為高明。高明在什麼地方？就在於道教『貴生』，以『生』為人的最高價值。亦即它所說：『真道好生而惡殺。長生者，道也；死壞者，非道也。死王乃不如生鼠，故聖人教化使民慈心於衆生，生可貴也！』死去的帝王連一隻活着的老鼠都不如，可見生命價值之寶貴。

只有聖人才能不死，因為『聖人與氣合，終始無窮，故聖人不死』。這裏又講到道教的的傳統上來了。它勸那些有心學道者熟讀五千文，因為《道德經》『皆使守道長存，不有生死，道之宗本在乎斯經也』。既說『長存』、『不死』，又說不生不滅，也是把道佛二教的生命哲學混合在一起討論。

綜合起來看，《三天內解經》以道教的生命哲學為價值本位，借取佛教不生不滅、身為空幻的生命哲學，試圖將二者調和在一個系統內，這個系統就是它所謂『太上老君之法』。然而，它的調和是簡單的生拼硬湊，未能做到水乳交融，融匯貫通，所以顯得矛盾重重，就像一幅色彩搭配不協調的畫，把不相容的顏料胡亂地堆在一起。

這種情況，在《太上洞玄靈寶出家因緣經》中也能看到，該經一方面宣稱人的身體由『五陰四大聚集相成』，在世間妄生染著，造衆惡業，入於輪迴，『生死不能解脱，永劫沉淪』。人的肉身是不真實的，『不淨臭穢，膿血聚合，暫借少時，一旦化消，百骸無主，譬諸泡幻，聚散須臾。萬法參差，同一虛假，總非我有，與我自殊』。人出家就是為了『永斷煩惱，觀身空假』，『體神入妙，煉質歸無，不死不生，永證常樂』。人入道，也須認識到：『好體我身，誰為真者。當知假合，既備因緣，聚散須臾，豈能常住』。所以人應當『存三守一，煉質成真，長與道同，免其生死，常樂我淨』。

人捨凡，一是捨去凡境。『一切衆生，皆是有物，暫生暫滅，即破即壞，消散少時，不可耽著，染穢我身』。

二是捨去凡身。『我此身，眼耳鼻口身肉、皮膚、手足、毛髮 百骸、九竅、總相聚合，名之為人。究竟尋求，人無有處，生老病死，念念無常，不淨臭穢，暫時依倚，何須執著』。因此該捨去我身，滅息諸貪，身斷諸慾；諸惡根本，並皆棄捨，永斷煩惱。能夠做到出家、入道、捨凡，徹底抛棄臭皮囊者『名為道士』。這些都顯然是在宣揚佛教的生命哲學。

另一方面，該經又在攻擊佛教的生命觀是『死滅之法』，『邪學鬼道』。它攻訐說：佛教『不從我教』，自作一法，人民信向，天下歸伏，『損形滅身』。致使『我法大壞，人不肯行，唯崇鬼法寂滅之教，長生久視而不信用，痛哉！痛哉！』不僅是一般人，而且有的道士無知，也不再信奉神仙之道，誤入歧途。它警告人們，只要粘染上佛教的『鬼法』，便『永無仙份』，長生無望。為什麼呢？因為這是『陰教鬼道，死滅之法』，『寂滅不生法』。用比喻的話說，猶如『五穀朽壞』，没有生相，死灰不能復燃，朽木不得重榮。世人都『以生為善事，死是惡事，皆欲其生，悉悲其死。故我為說長生之法，令其不死，永劫長存』。然而，衆生顛倒，不能信奉長生之道，却去『求學死滅之法』，真是大錯誤，難道死亡還用得着學嗎？『故仙道貴全身，鬼道貴滅形。仙道貴光明，鬼道貴幽冥，仙道貴長存，鬼道貴消亡。仙道貴清虛，鬼道貴濁辱。仙道貴保安，鬼道貴浮危。仙道貴有身，鬼道貴無形』。它警告道士，如果『專學小道，貪求名利，攻根伐本，背正入邪，不信神仙長生真法，而求邪學死滅道』，那麼『吾當遣五天魔王，次第誅之』。它要求道士：『保守形神，愛養精氣，不損毛髮，不損皮膚，内全精神，外具身形』。

綜觀《太上洞玄靈寶出家因緣經》所講的這兩個方面，生拉活扯地將針尖對麥芒的觀點拼補在一起，讓人無所適從，到底是應該『愛身』、『貴身』、『全身』呢，還是『非身』、『空身』、『滅身』呢？人們不清楚為什麼在同一本經文中會有如此矛盾思想，也不清楚該經的作者到底贊成主張什麼。如果一定要追問到底，那就只能歸因於作者的七拼八湊，亂點鴛鴦譜，結果組成了一個很不和諧的家庭。

也有結合得稍好些的，顯得較為和諧。《洞玄靈寶玄一真人説生死輪轉因緣經》説：人生世間就像春草之華，生無定日，死有常份。生時暫共為室家，死各隨因緣歸所係屬，有福者更生天堂或生於『貴家王侯之門』，『有罪者繫於長夜苦途，受盡責罰。生時行惡，死而為鬼，『求生終不得生』，寒苦無極，『罪盡當作六畜形』，或生邊夷，或生六疾，生受饑寒，凍餓至死；後又生六畜之中，未有脱期，或生奴婢下賤之人。生有善功，死為鬼君，歡樂之堂，天給厨食，逍遥無為，功竟後生天王之門，或富貴之家，財禄自然，適意自足，與善人相會，賢人結緣，福路日生，身後命終，徑生天堂。

『若能供養三寶，心慕神仙，必降至仙人，白日昇天之道。』這就比較自然地將佛教的六道輪迴説與道教的神仙長生之道銜接起來，不致令人感到生硬。

《太上洞玄靈寶宿命因緣明經》也是將神仙長生之道揉入佛教的六道輪迴説。經文假托尹生問：『人生有何因緣得生仙貴』？太上道君回答：能够實行慈心不殺羣生，執行堅貞，誠信敦篤，躬信有道等『六事』，就可以『得生天人之上，優遊飛仙』。又稱：『積善滿五百，後身見仙公，次生得作道士』；實踐『五德』，『篤好思仙真』，先願昇虚游』，『積善不厭多，佈惠勿吝惜』，就會『功德感仙真，自然降丹藥』。結合也比較自然流暢，使佛教輪回因緣説成為神仙之道的一條理論依據。

此外，半傳統派道經中又有將道教的『神仙長生』換為佛教的『無量壽』。如《太上洞玄靈寶三元無量壽經》稱：若有人受持誦讀此經，可得『生無量智慧，增無量善因，滅無量業障，消無量煩惱，延無量壽算』。其《無量壽經》的經名也與佛教雷同，又如《洞玄靈寶諸天世界造化經·九幽地獄品第六》要人闡揚道教，濟度羣生，這樣就能『死得無極之樂，生得法身無量之壽』。這幾乎快把道教傳統全忘却了，還有些道經，形式上保留道教『長生之道』的術語，內容上却講肉體長生的靠不住。

如《洞玄靈寶太上真人問疾經·衆生行業受善報品第十二》先是讚美『前劫時人，學上仙長生之道，不死之法，不念居世』。然後筆鋒一轉，指斥後世學仙者惑之，『惟知愛惜身命，不知保愛精神』。它說，肉體就像是房屋，『為屋豈能長久』？其《問疾品第一》也說：生必有死，盛必有衰，事成有敗，高則有危，安則有悲。只有天尊能免『生死之對』，一般人難逃生死。這就在暗中把道教生命哲學的精神實質幾乎偷換掉了。

在佛教生命哲學的衝擊波下，信奉道教神仙不死說的人日漸減少，甚至道教內有些道士也轉變了信仰，不再相信人能成仙不死，這從上述《太上洞玄靈寶出家因緣經》對佛教的攻擊中鮮明地反映出來。正是在這樣的背景下，有一部分道士既受佛教衝擊波的强烈震動，又還不願意完全放棄對成仙不死的追求，他們便設法組合佛道二教的生命哲學，將其排列在一起。這種排列組合，有的傳統的成分多些，有的佛教的成分比例大；有些組合佼好，有些組合較差，總的說都有些消化不浪，未能融為一體。

其次觀察這碟拼盤中的倫理學部分。如果說半傳統派在生命哲學方面對佛道二教的排列組合是不成熟的，那麼在倫理學方面就老到得多，很融洽地將道儒釋三教的倫理思想結合為一體，豐富了道教倫理學內容，道教對儒家倫理的吸收消化，在漢魏時代已基本完成，《太平經》、《抱朴子內篇》都反映了這一點。所以到南北朝隋唐五代，特別是南北朝時，道教所吸取的大都為佛教倫理觀及其道德戒條，這種吸取是全方位的，方法是拿來主義，表現了道教對外來佛教文化的開放性和融通性。

這一時期，半傳統派的生命倫理觀中所表現的儒家道德規範，仍以『忠孝』為主。《洞玄靈寶玄一真人說生死輪轉因緣經》講：父母兄弟本來無親，但隨福德來寄生，由父母養成人，『故聖人制法孝順，以報育養之恩，以致孝心。若不孝不順，王法誅之，天亦伐之。兄弟暫共生於父母，當相親愛，共致孝心，父母終亡，祖葬禮畢，以報生養之恩，四時祠祀，以為慈孝之法。傳告後世，使知有孝養之恩。』父母兄弟姊妹因緣相會成一家，當相親相愛，父慈子孝，這樣死後才會有好報，或生天堂，或來世轉生富貴王侯之家。這樣宣講，就把儒家聖人的孝順與我佛如來的輪迴報應結合起來了。不孝者既有『王法誅之』，上天討伐之，又有死後的地獄之苦，墮入六畜之道，誰還敢不孝敬父母呢？這樣說『孝』的社會效果可想而知。

《太平經》、《抱朴子內篇》都只是單純引進儒家孝的規範，這樣結合佛教因緣果報講『孝』，可以說是對道教生命倫理學的一個發展。

《太上經戒·大戒上品序》引太極真人說：宿世禮奉經師，願樂三寶，『君親忠孝』，『上可陞仙度世，下可輪轉富貴，生為人尊，容貌偉秀，才智清遠，為人之道，莫不具足』。就是說，具有忠孝品行，上等的可以成仙，下等的也可以轉生人道，投胎富貴之家，生得體貌姣好，才智超羣，凡作為人當有的都有。這就把儒家忠孝和道教成仙以及佛教六道輪迴結合起來的，而且明顯把道教的生命哲學擺在佛教之上。這樣結合三教思想講忠孝，也是《太平經》、《抱朴子內篇》所沒有的。

這一時期，半傳統派主要的精力和任務是把佛教倫理觀組合進道教。

《太上洞玄靈寶本行宿緣經》載仙公問太極真人高上法師：人的行為怎樣才能使現世受福，家門端正，子孫昌熾，與善因緣世世不絕，死上生天堂，下生人間侯王之家？法師答稱：人生各有本行宿緣命根，種種相因，願願相隨，以類相從，輾轉相生，禍福相引，要想修道，結緣聖賢應奉行大戒，廣建福田，弘施功德，這樣就可『或致飛仙，或致天仙，或致地仙，或致命過生天堂，或致為鬼神，或致為六天大魔王官屬，或致命過遝生侯王家，人中之尊，或為一切所仰賴，富有天下』等等。修福德應當有本願，福報皆因人立願。既立功德，又定志願，其報廣大。世人偽薄，不信法言，『輕忽宿命』，以為妄造，而厚積嗜慾，立望報應，哪裏辨得到呢？仙公又問：宿命因緣，生死報應的道理聽你講了，那麼應實行什麼樣的『上戒』呢？法師再答：太上智慧上戒，百八十戒都是『上戒』，能奉行太上十戒，也可得福。這十戒的內容有：不得嫉妒勝己，抑絶賢明；不得飲酒食肉；不得淫犯他人妻女；不得棄薄老病窮賤之人；不得誹謗善人；不得貪積財寶，不肯施散；不得殺生祠祀六天鬼神；不得臆論經典，以為虛誕；不得背師恩愛，欺詐新學；平等一心，仁孝一切。能奉此十戒，心中所願，『無不必報』。一般人『見世行惡而不報者，是其先世餘福未盡，福盡而禍至。見世行善而不報者，是其先世餘殃未盡，殃盡而福至，或後生受報，不必在今世也。』人能於現世大建善功，以功補過，才能免『先世殃對』。人『欲入仙道』，所立功德應像塵沙一樣多，才有希望。除了立功，還有『十惡』不可犯。這十惡有：飲酒淫色，貪慾無已；陰賊世間，訕謗道士；輕師慢法，傲忽三寶；竊取經書，妄宣道要；借換不還，欺誘萬民；殺生貪味，口是心非；背恩違義，犯諸禁戒；誦經忽略，臆斷經旨；不信宿命，穢慢四大；不念生道等等。如果犯了十惡之戒，或現世為鬼神所枉殺，陽官所考治；或死入地獄，『幽閉重檻，不睹三光，晝夜拷毒，抱銅柱，履刀山，攀劍樹，入鑊湯，吞火煙，臨寒冰』，受盡種種磨難。以後轉世，『常為下賤人，或作僕使。有人之形，無人之情；或生邊夷異國；或生業疾』。

總之：『惡惡相緣，善善相因，其罪福難說。罪福之報，如日月之垂光，大海之朝宗，必至之期，萬無一失也。罪福之不滅，若影之隨形；輪轉之對，若車之輪矣』。

這裏主要討論了人有無『宿命』，修德是否有福報，應該遵守哪些道德戒條等問題，這些問題都是當時的人們所關心的，關係到生命能否得救，行善能否成仙。宿命因緣，這是佛教的觀念，這裏引用來證明行善必得福報，福報的最高層次就是『飛仙』。這就為那些心存疑慮、下不了決心為善求仙的人們吃了一顆定心丸，打消了他們的懷疑，堅定了奉道之心。從其所舉『十戒』、『十惡』的內容分析，實為道儒釋三教道德信條的融匯，這種融匯，加大了道教生命倫理學的容量，使之具有更有效的社會功能，發揮更大的作用。這樣組合佛教的因緣報應說，也彌補了道教倫理學的某些理論上的不足。比如修德與有福的關係問題。人們一直懷疑二者間是否有必然的聯繫，而這個問題不解決，勢必影響人們行善的積極性。道教傳統對這個問題的解釋主要是『積善有餘慶，積惡有餘殃』說，這種說法雖能提高人們為善去惡的自覺性，但仍未完全消除他們心中的疑雲。現在借用佛教玄虛莫測的因緣果報說，便填補了道教傳統說法太現實、太直觀的漏洞，給人似是而非、高深莫測的感覺。傳統道教的解釋是實證的，很容易為實踐所檢驗，中國人是講經驗主義的民族，經不起經驗檢驗的事，是很難使他們相信的。

佛教的說法就不同，它無法實證，經驗主義在它面前失去了效力，所以更能俘獲人；無怪南北朝以降信奉佛教者日益增多。在奉佛者增加、信道者減少的情況下，道教吸取佛教倫理觀，既彌補了自己理論上的不足，又在信仰者中奪回了一些失去的領地。

在《太上洞玄靈寶宿命因緣明經》中，也可發現道教對佛教宿命因緣說的大量襲取，該經假托太上道君之口說：『吾道高妙，幽顯易通，隨善而化，降致寶文。後世轉惡，篤無信言，相與流滯，深誤子孫，死遭三徒五苦，痛忍難言。每深念之，善惡當分。善德不修，橫罹罪怨。子勤修齋，永求得脫，身度諸災，長保歡欣』。又說：『吾憂念將來，生死罪福，宿命所纏。積善乃慶，福報自然，有道之精，得之亦仙度』。這些話中，除了『三途五苦』、『罪福宿命』採自佛教，其基本思想還是道教的勸善成仙說。然而接下來，當尹生問及人生有何因緣得生凡常人中，有何因緣得生奴婢之中等問題時，道君回答問題的佛教色彩便越來越濃。道君說：只要行『六事』，即佈施，持戒，忍辱，勸化，一心奉法，慈仁盡忠，好生惡殺，不妄為非等。就能『得生人中，富貴常遂，所向如願。施佈廣大，後世得生人王，萬國所宗』。這叫『能行此六善，輒得生為人，面色端且正，自然成貴身。』道君又說：有惡緣『七醜』，死入地獄，受無窮考罰。

哪『七醜』？一是不忠不孝，毀辱道尊；二是虛引鬼神，罵詈善人；三是毀壞神堂，不敬三尊；四是多疑少信，謂無鬼神，顛倒無道；五是骨血至不親，孔懷相侵賊，謗誣於鬼神；六是反逆不順；七是戾好强梁，咎惡不離身。有此七醜，或夭身傷殘，死落地獄中，被罰數萬年；或身被重責，痛苦在身；或殃流子孫，家族悉夭殫。這是罪與罰。道君還說：有『五惡』與『五善』，各得報應不同。

『五惡』是指：犯戒竊盜，負債不還；淫愛內親，不敬天地；寃枉無罪人，斬誓不顧法；見善不好，聞惡則從；欺上罔下，事君不忠，處位乘勢等。凡行此『五惡』者，死落地獄中，轉生畜牲中，牛羊驢馬類。

『五善』是指：布施無愛惜，恩惠普流通，周濟救窮急，功德揚八方；供奉上道，敬事三寶；端意思齋，戒靜柔和，謙下於人；委心任道，道恒在身等。踐行五善，『得為尊貴，衆人所敬，奉行天下，人心所歸』，『上名陞仙』，『克成地仙』。

這裏所謂『六事』、『七醜』『五惡』、『五善』的內容都是道儒釋三教的道德訓戒，要人分清善惡，知道什麼是該做的，什麼是對生命有危害，而應當防範的。這些訓戒對善惡的區分十分詳細，包括人們的物質生活與精神生活的方方面面，成為修道者的行動指南。這些訓戒處處與佛教的宿命因緣說相聯繫而展開論述，給人以强烈的震撼，使人警醒，誘人向上。它抓住人們趨福避禍的心理，用地獄的恐怖、轉世為牲畜的痛苦警醒世人去惡；用仙界的歡樂、生為貴人的幸福引導世人行善。這無疑比道教傳統的說教更具有力度，更能打動聽衆的心。換句話說，其勸人為善，度人為仙的效果又比魏晉道教略勝一籌。為什麼會有這樣的效果？因為它引進了理論形態更複雜的佛教倫理觀，而這種倫理觀正是當時走紅的『明星』，追星族不乏其人，將其拉入自己『走穴』的班子，多多少少正好克服了道教門前較冷清的窘態。

道教又吸收了佛教區分大乘、小乘，以普度衆生為己任的思想。《太上洞玄靈寶本行因緣經》載：吳赤烏三年（公元二四〇年），有地仙道士三十三人拜謁葛玄，請教他說：我等學道於今有六百年而只得地仙，您剛修道却很快被封為太極左仙公，您作了什麼功德，獲如此殊榮呢？葛仙公答覆他們稱：你等『前世學道受經，少作善功，唯欲度身，不念度人，唯自求道，不念人得道。……好樂小乘，故得地仙之道，然亦出處由意，去來自在，長生不死』。你們要想使『法輪速昇，飛行上清諸天』，就應立更大的功，『救度國土民人災厄疾苦』，一旦『大功德滿』，太上就會來迎接你們上陞天仙。葛仙公又向衆地仙講述自己得任太極仙公的經歷，稱自己歷盡劫難，曾生為貴人，因恃强凌弱，死入地獄。以後生為窮人家，貧陋孤寒，思念作善，心不自解，死昇福堂，後又生富家，十分富有，因虐待奴僕，死入地獄，三官責罰。罪竟生為奴僕，伏侍他人，動得鞭笞，於是敬仰道士，『以私產供給貧人』，惟原生富家，死昇福堂，衣食自然，果然，轉世又生為貴人，但因殺害衆生，漁獵為事，死入地獄，上刀山劍樹，五苦備至。罪滿後生為猪羊，『以報昔怨』。此後『受形為下賤人，臭惡可憎之極』。因欺取人財而不還。死入地獄，後生為牛，『以力償人，以肉飴人』。以後受形於中等人家，『是時乃念作功德，常供養道士，奉經承戒，謙謙下人，佈施厄困，每事從道，聞善欲從，年八十乃死，逕昇福舍，衣食天廚』。後生於富貴人家，習好武勇，殺伐為事，但敬順道士，信向正法。死入地獄，本當經『考毒』，太上下令，此人雖犯殺伐而已經入地獄，念其在世信法敬道，布施厄困，現原赦其考罰，可令其陞福堂，給以天廚。後又轉生為貴人，『發願念道，敬受經教，施行陰德，拯救危急，政事以道，慈心於物，供養道士，奉君以忠，使臣以禮』，於是『壽終昇天堂，生復為貴人』，敬信道教『尤精』。又經過宿世因緣，積久求道，『後為諸人作師，志大乘行，常齋戒讀經』，最終得任仙公之職，於是三十三位地仙恍然大悟，乃知仙公之位非輕易得來，發誓『慕道勤行，慈心度諸困厄，以冀昇天之道』。

細細品味葛仙公的這些話，其中大有文章，文章的主題在於演說大乘道教，破斥小乘道教。所謂大乘道教與小乘道教的分別當然是學習佛教區分大小乘的做法，其界限就在於只解脫個人一己的生命還是拯救衆生的生命。

道教傳統上講個體的修仙了道，以證個人生命之不死，沒有普救衆生的思想，葛洪雖然反對道士躲入深山老林獨自修道，主張救世，但那是要調和儒道矛盾，使道教的個體修仙不悖於儒家的家族主義倫理觀，不脫離宗法社會講羣體的現實，並非是要人發揚大乘佛教『我不入地獄誰入地獄』的精神，拯救衆生。當然，葛洪這種入世救世的主張，無疑對道教中的隱修道士給予很大衝擊，而以葛洪在道教史上的地位與影響來說，足以影響後世道教的發展傾向，使之具有一種較强的入世精神。關心社會人生①。葛洪之後，靈寶派借鑒大乘佛教普度衆生的精神，繼承葛洪主張，宣傳『濟世度人』，其代表作即取名《靈寶度人經》，稱有

① 葛洪為葛玄從孫，其道教思想多有所承。故上述《本行因緣經》托稱葛玄講述度人得道的大乘道教當是有所本的。

『度人不死之神』，『無量度人』。所謂『無量度人』，也就是上述《太上洞玄靈寶本行因緣經》中葛玄講的『救度國土民人』、『度諸苦厄』、『拯濟危急』。這種首先度人，然後再度己身的高風亮節就是大乘道教的宗旨所在。而小乘道教則是葛玄所批評的『唯欲度身，不念度人；唯自求道，不念人得道』，亦即只顧自家生命的成仙了道，沒有想到要解救全人類。

大乘道教解救人類生命，自己也獲得最高的拯救，飛昇為『天仙』；小乘道教只顧自己，結果反而只能得到較低層次的拯救，僅為『地仙』。《本行因緣經》所要弘揚的就是這種大乘道教的品格，而這種品格取材於大乘佛教的『普度衆生』。

要具備大乘道教度人為仙的精神，不是一朝一夕的事，而是要經過宿世所行功德，積累而成，正如葛玄在其自述中所表白的那樣。從這一點上說，大乘道教屬於漸悟派，主張漸修悟道，這與當時佛教漸悟派佔主導地位有關，當是受其影響的結果。大乘道教『度人』的精神，表面上是利他主義的，但實際上最終是利己的，最終目的還是為了自己成『天仙』。這在倫理學上稱為合理的利己主義，或者說叫做有遠見的利己主義。

總之，半傳統派的生命倫理觀組合了佛教生命哲學與倫理學的不少內容，這種組合在倫理學方面是較為成功的，消化吸收了佛教倫理思想，但在生命哲學方面却煮了夾生飯，有生拼硬湊之嫌。半傳統派雖然也在使用『長生不死』、『神仙度世』等語言符號，但其所講成仙不再是傳統意義上的即身成仙，而是道教神仙長生與佛教轉世輪迴結合的產物，人必須經過宿世修行，無數考驗，才能進入神仙福界。當然，半傳統派也並未完全否認道教的肉身成仙，只是對之產生了懷疑，信仰動搖，徘徊於道佛二教生命哲學之間，值得注意的是，半傳統派對三教倫理觀的調和，在實踐上開了後世道教主張三命合一的風氣。在理論上，半傳統派也露出佛道二教同源異流的苗頭。

如《三天內解經》卷上說：『三道同根而異支者，無為大道、清約大道、佛道，此三道同是太上老君之法，而教化不同，大歸於真道。』這可以說是半傳統派大量襲取佛教思想的理論依據。既然佛道二教同根異枝，都是『老君之法』，大家為一家人，吮吸佛教思想養份有何不可呢？在這種觀念指導下，半傳統派對佛、道不分軒輊，一視同仁，都作為自己製造精神產品的原料。只可惜，這一產品不太成熟，尚有待改進。

但不論如何，半傳統派這種拿來主義，大膽借取，進一步豐富了道教勸善成仙的生命倫理學，解決了某些道教傳統理論無法自圓其說的問題，適應了時代發展，人們信仰觀念發生轉變的需求，為後世道教融匯貫通三教創下了基礎。

（三）反傳統派的生命倫理觀

所謂反傳統派，是指在生命倫理觀上一反道教傳統，特別是在生命哲學上，徹底否定道教傳統的肉體成仙說，肯定生必有死，肉體為臭皮囊，虛假不實，只有精神不朽。反傳統派對道教傳統的生命哲學進行價值重估，完全接受佛教不生不滅的生命哲學，在這個問題上，可以說是道教內部的全盤佛化派。在倫理觀上，反傳統派中除了個別人否定善惡，主流還是融合儒道釋三教倫理觀，肯定行善才能成仙，只不過他們所謂『仙』已非傳統意義上肉體不死的神仙。下面，我們仍從生命哲學和倫理學這兩大塊去透視反傳統派的理論骨架。

首先看其生命哲學。

反傳統派感嘆生命如朝露；人生如石火電光，轉眼即逝，暫生即滅；生者必死。對傳統的長生不死徹底失去了信心。《雲笈七籤》卷四十九《三一訣》說：『一切皆有偽非真，生者必死，有者必無，成者必壞，盛者必衰，少者必老，向有今無，寒暑推變，恍惚無常。』意思是說，宇宙虛幻不實，生命的歸宿是『死』、『無』、『壞』、『衰』、『老』，隨着時間推移，存在的將不存在，生命無常。這與傳統道教宣傳的長生不老、神仙不死完全針鋒相對，情緒是悲觀的，與道教傳統對生命所持的樂觀態度也大相徑庭。既然生必有死，肉體在反傳統派眼裏也就理所當然視為假幻，故他們提出要『空身』、『無形』。《太上洞玄靈寶智慧定志通微經》告訴學道之人『當知三界之中，三世皆空。知三世空，雖有我身，皆應歸空，明歸空理，便能忘身，能忘身者，豈復愛身？身既不愛，便能一切都無所愛，唯道是愛。能愛道者，道亦愛之；得道愛者，始是反真。』傳統道教因為特別『貴生』、『愛身』，所以才反映出肉身不死，得道成仙。現在却為反傳統派們翻了個底朝天，要人不愛身，要人『忘身』，說是只有這樣才能愛道從而得道，使生命『反真』。

在道教傳統中，身與道是統一的，得道是肉身的得道，拋掉肉體，得道就成為一句空話。而在反傳統派這裏，肉體與道是分離的，只有忘掉肉體，才能去擁抱道，受到『道』的青睞。這就是反傳統派們的反傳統之處。為什麼反傳統派如此瞧不起肉體？其原因就在於他們接受了佛教以世界為『空』的宇宙觀，四大皆空，所以『雖有我身，皆應歸空』。在他們看來，只有懂得了空的道理，才能忘記自己的身體，『忘身』就不執着於這虛幻世界的一切，唯誠摯地追求『道』，於是生命最終有個真正的歸宿，這才是生命之道的真諦。

《太上一乘海空智藏經》也大談法空我空的道理。卷十說：『三界亦空，三世亦空。知三世空，我身亦空。知我身空，諸法亦空。以法空故，故名海空』。所謂空是指空寂的境界，修道應追求的就是這種境界。這種境界究竟如何呢？經中列舉了五種道果，即：地仙果、飛仙果、自在果、無漏果，無為果。到達無為果就進入了此種境界。卷一說：『無為果者，即是入寂，無上法門。所以爾者，寂境即是無為，無為即是寂境。何謂寂境？不生不死，故能長生；不毀不變，故能應變。』無為本是道家名詞，寂境原是佛家術語，『無為即寂境，寂境即無為』顯係結合佛道而產生的命題。這一命題的內涵實際上更偏重於佛教。觀其以『不生不死』解釋『寂境』，可知從生命哲學的角度說，無為的寂滅之境其實與佛教的涅槃境界類似，或者說它就是涅槃境界的變種。經文以這種境界講『長生』，顯然與道教傳統所說的『長生』相去十萬八千里。

《太上太玄女青三元品戒拔罪妙經》卷下有一段話：『一切衆生，有諸患者，為有身矣，有身則有百惡。生死隨形，若能行心合真，道則並也。身神既備，則為真人，歸於無形而成道也』。把肉體視作『百惡』之源，生與死都是肉體表現出來的，如果沒有肉體，也就沒有生死的煩惱和痛苦。人本來就是無形的，都從虛無中來，結烝成肉體，所以形並非我之形，要得道成真人，就應『歸於無形』。這與道教傳統的肉體成仙說完全是兩碼事。

《歷世真仙體道通鑑》卷四十《陳寡言》載陳去世前以詩示其徒說：『我本無形暫有形，偶來人世逐營營。輪迴債負今還了，搔首索然歸上清』。這可以說是上述『無形而成道』思想的形象展現。

《太上洞玄靈寶太玄普慈勸世經》所載天尊說偈有：『一念觀身並虛假，四大五體本非真。三百六十碎骨節，皮肉合成膿血身。……一朝氣斷空歸去，百骸爛壞總成塵』。肉身虛假不真終為土灰，衆生却貪戀不捨，『自以為樂，不願昇天受天堂樂』，實在執迷不悟。這是用佛教的生命觀來否定道教傳統的生命觀。

《太上靈寶智慧觀身經》稱靜觀真人於思微中觀身實相，體會到『四大、六種根識及五聚陰、五印世法』，都是空寂，入於『無相門』。認為『智慧常觀身，學道之所先。渺渺入玄津，自然録我神。天尊常擁護，魔王衛寶言。晃晃金剛軀，超超太上仙』。學道首先應用『智慧』静觀我身，知其虛幻不實，所以不執著，這樣就算開悟了。既然肉體不能成仙，那麼人靠什麼成仙？從上述分析，仙的載體是『神』，所謂『自然録我神』。什麼『金剛軀』、『太上仙』都是指人的精神，精神不死。儘管也在説『仙』，但與傳統『仙』的内涵全然不同。

唐末五代道士譚峭的《化書》，更是明確主張精神可以不化，以神合真，長生不死。其卷一《死生》説：『虛化神，神化氣，氣化血，血化形，形化嬰，嬰化童，童化少，少化壯，壯化老，老化死。死復化為虛，虛復化為神，神復化為氣，氣復化為物。化化不間，由環之無窮。夫萬物非不欲生，不得不生；萬物非欲死，不得不死。達此理者，虛而乳之，神可以不化，形可以不生』。萬物之化如圓環的循環往復，無窮無盡，生命就在這種循環中輪迴，生化死，死復化為生，生生死死，不得不然。怎樣才能跳出此種輪迴，入於形不生，神不滅（即所謂『不化』）的境界？譚峭的答案是：通達自然變化的道理，逆着其變化規律『虛而乳迷』，徹底進入虛寂之態，即可超越生死。這一點在《化書》卷一《紫極宮碑》中説得很清楚：『道之委也，虛化神，神化氣，氣化形，形生而萬物所以塞也。道之用也，形化氣，氣化神，神化虛，虛明而萬物所以通也。』順其自然，是虛——神——氣——形的變化鏈，而形一旦産生，萬物就有生有死了，人的生命也陷入生死輪迴。逆反自然，是形——氣——神——虛的變化鏈，一旦進入虛明之境，萬物就打通了，生死同一，無所謂生死，人的生命也就不生不死，永恒存在。因此，古代聖人『窮通塞之端，得造化之源，忘形以養氣，忘氣以養神，忘神以養虛，虛實相通，是謂大同』。所謂忘形養氣，忘氣養神，忘神養虛正是『道之用』，即按照逆反自然的形——氣——神——虛變化鏈了證自我生命，從而進入生命的『大同』妙境。這裏，所運用的逆反思維方式取自《道德經》，與道教傳統的，『正為人，反為仙』的思考方式一致，而虛無的觀念則既有道家又有佛教的成分。《化書》處處强調在生命體驗中對『虛無』的了證。

卷二《虛無》說：『無心者，火不能燒，水不能溺，兵刃不能加，天命不能死。』為什麼？因為『志於虛無者，可以忘生死』。在譚峭看來：『道，虛無也』；最高的神是『虛無之神』①。既然如此，人求道當然是與『虛無』合而為一，讓生命進入最高層次的『虛無之神』。這人懂得了宇宙為虛無的道理，肉身為虛無的真諦，自然可以獲得生命的自由，逍遥自在。這也就是卷一《射虎》所謂的『是知萬物可以虛，我身可以無；以我之無，合彼之虛，自然可以隱，可以顯，可以死，可以生，而無所拘』。既然肉身是虛無的，那麼人唯一可以真實永存的只有精神。這就是卷一《陽燧》所謂：『載我者身，用我者神。用神合真，可以長存』。『用神合真』的『真』其實就是『虛』，因為在譚峭那裏『虛無』才是唯一真實存在的。用神與虛結合，也就是他說的『虛無之神』，生命只有到達『虛無之神』的境界，才能『長存』。說穿了，這是主張靈魂不死。如果說《化書》中『化』的範疇是繼承發展傳統道教而來，那麼其生命哲學則是反傳統的，由傳統的肉體不死一反而『化』為精神長存。

南北朝隋唐五代時期，反傳統派在生命哲學方面最有代表性的人物當數成玄英。成玄英，號西華法師，陜州人（今河南陜縣），約活動於唐太宗到高宗時期，曾註疏《老》《莊》，為唐初道教老學重玄學的著名學者[②]。在老莊註疏中，特別是在其《莊子疏》裏，成玄英對道教傳統的生命哲學作了徹底否定，抒發了自己對生命的看法，形成一套新的生命哲學。這套生命哲學發出如下吶喊：

第一，肉身非實，人本無形，我本無身。

成玄英《莊子·至樂疏》說：『觀化之理，理在忘懷，我本無身』[③]。《山木疏》也說：『大聖虛忘，物我兼喪。我既非我，歌是誰歌！我乃無身』。所說『忘懷』就是忘掉自身，因為『我』從根本上看是『無身』的。所說『虛忘』是指忘掉主體與客體，不執着於自我，因為只有『非我』才是真實的，既『非我』，自然『無身』。成玄英主張忘身忘形。《人間世疏》有：『墮體以忘身』；《外物疏》有『虛志而忘形』。忘身形也就是將自我肉體否定掉的意思。成玄英告訴人們：『天地陰陽，結聚剛柔和順之氣，成汝身形性命者也。故聚則為生，

① 《化書》卷四《得一》，卷一《神道》。

② 關於成玄英及其重玄思想，詳見拙作《略論成玄英的重玄思想》，載《四川大學學報》一九九二年第四期。

③ 此節所引成玄英《莊子疏》均據郭慶藩輯《莊子集釋》，中華書局一九六一年版。

散則為死。死生聚散，既不由汝，是知汝身，豈汝有邪？』④陰陽之氣的聚散決定人的生死，生死既不由人自己所能決定，那麼由此可知，你的身體不是屬於你所有。從根本上觀察，人的肉體無足惜。為什麼？因為『初始本身無生，未生之前亦無形質，無形質之前亦復無氣。從無生有，假合而成，是知此身不足惜也』②。宇宙生命之本是『無』，生命由無而有，不過是種『假合』，並非真實存有，所以用不着憐惜肉體的毀滅。此與中世紀基督一樣。輕視肉體，但與基督教把肉體視作罪惡不同，成玄英採用佛教觀點，以肉體為假幻。早在《西昇經》中，已經提出『不貪身形』；『絶身滅有，綿綿常存』；『人未生時，豈有身乎？無身當何憂乎？當何欲哉！』要人『戮形』。成玄英教人不執着於身形，不可『愛形大甚』等等，應該説繼承發展了《西昇經》『戮形』的主張。

第二，生死聽任自然。

成玄英認為，生死就像四時的代序，晝夜的交替，是很自然的事，用不着大驚小怪，悲哀歡樂。《莊子．至樂疏》説：『從無出有，變而為生，自有還無，變而為死。而生來死往，變化循環，亦猶春秋冬夏，四時代序。是以達人觀察，何哀樂之有哉！』在達觀者眼裏，生用不着歡樂，死也用不着悲哀，因為生死若春夏秋冬的循環變化，是種自然現象，人們無法抗拒，不如順其自然。又説：『以生為晝，以死為夜，故天不能無晝夜，人焉能無死生』。生就如白日，死好像夜晚，自然界有晝夜交替，人怎能只生不死。

《田子方疏》也以晝夜喻生死：『夜暗晝明，東出西入，亦猶人入幽出顯，死去生來。故知人之死生，譬天之晝夜』；『物我皆空，百體將為塵垢；死生虛幻，終始均乎晝夜。』生死既然像四時、晝夜一樣是種自然現象，那就應該順任自然，用不着『當生慮死，妄起憂悲！』③聖人深明這一道理，所以能够『放任乎自然之境，遨遊乎造化之場』④。對生死抱一種放任自然的態度。生死都能滲透，至於壽夭還有什麼看不破的，一樣的『隨變任化』，聽其自然。《秋水疏》指出：『既知古今無古今，則知壽夭無壽夭。是故年命延長，終不厭生而悒悶；稟齡夭促，亦不欣企於遐壽；隨變任化，未始非吾』。壽命長，不厭生；壽命短，也不企求長壽，一切都聽從自然的安排。自然安排的壽夭，非我能主宰，只有聽之任之。

正如《秋水疏》所說：『年之壽夭，時之賒促，出乎天理，蓋不由人。故其來也不可舉而令去，其去也不可止而令住，俱當任之，未始非我也』。這種對待生死壽夭的自然主義精神是向道家的回歸，却是對道教傳統的反叛。魏晉以來道教就主張『我命在我不在天』，試圖對抗自然，將生命掌握於自我之手，不服從自然的安排。成玄英的觀點顯然與此背道而

---

①《莊子·知北遊疏》。
②《莊子·至樂疏》。
③《莊子·齊物論疏》。
④《莊子·達生疏》。

馳，與莊子接通。

第三，齊一生死，生死不二。

從莊子的相對主義出發，成玄英認為生死不異，死生之理均齊。《莊子·天下疏》說：『生者以死為死，死者以生為死。日既中側不殊，物亦死生無異』。意思是講，站在生者的立場上，把死亡看成死亡，但站在死者角度，則把生存看作是死亡。就像人們從不同的角度觀察太陽，位於西方的說太陽處於『中』，位於東方者則說太陽處於『側』，太陽的方位既然沒有『中』與『側』的分別，那麼事物的生死也可以同一。對於成玄英來說，生死不異是很自然的。

《寓言疏》說：『智冥造物，神合自然，故不覺死生聚散之異也。』《齊物論疏》說：『昏明代序，有晝夜之可分；處順安時，無死生之能異』。順應自然，便不會感覺到生死有何差異。既然生死沒什麼區別，那麼齊一生死便是順理成章的。

《德充符疏》稱：『一於死生，均於彼我。生為我時，不見其得；死為我順，不見其喪；覵視萬物，混而一之』。混一萬物，齊一死生，生不認為是『得』，死也不看成是『喪』。《大宗師疏》讚美說：『真人達生死之不二，體安危之為一，故能入水入火，曾不介懷，登高履危，豈復驚懼』。真人把生死安危都當作一回事，故面臨危險，毫不畏懼。一般『流俗之人，以生為得，以死為喪』，而古之聖人『反於迷情，故以生為喪，以其無也；以死為反，反於空寂；雖未盡於至妙，猶齊於死生』[1]。聖人了悟生死的真諦，與一般人以生為得剛好相反，把生看作是『喪』是『無』，把死作為向『寂無』的回返。真人、『聖人之所以與一般俗人對生死的態度不同，就在於他們認識到生死皆善，生死劃一，所以能『混死生，一得喪』[2]；『混同榮辱，齊一死生』[3]。這樣的生死觀與道教傳統的『重生』、『長生不死』顯然價值取向不同。

第四，無生無死，忘於生死。

從生死泯滅為一再向前走一步，成玄英走到佛教『無生無滅』的生命境界。《大宗師疏》說：『時有古今之異，法有生死之殊者，此蓋迷徒倒置之見也。時既運運新新，無今無古，故法亦不去不來，無死無生者也』。又說：『既死既生，能入於無死無生，故體於法，無生滅也。法既不生不滅，而情亦何欣何惡耶！任之而無不適也。』這是說，區分時間的古與今，區分人們的生與死，都是執迷不悟者的『倒置之見』。正確的見解是時間無今無古，生命無生無死。這很容易使人想起南北朝時著名佛教哲學家僧肇（三八四——四一四）《物不遷論》的論斷：『今若至古，古應有今；古若至今，今應有古。今而無古，以知不來；古而無今，

①《莊子·庚桑楚疏》。
②《莊子·徐無鬼疏》。
③《莊子·德充符疏》。

以知不去』。時間上無古無今，因而知道事物不來不去。事物既無去來，生命自然無生滅，所以僧肇稱：『生死交謝，寒暑迭遷，有物流動，人之常情，余則謂之不然』。成玄英講『無生無死』與此相同。成玄英又解釋《莊子·齊物論》『方生方死，方死方生；方可方不可，方不可方可；因是因非，因非因是』說：『生者以生為生，而死者將生為死，亦如是者以是為是，而非者以是為非。故知因是而非，因非而是。因非而是，則無是矣；因是而非，則無非矣。是以無是無非。無生無死，無可無不可，何彼此之論乎！』從無是無非說到無生無死，既有莊子精神，又有佛教旨意。否定生死，在成玄英眼裏，並不是灰色的、悲觀的人生態度，而是種很達觀的人生觀，故《逍遙遊疏》說：『達於生死，則無死無生』。無死無生，則『不欣於生』，也『不惡於死』①。對生死不樂不悲，這就是對生命持一種達觀的心態。

上述表明，成玄英的生命哲學揉合莊子佛教，一反道教傳統，不再執着於肉體存在，對生死抱自然主義、相對主義態度，安時處順，放任達觀，生命理想的境界是『不生不滅』。他的確不愧為這一時期反傳統派生命哲學的代表人物。

其次看反傳統派的倫理學。

反傳統派在倫理學方面大體上保持了傳統的基調，其中背離傳統精神而走得太遠的仍數成玄英，成玄英運用佛教中觀學派的否定式思維方式，對善惡都予以否定，勸人們『善惡兩忘』，禍福雙遣。《養生主疏》指出：『有為俗學，抑乃多徒，要切而言，莫先善惡』。世俗之人的有為之學，花樣繁多，歸結起來，其要害就在於分別善惡，執着於善惡而争論不休。『故為善也無不近乎名譽，為惡也無不鄰乎刑戮。是知俗智俗學，未足以救前知，適有疲役心靈，更增危殆。』①一旦分出善惡，為善的向名譽靠攏，做惡的與刑罰為伍；不論為善為惡，都使心靈疲勞不堪，增加了生命的危險性。所以保養生命的妙方在於忘掉善惡，既不為善近名，也不作惡近刑，這樣生命就得到保養，沒有危險。

這正如成玄英所說：『善惡兩忘，刑名雙遣，故能順一中之道，處真常之德，虛夷任物，與世推遷。養生之妙，在乎茲矣。』②這豈非和道教傳統相去天遠？道教傳統說，生命要得到養護，要想長生不老，就必須為善去惡，建立若干善功。現在成玄英却要修道者忘懷善惡，無善無惡，合於『一中之道』、『真常之德』，這難道不是在與傳統唱對臺戲又是什麼？

在成玄英的《莊子疏》中處處體現了這種忘記善惡的精神。

《人間世疏》稱：『德之所以流蕩喪真，為矜名故也；智之所以橫出逾分者，争善故也。夫唯善惡兩忘，名實雙遣者，故能至德不蕩，至智不出者也』。『争善』就是求名，求名就會使道德失去真實，使人失去理智。因此，只有忘掉善惡，排遣名實，人才能保持真正的道

① 《莊子·大宗師疏》。
② 以上均見《莊子·養生主疏》。

德，才不致於利令智昏。

《繕性疏》稱：『虛通之道，善惡兩忘。今乃捨己效人，矜名企善，善既乖於理，所以稱離也』。道自體就是忘懷善惡的，然而人們背離了道，追求名聲，企圖獲得善名，這樣的『善』是不合理的。

《外物疏》稱：『讚譽堯之善道，非毀桀之惡蹟，以此奔馳，失性多矣，故不如善惡兩忘，閉塞毀譽，則物性全矣。』在善與惡之間『奔馳』，則失去人性太多，還不如把善惡遺忘，將毀譽關閉，這樣人性就得以保全。

《刻意疏》稱：『善為福先，惡為禍始，既善惡雙遣，亦禍福兩忘』。善與福、惡與禍相關連，如能否定善惡，禍福也就不在意，這樣還有什麼人生難題不能應付呢？

《養生主疏》稱：『雉居山澤，飲啄自在，心神長王，志氣盈豫。當此時也，忽然不覺善之為善。既遭樊籠，性情不適，方思昔日，甚為清暢。鳥既如此，人亦宜然。欲明至適忘適，至善忘善。』鳥在山澤中，自由自在，無所不適，所以感受不到善之所以為善。一旦被關進籠子，失去自由，違反自我本性，這才想起從前的好處。人也與此差不多。這說明最舒適的時候反而忘記了舒適，最高的善反而忘記了善。照此說來，成玄英認為『至善』體現在『忘善』之中，當你想起善的時候，就已經不是處於『至善』的境況中了。哈姆雷特說過這樣一句臺詞：『因為世上的事情本來没有善惡，都是各人的思想把它們分別出來的』①。這大約也就是成玄英的意思。

儘管成玄英否定善惡，但他對於綱常倫理、等級名分還是小心翼翼，不去觸動。《則陽疏》强調：『雖復混同貴賤，而倫叙無虧，故父子君臣，各居其位，無相參冒，不亦宜乎！』父子君臣的等級地位是不允許錯位的，這是宗法社會的根本所在，成玄英不敢也不會否定這個根本。

至於反傳統派中的其他人，對於傳統的倫理規範，更無一字異議，多結合佛教報應論進行闡述。《太上洞玄靈寶太玄普慈勸世經》載普慈説：如果人慈心施捨家中資財及將身上衣服施給道士，寫經造像，共立善根，那麼其『所得功德，不可格量，當來必應坐蓮花座，衣食豐足』。如果有人『五逆不孝，給養妻子，不敬二親』，這樣的人其罪惡比在十八層地獄中受苦的衆生還要多，只有等十八地獄『空竭』後，此人的罪，『方可得除』。如果有人慈悲，見別人佈施，便生歡喜心、勇猛心、精進心，求之於因果，解身上衣為父母施，『所得功德，多於前人一倍之善』。如果有人既無慈悲，見別人佈施，還生出嫉妒心、嗤笑心，這樣的人，『無一果報，便大得罪，死入三途，身充餓鬼，報其前身妒他作善』。如果有人善解妙法，為

①《莎士比亞全集》第9册《哈姆萊特》，人民文學出版社 年版第47頁。

他人宣講，令大衆奉持，那麽『此人功德，盡虛空際，難可格量』。如果有人聽宣講妙法後，能與他人一同來『道場懺悔滅罪，修種福田』，這樣的人『命終不入地獄，吾令救苦應世真人迎將此人，徑昇淨土』。又載天尊説偈：『各自勤修今日善，慎莫留財付後人』。普慈規勸世人的內容，除了要人佈施道士、寫經造像、宣講妙法、信奉稱揚妙法之外，就是儒家的孝親等道德規範，然後用佛教因果報應論警醒世人行善。這是當時道教通用的手法。

譚峭《化書》一方面批評儒家仁義道德的不足之處，一方面又呼喚人們將道、儒二家的倫理觀相結合，使儒家的五常發揮更强有力的作用。譚峭對道家倫理觀作了高度頌揚。《化書》卷一抨擊儒家仁義説：『道德有所不實，仁義有所不至，刑禮有所不足，是教民奸詐，使民為淫邪，化民為悖逆，驅民為盜賊』；『三皇，有道者也，不知其道化為五帝之德。五帝，有德者也，不知其德化為三王之仁義。三王，有仁義者也，不知其仁義化為秦漢之戰爭。』[1]這與先秦老莊對儒家仁義道德的批評相一致。卷二指出，君子作禮樂來防止小人為非作歹，小人則盜取禮樂以僭君子。仁義本為常行之道，行之不當可以亡國；忠信本為常用之道，用之不當就會獲罪；廉潔本為常守之道，守之不當以至暴民[2]。這也是在暴露儒家道德的負作用。卷六以道家之『儉』作為儒家『五常』之本，以補五常之不足，解決其產生的負面價值問題。其《損益》説：『仁不儉有不仁，義不儉有不義，禮不儉有非禮，智不儉有無智，信不儉有不信』。由此可知：『儉為五常之本，五常為儉之末』。《御一》指出：帝王都知『御一可以治天下』，但却不知究竟什麼才是一。真正的一是『儉』，『所以議守一之道，莫過乎儉』。由儉來約束，則：『仁不蕩，義不亂，禮不奢，智不變，信不惑』。《太平》認為：禮的缺陷是『失於奢』，樂的不足是『失於淫』，補救的辦法『莫過乎儉』。儉是種『均食之道』，『食均則仁義生，仁義生則禮樂序，禮樂序則民不怨，民不怨則神不怒』，這就是『太平之業』。

《道德經》第六十七章說：『我有三寶，持而保之：一曰慈，二曰儉，三曰不敢為天下先』。作為老子『三寶』之一寶的『儉』，譚峭以之作『五常』的本，從而補五常先天的根本性不足，化解其負效應。《化書》的倫理觀表現了反傳統中部份人更注意將倫理與政治相結合，探求如何在一種『太平』的社會氛圍中了證自我生命。

總之，反傳統派全方位吸取佛教生命倫理思想，與先秦老莊相接通，他們所要反對的，只是漢魏以來道教生命哲學的老套套，對神仙長生、肉體不死作了徹底否定，建立了一套新的生命哲學，這種新的生命哲學將注意力集中於精神不死。從某種意義上說，這是對道教生命哲學的改良，使之從具體的、經驗的上昇到抽象的和虛玄的生命哲學，以便更多地俘獲人

① 參見《化書》卷一《大化》、《稚子》。
② 參見《化書》卷二《弓矢》、《常道》。

們信仰。漢魏以來，道教傳統的成仙不死的生命哲學完全可以為經驗所實證，因此遭到許多人的懷疑，在經驗事實面前，信仰者日益減少。加之佛教輪迴轉世、不生不滅生命哲學的挑戰，從道教那裏拉走了不少信徒。面對此種情勢，道教中一部份學者不得不進行反思，不得不拋棄舊説，另尋新説。他們回歸老莊，借用佛教，熔鑄出一套新的、富有吸引力的生命哲學，在信仰者中重新佔領了一些失去的市場。這種以精神不死為標誌的新的生命哲學於魏晉時萌芽，到南北朝隋唐五代時便成為道教中一股新潮流，這股潮流流到宋元明清，便成為道教生命哲學的主流，肉體不死説反倒成為陪襯。所以反傳統派的生命理想上承魏晉，下開宋元明清道教新風，特別是對全真道產生了有很大影響。在倫理學方面，反傳統派除了有些個別的偏激觀點，基本上保持了道教傳統，對儒家倫常予以認同，又大量吸收佛教道德戒條。反傳統派的生命倫理觀代表了道教生命倫理學發展的新趨向。

南北朝隋唐五代在道教生命倫理學的發展長河中，是個承上啟下的歷史時期，它上承漢魏兩晉初步形成的道教生命倫理觀，通過吸收佛教生命倫理思想，進一步豐富完善了道教生命倫理學，並進一步擴大了它的社會影響，開啟了宋元明清道教勸善成仙思想的系統化，為道教生命倫理學的最終完成增加了新的籌碼。

我們發現，這是道教勸善成仙思想呈多元化發展的時期，至少可以歸結為三元：傳統，半傳統，反傳統。這一時期傳統的東西（尤指傳統的神仙不死説）雖然還佔據着主導地位，但已受到很大的挑戰，這種挑戰首先是來自外部佛教力量的威脅，其次是道教內部的反傳統派。反傳統派與半傳統派那種保留傳統的態度不同，它們公開丟棄肉體不死說，在生命哲學上舉起了新的旗幟，為道教生命倫理學的發展開闢了一條新走向。這一時期多元發展的態勢，無疑對促進道教勸善成仙思想的成熟有極大幫助，也在很大程度上豐富了它的內容。

我們發現，這一時期分化的、多元的發展主要表現於生命哲學上，而在倫理學上則表現出共同的趨向，即繼承發展傳統，吸取佛教倫理觀。在倫理觀的推陳出新方面，傳統派與半傳統派做出了更多的努力。

我們發現，不論是生命哲學的分化、多元發展，還是倫理學的繼承、吸收發展，都為宋元明清道教勸善成仙思想的系統化作了準備。

三、宋元明清勸善成仙思想的系統化

道教勸善成仙思想經南北朝隋唐五代的分化發展，進一步發育成熟。對所吮吸的儒釋二家的理論『營養』也慢慢消化得差不多了，于是到宋明時代更形成系統。這個系統和魏晉時初步建構的體系比起來，增加了許多的內容，特色更為豐富，成熟而老到，但魏晉時的基本特徵（尤其是倫理學的）又被保留，並予以發揚光大。這個系統是在道教傳統的根基上，吸收消化儒釋成分而構成的，它是道儒釋三教合流的產兒。因此，這一系統具有開放融通性。從收取外部信息中壯大自己，美化自己的面貌。其所攝取的外部信息，與南北朝隋唐五代時相比較，更多更主要的是儒家倫理思想，佛教生命倫理觀已退居其次。這個系統的的生命哲學也有新的面目，强調天人合一，與道同體，即可獲得生命之永恒。

宋董思靖所撰《洞玄靈寶自然九天生神章經解義》認為：當以我之精合天地萬物之精，

以我之神合天地萬物之神，以我之魂魄合天地萬物之魂魄。這樣，天地萬物就都是我的精神魂魄。於是，能够『守中抱一，與天相畢，此終不死壞之義也』；我的精神魂魄若『與道同體』，『與天相畢』，則生命不朽。南宋綿州道士王希巢《洞玄靈寶自然九天生神玉章經解》勸人『返身成誠』、『與天為一』、『和同天人之際，使之無間』。華陽復《洞玄靈寶自然九天生神章經註》以『天人一貫』、『天與人無二理』，說明我之心即天地之心，我之炁即天地之炁，人天彼此感應；認為『人有死生，性無死生』，人要超越生死，在於聞道見性。

金代全真道士劉處玄《黃庭內景玉經註》解釋『亦以却老年永延』時說：『外容有老，有形有終；內貌無形，仙壽無窮』，將《黃庭經》肉體不死的思想曲解，代之以全真派煉丹長生之說。

南宋霍濟之所述《先天金丹大道玄奧口訣》將人之一身分為先天後天，後天五臟之身不能飛騰成仙，只有先天鉛汞二物為仙藥之本，以此張揚金丹派南宗的生命哲學。很顯然，這與南北朝隋唐五代道教生命哲學已有差異，與漢魏晉相比更是面目全非，儘管某些地方仍在使用『神仙長生不死』的術語，但內涵已全然不同了，肉體不死已為魂神不死所替代。生命哲學發出的這種新聲音，回響於道教生命倫理學中，帶給其新的生機。

這一充滿新生機的系統，內分為三個子系統，一個是勸善書系統，一個是淨明忠孝系統，再一個是內丹系統，三個子系統之間互有交叉疊合，結為一體。本章即分別考察這三個子系統，以觀宋元明清道教勸善成仙思想的系統化。

（一）道教勸善書的生命倫理觀

萌芽於漢代的道教生命倫理學說，到勸善書問世而成熟結果，勸善書可說是道教勸善成仙思想在後期發展階段的重要標誌。勸善書的興起，為《感應篇》倡之，《陰騭文》與《功過格》和之，仿此而相繼出現的還有《文帝孝經》、《關聖帝君覺世真經》等一大批善書。大約在南宋末年至金元時期，勸善書的陣容基本形成，明清則是勸善書廣為流行的時代。對中國社會民俗及國民心理產生很大影響。

勸善書是三教一體的產物，融道儒釋為一爐，其中又貫穿一條主線，即道教勸善成仙的生命倫理學，融通儒釋只是為這條主線服務的。相對於另外兩個子系統而言，勸善書保留了更多的漢魏道教傳統，可稱為這一階段的傳統派，只是它將道教傳統觀念加以簡化和通俗化，使之更便於在民間社會流傳，發揮更强的社會功能。本節即以《感應篇》、《陰騭文》、《功過格》為例，審視道教勸善書的生命倫理觀。

一、《感應篇》

《感應篇》[1]，它的作者至今是個疑案。《宋史·藝文誌》收録『李昌齡《感應篇》一卷』，認定李昌齡是作者。《道藏》太清部有《太上感應篇》三十卷，然稱：『李昌齡傳，鄭清之讚』，意即李昌齡只是傳《感應篇》者，並非作者。這就和《宋誌》有了出入。《讀百川學海》録存『《樂善録》一卷，（宋）李昌齡撰』。看來這位和《感應篇》有關的李昌齡，還著有其他類似的勸善書。但宋代叫李昌齡的有幾個，到底哪個是作者，各説不一。

清代給《感應篇》作註的兩位大儒惠棟和俞樾都以《宋史》有傳的參政李昌齡為作者。參政李昌齡，字天錫，宋州楚丘人，『太平興國三年舉進士，大理評事，通判合州』，『至道二年，以本官參知政事』，卒於大中祥符元年[2]。本傳中還説他愛好『藥物藥器』，然而没提到他著《感應篇》。

另外，宋人筆記《能改齋漫録》卷十八有：『李參政昌齡家女多得貴婿。參政范仲淹，樞副鄭戩，皆自小官布衣選配為連袂』的佚事；《揮麈後録》記宋徽宗時昌齡後人李質的逸聞：『質，昌齡之曾孫，少不檢，文其身，賜號錦體謫仙』。范仲淹是北宋時有名的以功過作為道德修養的人物，李質被崇奉道教的皇帝賜號錦體謫仙，蛛絲馬跡中，似能發現李昌齡一家有好道的影子。不過參政李昌齡是否即《感應篇》的作者，據此還難以定案。

《道藏》本《感應篇》前有南宋理宗紹定癸巳年（一二三三年）陳奐子的序云：『讀《感應篇》與蜀士李昌齡之註』，則稱昌齡為『蜀士』，似乎宋代還有位四川的士人也名李昌齡，和《感應篇》發生關係的應是這位四川的讀書人③。近世日本學者吉岡義豐認為，《感應篇》並非出於北宋初年的李昌齡之手，真正的作者是南宋初年著《方舟集》的四川人李石。日本學者福井康順、山崎宏等人監修的《道教》第二卷或稱『一般認為其真正的作者是南宋初的李昌齡』；或說『《太上感應篇》約在一一六四年左右由李石所撰成』④。這些說法都有點證據不足，對如此複雜的案情尚不足以破案。

我們認為，《感應篇》的作者其實是一些不知名的道士，由漢魏道士所草創，北宋時某道士撮其精要，重新謀篇佈局，使之短小精悍，便於流傳。把《感應篇》與《太平經》及《抱朴子》所引魏晉道書比較一番，便可明白此點。《太平經》說：

白日昇天之人，求生有籍，著文北極天君內簿，有數通。……天君言，人能自責悔過者，令有生録籍之神移在壽曹，百二十使有續世者，相貧者令有子孫⑤

---

① 全稱《太上感應篇》。
② 《宋史》卷二八七。
③ 《郡齋讀書誌》卷五以《感應篇》為夾江隱者李昌齡所編。
④ 上海古籍出版社一九九二年版第四六、一〇九頁。
⑤ 《太平經合校》第五四六頁。

善自命長，惡自命短①。

《抱朴子內篇·微旨》引《易內戒》、《赤松子經》及《河圖記命符》說：

天地有司過之神，隨人所犯輕重，以奪其算，算減則人貧耗疾病，屢逢憂患，算盡則人死，諸應奪算者有數百事，不可具論。又言身中有三尸，三尸之爲物，雖無形而實魂靈鬼神之屬也。欲使人早死，此尸當得作鬼。自放縱遊行，享人祭酹。是以每到庚申之日，輒上天白司命，道人所爲過失。又月晦之夜，竈神亦上天白人罪狀。大者奪紀。紀者，三百日也。小者奪算，算者，三日也。

《感應篇》說：

天地有司過之神，依人所犯輕重，以奪人算。算減則貧耗多逢憂患，人皆惡之，刑禍隨之，吉慶避之，惡星災之，算盡則死。……又有三尸神在人身中，每到庚申日輒上詣天曹，言人罪過，月晦之日，竈神亦然。凡人有過，大則奪紀，小則奪算。

還可以引出好些這樣的比較，文繁不贅。從思想到文字，《感應篇》都脫胎於漢魏道書。關於此，清代惠棟《太上感應篇註》的序稱：『《玉鈐經》言：「求仙者必以忠孝友悌仁信為本」。故宋《藝文誌》及《道藏》皆有《太上感應篇》一卷，即《抱朴子》所述漢世道戒』。清末俞樾《太上感應篇纘義》序也認為：『宋《藝文誌》有《太上感應篇》一卷，其大旨言天道福善禍淫，與《抱朴子》所述《玉鈐經》、《易内戒》諸書相近，蓋亦古籍之幸存者也。』這些看法都是很有見地的。因此我們認為，《感應篇》的思想最先由漢魏道士發萌，到北宋時，在新的社會背景下，某道士將其剪裁加工，改名換姓，流傳於世。道教中人著書最喜假托某神，以期受到世人之重視，《感應篇》借太上老君的名義抒發自己的胸臆，正合道教經書的特點，毫無疑問它是道士所作，至於加工它的道士是誰？大可不必鑽牛角尖。重要的是我們應弄清其產生的時代。

《感應篇》產生於北宋，到南宋理宗時已有刊本流佈於世。清人趙宗建所撰《舊山樓書目》中存録『宋刊《太上感應篇》二本』，這是一個證明。《道藏》本《感應篇》前各家序言也證明該篇宋時已經刊印。宋理宗紹定六年太一宮焚修胡瑩微《進太上感應篇表》稱：『臣謹以所刊御題《太上感應篇》一部八卷隨表上進以聞』。元順帝至正年間馮夢周序云：『是書在故守時嘗刊版於虎林之東太一宮』。元末温懷仁序也説：『《太上感應篇》舊出《道藏》宋季刊版。臨安太一宮』。顯然，宋末版《道藏》已收刊此篇，另外，四庫本宋倪守約《赤松山誌》『文籍』類有『註《太上感應篇》在青雲閣』；『碑』類記載『《太山（上）感應篇》碑、《青雲閣碑記》，並在青雲閣下』[②]。表明宋時《感應篇》已有一定的影響力。

① 同上第五二五頁。

② 《道藏》本《金華赤松山志》作《太上感應篇碑》，四庫本作「太山感應篇」誤。

宋代是中國封建社會走下坡路的初期。整個宋代社會，外憂內患，動蕩不已，是中國歷史上最積弱的一個王朝。這樣的社會環境使人們感到吉凶禍福變幻莫測，前途難以逆料，生命朝不保夕，內心乞求神靈保佑。統治者則企圖靠加强禮教的統治來維持社會經濟秩序和等級制度，特別是宋明理學的產生，使三綱五常本體化，仁義禮智信等道德範疇被宣布為萬物根源和宇宙本體。這使名教綱常的統治達到前所未有的高峰，蔓延到社會各個角落。在這樣的社會背景下，《感應篇》呱呱墜地不久，即引起李昌齡這類士大夫的重視，替它作註並向社會推銷，使統治者對它刮目相看，到南宋理宗時就帶着皇帝的手書正式刊行。《感應篇》的廣為流傳與道教本身的發展也分不開。

南宋初出現新道派，計有全真道、真大道教、太一教以及稍晚出現的淨明忠孝道等。這些道派强調三教歸一，在道教諸神的名義下，吸收儒家倫理觀，註重道德修養，像淨明道『以忠孝為本』，真大道教在清淨無為基礎上攝取儒家倫常作為修行手段皆是如此。這些都為《感應篇》在社會上傳播創造了有利的條件。

《感應篇》並不長，全部字數才一千二百多，以開篇的十六個字為綱：『禍福無門，惟人自召；善惡之報，如影隨形』。接下來它講人要長生多福首先必須行善積德，並列舉了二十多條善行，一百多條惡行作為人們趨善避惡的標準。最後以『諸惡莫作，衆善奉行』；積善天必降福，行惡天必降禍作為了結。它的篇幅雖不大，能量却不小，其主要思想就是生命存在與善惡休戚相關。生命存在有兩方面含義，一是生命存在的長度，二是生命存在的質量。前者即中國傳統所謂壽夭問題，後者即所謂禍福問題。《感應篇》的生命倫理觀就圍繞這兩個問題進行討論。

對第一個問題的討論，《感應篇》繼承漢魏道教傳統，認為人要想長生成仙，應該行道立功，為善去惡，生命的壽夭通過神這個中間環節與善惡相互感應。《抱朴子·對俗》曾引《玉鈐經中篇》說：求神仙者立功為上，除過次之，『要當以忠孝和順仁信為本。若德行不修，而但務方術，皆不得長生也』。《感應篇》基本上將其照搬過來，說是欲求長生者，應當『是道則進，非道則退。不履邪徑，不欺暗室，積德累功，慈心於物，忠孝友悌，正己化人』。它又把仙家的等級和行善的多寡聯繫起來：『欲求天仙者，當立一千三百善，欲求地仙者，當立三百善』。這也是漢魏道教的老傳統。

在《感應篇》看來，美德當然是多多益善，一旦成為合乎其要求的『善人』，就會有『人皆敬之，天道佑之，福祿隨之，衆邪遠之，神靈衛之，所作必成，神仙可冀』的正果。與此美妙的神仙境界相對的是令人恐怖而討厭的死亡。如果你多行不軌，作惡褻瀆神靈，輕則讓你少活些時辰，重則讓你小命不保。因為『天地有司過之神，依人所犯輕重，以奪人算。算減則貧耗，多逢憂患，人皆惡之，刑禍隨之，吉慶避之，惡星災之。算盡則死。又有三臺北斗神君，在人頭上，録人罪惡，奪其紀算。又有三尸神，在人身中，每到庚申日，輒上詣天曹，言人罪過。月晦之日，竈神亦然，凡人有過，大則奪紀，小則奪算。其過大小有數百事。』司過之神，三臺北斗神君、三尸神、竈神等專門糾察人過惡的神就在人的頭上、身邊乃至身中，無時無刻無不在監視着你，包圍着你，一旦你有過惡，便及時將你逮住，減耗你的生命長度，以至於玩兒完。而這一切都是在暗中進行的。你卻並不知曉。不僅你的生命完蛋，還有城門失火，殃及池魚的惡果，你的兒孫也受牽連，大倒其楣，正所謂：『……如是等罪，司命隨其輕重，奪其紀算，算盡則死，死有餘責，乃殃及子孫』。一人作惡，株連九族，不可不慎，慎之又慎，諸惡莫作，神仙長生。這是《感應篇》的主張。這一主張承襲傳統道教的人性論，以人性惡為立論基點，『惡』像一塊巨大的頑石壓在人身上，不搬去它，人的生命就得不到延長。可以說在整個《感應篇》中，是把『惡』作為主要倫理問題給以探討的，所佔篇幅也遠多於『善』，與其稱之為勸善書，不如說它是戒惡書更恰當。這樣一種花大氣力聲討『惡』的風格，也是道教自產生以來的傳統，並無多少新創意。

對第二個問題的討論，《感應篇》對傳統的認同也遠遠超過其自我的創新。站在傳統的立場上，它再三再四地申說：是行善還是為惡，關係到生命存在質量的高低，人生的吉凶禍福。人生的命運如何，是幸福快樂瀟瀟灑灑地過一生，還是痛苦災難淒淒慘慘地活一輩子，全在於人的善惡表演所『自召』。行善者充滿『吉慶』、『福祿』，『吉神』伴隨着他。為惡者的人生『多逢憂患』、『貧耗』、『刑禍』、『惡星』、『衆邪』、『水火盜賊』、『凶神』與他同行。

因此《感應篇》勸告人們：『其有曾行惡事，後自改悔，諸惡莫作，衆善奉行，久久必獲吉慶，所謂轉禍為福也。』改惡從善，即可『轉禍為福』，提高人生命存在的質量，人生就像神仙一般快活。它的結論是：『吉人語善、視善、行善，一日有三善，三年天必降之福。凶人語惡、視惡、行惡，一日有三惡，三年天必降之禍。胡不勉而行之！』言行不離善，三年必有福應；言行都是惡，三年定遭禍報。這就是《感應篇》生命倫理觀的第二個方面。

顯而易見，在人生命運的德福問題上，《感應篇》抱德福一致的態度。德與福的關係是倫理學所關注的問題之一，在中國倫理學史上，先秦以來便對此有爭論。西周即有天道『福善禍淫』的觀念。《周易·坤卦》認為：『積善之家必有餘慶，積不善之家必有餘殃』。《周易·繫辭下》告誡人們：『善不積不足以成名，惡不積不足以滅身』。這是傳統文化中肯定德福一致，二者有必然的因果關係，以此規勸人們行善的一派。道教即繼承了傳統文化的這一成分，肯定有德之人必有幸福回報，無德之徒必遭災難報應，這是必然而非偶然的，誰也逃脫不了這一天道的的法則。中國倫理學史上的另一派則對此提出懷疑和批評。

《論語·里仁》說：『仁者安仁，智者利仁』。即認為有德之士不論是貧賤還是富貴都能安於仁善，智者在任何條件下都不作不利於『仁』的事。

《論語·雍也》盛讚顏回『一簞食，一瓢飲，在陋巷，人不堪其憂，回也不改其樂』。此即宋儒讚不絕口的『顏回樂處』。君子憂道不憂貧，顏回並不因為貧困而悔改其行仁善，行仁德本身就是快樂的。在這裏，富貴幸福與君子的德行無必然的聯繫。有德之士未必行走在生命的幸福大道上。孟子更將德與福對立起來。

《孟子·滕文公上》引陽虎説：『為富不仁，為仁不富』。仁德與富貴是衝突的，富貴者必然『不仁』，道德敗壞；行仁施善者則一定『不富』受窮。司馬遷觀察社會歷史現象，對作善天降百祥，作惡天降百殃發出質問『天之報施善人，固如是耶？』①陶淵明以詩抒懷：『積善云有報，夷叔在西山。善惡苟不應，何事立空言。』②明確指責善惡報應不靈。反世俗潮流的狂士也不客氣地問道：『縱有因緣如報善惡，安能辛苦今日之甲，利益後世之乙乎？』這些人居然『以吉凶禍福或未報應為欺誑。』③關漢卿《竇娥冤》中竇娥不解地問：『天地也只合把清濁分辨，可怎生糊突了盗跖、顏淵！為善的受貧窮更命短，造惡的享福貴又壽延。』許多懷疑者都舉出『顏夭跖壽，慶富而憲貧』的歷史事實，責難禍福報應説，懷疑德福的一致。這是中國傳統文化中否認德福有必然聯繫的成分，持此種觀點者多為儒生。一般民衆則多相信善惡報應，善有福報，惡有禍報。《感應篇》即對症下藥，抓住國民心理。有針對性地進行説教，頗能感化人心，以收淨化社會空氣之效。

徐干《中論·夭壽》曾指出：『若積德有慶，行仁得壽，乃教化之義，誘人而納於善之理也。若曰積善不得報，行仁者凶，則愚惑之民將走千惡以反天常。』將世俗道德配上神聖的光環，以神的名義懲惡揚善，『教化』、『誘人』以『納於善之理』，免得民衆『走千惡以反天常』，從而穩定現存社會秩序。這就是《感應篇》所起到的角色功能。這種功能亦即中國傳統文化所謂『神道設教』。

從《感應篇》的德福觀分析，其生命倫理觀不是苦行主義，而是功利主義和快樂論的。歷來有許多家宗教倫理學宣傳禁慾主義，追求天國幸福，如基督教把追求現世幸福説成是『不敬上帝的罪惡』，佛教把人生看作幻塵苦海，企求不現實的西天樂土。道教自成一家，它對於人生持執着的現實主義態度，不主張禁慾，只贊成節慾，嚮往塵世幸福，趨樂避苦。這與中國的國民性相吻合。英國功利主義學派的創始人邊沁於一七八九年在《導論》中稱，趨樂避苦是一條普遍的人性規律，並以這一人性規律作為其功利主義倫理觀的基本出發點。他認為，所謂功利就是能够給當事者帶來福澤、利益、幸福快樂和善，同時又使其避免禍患、痛苦、惡與不幸。所謂功利原理，是指某種行為是增加還是減少當事者的幸福。當某種行為增加社會幸福的趨勢大於減少社會幸福的趨勢時，它便符合功利原理。

《感應篇》的生命倫理觀頗合此功利原理，稍有差異的是邊泌強調了社會的利益，《感應

---

① 《史記·伯夷列傳》。
② 《陶淵明集·飲酒》。
③ 《顏氏家訓》卷五。

篇》則純粹從個人的利益出發④，討論個人行為的趨樂避苦，個人如何生活得幸福，怎樣『轉禍為福』。一般地說，中國人是快樂主義的民族，喜歡看喜劇，不喜歡悲劇結局，甚至喪事也將其作為喜事來辦，與婚嫁同稱為『紅白喜事』。《感應篇》是很善於抓住中國人的這種心理和性格進行宣傳的，誘導百姓棄惡從善，以便離苦得樂。

為了使以上討論的兩個問題得到落實，即保證個人的生命長度延伸和生命質量提高。《感應篇》開出了一系列人們應該實施或禁止的道德操行。屬於善行的有：不履邪徑，不欺暗室，慈己於物，忠孝友悌，正己化人，矜孤恤寡，敬老懷幼，不傷昆蟲草木，憫人之凶，樂人之善，濟人之急，救人之危，見人之得如己之得，見人之失如己之失，不彰人短，不衒己長，遏惡揚善，推多取少，受辱不怨，受寵若驚，施恩不求報，與人不追悔等等。

這些都是它所認為的高尚的道德情操，照此操作，人生就美滿幸福，且昇仙有望。屬於『非義而動，背理而行』的惡行有『以惡為能，忍作殘害，陰賊良善，暗侮君親，慢其先生，叛其所事，誑諸無識，謗諸同學，虛誣詐偽，攻訐宗親，剛强不仁，虐下取功，諂上希旨，受恩不感，念怨不休，輕蔑天民，擾亂國政，賞及非義，刑及無辜，殺人取財，傾人取位，貶正排賢，凌孤逼寡，棄法受賄，以直為曲，知過不改，知善不為，訕謗聖賢，侵凌道德，傷胎破卵，願人有失，毀人成功，危人自安，減人自益，以私廢公，竊人之能，蔽人之善，形人之醜，訐人之私，離人骨肉，侵人所愛，助人為非，逞志作威，敗人苗稼，破人婚姻，包貯險心，護己所短，破人之家，取其財寶，見他體相不具而笑之，見他才能可稱而抑之，違父母訓，口是心非，心毒貌慈，左道惑衆，男不忠良，女不柔順，如此等等。這就都是它的眼中釘，肉中刺，視為罪惡，照此踐行，人生就走入誤區，痛楚不堪，『死有餘責』。

分析《感應篇》列出的上述道德條目，可以歸結為以下幾方面：

一是對血緣家族制的維繫。家庭制度是中國古代社會的基本社會結構，社會的細胞是建立於自然經濟基礎之上的宗法式家庭，家庭成員間的聯繫靠血緣關係，實行家長制，各有自己的等級名分，不能亂套。故《感應篇》提倡『忠孝友悌』，和睦宗親，反對『抵觸父兄』，『違父母訓』，『背親向疏』，『骨肉忿争』，『不和其室，不敬其夫』，『無行於妻子，失禮於舅姑，輕慢先靈』。以此調整家族内部關係，而家族的和諧則有助於社會的穩定。

二是對君主制的强化。君主制是家長制的放大。忠君是孝父的延伸，子孝父，臣忠君。《感應篇》以忠孝為種種善行之首，以忠孝為成仙了道的根基，不許『違逆上命』，『暗侮君親』，『擾亂國政』，『欺罔其上』。以此維持君臣的名分關係，保證社會的正常運作。

三是夾雜着處世哲學的德行。這些道德訓戒有點類似於《感應篇》之前已問世的家訓、格言和座右銘之類，以及它之後勸世文如《名賢集》、《增廣昔時賢文》等等。崔瑗《座右

① 其中也涉及家族利益。

銘》說：『無道人之短，無說己之長。施人慎勿念，受施慎勿忘。』《感應篇》教誨人們：『不彰人短，不衒己長』，『施恩不求報，與人不追悔』。勸人處世不要揭人陰私，『挫人所長，護己所短』，『干求不遂，便生咒恨』，『怨天尤人，呵風罵雨，鬥合爭訟』，『造作惡語，讒毀平人』，『施與後悔，假借不還，份外營求』，『自咒咒他，偏憎偏愛』。這些既是道德修養功夫，又是處世為人的妙方。

四是道教的方術和戒律。除了所謂司過神、三尸神等之外，還有取材於佛門的『慈心於物』，戒殺愛生。至於『壅塞方術』，『埋蠱厭人』，『罵神稱正』，『指天地以證鄙懷，引神明而鑑猥事』，『晦臘歌舞，朔旦號怒，對北涕唾及溺，對竈吟詠及哭，又以竈火燒香，穢柴作食，夜起裸露，八節行刑，唾流星，指虹霓，輒指三光，久視日月，春月燎獵，對北惡罵，無故殺龜打蛇』等等。都在犯戒之列，罪過不小。宗教家認為，宗教戒條是神賜予人的，按照這些神聖不可侵犯的訓戒去實踐，善男信女就能得福。為此，《感應篇》把道教中的某些戒律推向世俗社會，以善化衆生。這些戒條經《感應篇》的宣傳，深入人心，甚至有些演化為民情風俗。

五是傳統的美德。這些美德中，有要求助人為樂。尊老愛幼，見義勇為，先人後己，矜恤孤寡；有保護生態環境，勸止人們『射飛逐走，發蟄驚棲，填穴覆巢，傷胎破卵』，『決水放火，以害民居，紊亂規模』，『用藥殺樹』等；有反對人們嘲笑殘疾人，損公肥私，損人利己，欺軟怕惡，沽名釣譽。這些民族的傳統美德，直到今天仍值得發揚光大。

六是社會經濟生活中應遵守的公德。這首先就是要求不取非義之財，不得謀財害命，違法受賄，『强取强求，好侵好奪，擄掠致福』。其次是買賣公平，不得『短尺狹度，輕秤小升，以偽雜真，採取奸利』，即不能缺斤短兩，以次充好，以假亂真。再次是有借有還，不得『負他貨財，願他身死』。總之，就是君子愛財，取之有道，切勿見利忘義，『貪婪無厭』。

七是破『心中賊』，念頭起處即是善。蓋因『心起於善，善雖未為，而吉神隨之；或心起於惡，惡雖未為，而凶神已隨之』。道德修養的方法是要從一念起處狠下功夫，培養起堅定不移的向善去惡的內心信念。道德評價的目的之一就是要求人們養成强烈的道德責任感，對於善行能有道德上的自我滿足，對於惡行則自我譴責，從而形成一種深入內心的精神力量，作為評價和抉擇自己行為的指南。《感應篇》委派神來監督人養成對自己行為進行善惡評判的宗教良心，靠這種良心指導自己為善去惡。

這七個方面，就是《感應篇》生命倫理觀的具體內容，具體操作管道，生命存在的兩大原則（長度與質量）即落實其上。這套生命倫理觀表現出强烈而持久的社會生命力。

《感應篇》問世不久，皇帝、大官以及大儒們意識到它善化社會風氣，於治道多有裨益，便紛紛作其推銷員。宋理宗親筆為其刊本題寫『諸惡莫作，衆善奉行』八個大字。宋代為其作序的官僚儒士有『鄭安晚丞相，真西山先生，餘皆其時宗工巨儒』①。明代皇宮中藏有宮廷自己刻板印刷的《感應篇》。清朝政府也曾命令詞翰諸臣翻譯刊佈它，順治皇帝並御制《勸善要言序》一篇，以示提倡之意。

在統治者倡導下，歷代手抄和刊刻發行《感應篇》的比比皆是。宋代除了官刻《道藏》本《感應篇》，民間也有刊印的，有些地方甚至人手一册。元代吳人温懷仁家藏此書，生怕磨滅，於是捐金募施，用了將近兩年時間刊刻完備，在家鄉廣為散發。明代錢塘汪静虛捐産刻印一萬册，八方奉送。清朝更甚。

《寶綸堂稿》卷七《育嬰堂勸善文》說：『吾於康熙乙巳後，家居五載，編輯《感應篇圖說》，以行於世，聞有見是書而遷善改行者，輒斤斤自喜，以為不負此舉』。乾隆二十年，處州鎮總兵官黃正元著《感應篇圖說》，在清代的書市上最為通行，至光緒十五年上海仁濟善堂還將其石印，改名《太上寶伐圖說》。不僅刻印，還創作出圖解的形式，使其更形象，更易於向不識字的普通民衆傳播。有刻印本，也有手抄本。

《感應篇集註》查瑩跋云：『先曾大父通奉公生平虔奉《感應篇》，手書行世不下數十本。嘗謂古之勸善之書，無有逾於《感應篇》者』。作為道教勸善書最上乘的《感應篇》，捐刻者數儒門子弟最多，也有佛家人物，如清乾隆年間蔚州僧際常曾幾次刻印，就連天主教世家中也有人為之作圖說。這些書大多無償『施給請者』，而這樣做的目的，正如清順治末陝西梁化鳳所說，一是『廣為勸戒』，二是借此種善行以得功果，又有許許多多靈驗故事，講述奉行、刊刻和宣傳《感應篇》的善男信女們如何福祿長壽，怎樣多子多孫。這更引得不少人破財刊印《感應篇》，廣為散發。經衆多善人齊努力，《感應篇》遍佈中國，其中三吳和蜀地刊刻最多，最為流行。

難怪光緒二十九年（一九〇三年），江蘇同鄉會創辦發行的《江蘇》雜誌第九、十期合刊《社說》驚呼：『感應陰騭之文，惜字放生之局，遍於州縣，充於街衢』。

到民國年間，《感應篇》仍不失其誘惑力和感染力。打開茅盾《子夜》，就會看到一位遺老整日捧着本《感應篇》念誦，至死不鬆手。民國己巳年上海宏大善書局石印的《太上寶訓註解》（一名《治平寶鑑》），載有日心禪於民國九年（一九二〇年）二月所撰《勸讀感應篇的理由》，其中告訴人們：『因果報應是天然的道理，相信天然的道理，並不是迷信。譬如種了瓜子，將來結果一定是瓜；種了豆子，將來結果一定是豆；斷没有種了豆生出瓜來，種了瓜反生出豆來的。這是天然的道理，我們大家都曉得的。至於行了善事，必有善報，做了惡事，必有惡報，這個因果的關係，亦是同種瓜得瓜，種豆得豆一樣的，豈不是天然的道理嗎？』又說：『我們憑着良心做人，就不會做惡事，果然是不錯的。但是一個人的良心，

① 參見《道藏》本《感應篇》馮夢周、温懷仁序。

往往容易着魔，良心要不過魔力，就不免去做惡事了。……良心打得過惡魔，就不會去做惡事了。』因此，文章勸人趕緊誦讀《太上感應篇》等勸善書，因為它們是幫助良心打破惡魔最有效的武器。

讀《感應篇》不是三天兩頭的事，『最好天天讀一遍』，『把這些做好事的事體常常記在心裏』，『使我們日日存着善心做人，不致有惡事做出來，並且使我們日日存着善心，做些善事，受着善報』。這些就是勸讀《感應篇》的理由，這理由標示着為什麼隨時代的巨變而《感應篇》卻沒有銷聲匿跡。

不僅刊刻、抄寫、勸讀《感應篇》者衆多，註家也蜂起猬集。清乾隆年間一位地方官員曾說，自宋以來，為《感應篇》註釋引證者無慮數十百種。爾後，作註者仍不絕於史。清代兩位大儒，惠棟和俞樾，一作《太上感應篇註》，一作《太上感應篇纘義》，是各種註釋中最有影響者。

在統治者提倡下，《感應篇》對社會各方面都發生了影響。士大夫認為：『此篇雖道家之書，而實不悖乎儒家之旨』；『使人知其與儒書表裏，不敢鄙夷，自然敬信奉行，於身心有益』①。『其有裨於吾儒立誠之學者，豈淺鮮哉！』②既把它看作修身之助，又把它當作救世之良藥。自惠棟、俞樾二註一出，更擴大了它在讀書人中的市場。惠棟不僅替之作註，更真誠地相信其靈驗無比。

此公自述其作註的緣起說：『雍正之初，先慈抱病，不肖棟日夜嘗藥，又禱於神，發願註《感應篇》以祈母疾。天誘其衷，母疾有間。因念此書感應之速。』③虔誠的士大夫把《感應篇》和孔孟聖賢的書放在一起，讓子弟每日課誦，每得到新註本就要他們講解貫通。有的則主張教育子弟時，將它與家訓格言一併傳授，如此可以廣拓見聞，浚培心地，其益不小。儒士製作的勸世文中，摻進大量善惡報應的內容。

什麼《名賢集》、《閨訓千字文》、《改良女兒經》、《弟子規》等依樣畫葫蘆，也稱：『積善有善報，積惡有惡報，報應有早晚，禍福自不錯』；『人有善願，天必佑之』；『善必壽考，惡必早亡』；『天眼恢恢，報應甚速』。《感應篇》給明清文藝作品的思想內容也影響不小，好些作品渲染它。

《紅樓夢》第七十三回寫迎春和寶釵讀《感應篇》津津有味，迎春竟連探春的話都沒聽見。並且用『太上』的教導回答黛玉的提問。

《水滸全傳》第七十一回用報應論對梁山英雄們的業績做總結：『忠義英雄回結臺，感

① 俞樾《太上感應篇纘義序》。
② 《太上感應篇集註序》。
③ 《太上感應篇集註序》。

通上帝亦奇哉！人間善惡皆招報，天有何時不大開」。

《西遊記》中，道佛二家皆主張「懲惡勸善」，「慈善為本」。

明代崇禎年間天然痴叟《石點頭》以行善勸導讀者：「勸人休作惡，作惡必有報；一朝毒發時，苦惱無從告」，「留有餘不盡之福，以還子孫」。這樣的例子不勝枚舉。從文藝作品所反映的社會生活和塑造的藝術形象中，可以看到《感應篇》的教化已深深浸透到社會各階層人們的精神世界。《感應篇》對社會的影響，又折射出道教勸善成仙的生命倫理學在熏陶國民氣質和性格上所發揮的功用。

二、《陰騭文》

《陰騭文》①，也是道教勸善書之一種，以通俗的形式勸人行善積陰德，久久必將得到神靈賜福。「陰騭」一詞其源蓋出於《尚書·洪範》：「惟天陰騭下民」，意謂冥冥之天在暗中保定人們，這是古代比較簡單的天命論思想。在《陰騭文》中，「陰騭」具有天人感應的含義，要求人們自己多積陰德陰功，就是說行善做好事不要到處張揚，只是陰悄悄地去做，即使個人獨處而別人不知曉的情況下，也不做壞事，以此為條件，洞察一切的文昌帝君就會暗暗保佑你，賜給你福祿壽。

文昌帝君者，何許神也？文昌本古代星名，《史記·天官書》說：「斗魁戴筐六星為文昌宮』。《隋書·天文誌》：『文昌六星，在北斗魁前，天之六府也，主集計天道。一曰上將，大將建威武。二曰次將，尚書正左右。三曰貴相，太常理文緒。四曰司祿、司中，司隸賞功進。五曰司命、司怪，太史主滅咎。六曰司寇，大理佐理寶。』這時文昌尚未正式成為主管文人命運的星。北斗七星的前面四星叫天樞、天璇、天璣和天權，古人因其形狀稱為斗魁，斗魁背上屬大熊星座的六顆星叫文昌，所謂『宮』是以地上的宮室比附此六星。古時占星術士認為它們是吉祥富貴之星，分別命名為上將、次將、貴相、司命、司中和司祿，用之以占人事。帝君指梓潼帝君，即今四川梓潼縣七曲山大廟中所供奉者。據說帝君叫張亞子，其先越嶲人，因報母仇徙居七曲山，仕晉戰死，人們為他立廟，自晉而後，世代顯靈，特別是每當干戈紛爭時。唐玄宗西狩時封左丞；唐僖宗幸蜀曾得其顯神庇佑，封濟順王；宋真宗封英顯武烈王。宋元道士造作《清河內傳》和《梓潼帝君化書》，有七十三化和九生八化等不同說法，並稱玉皇大帝委任梓潼神掌管文昌府和人間祿籍，司文人之命，且歷朝降世為王侯將相。道教的創作得到統治者首肯，元仁宗延佑三年七月，加封梓潼神為輔元開化文昌司祿宏仁帝君，下敕說：『相予泰運，則以忠孝而左右斯民；柄我坤文，則以科名而選造多士。每

① 全稱《文昌帝君陰騭文》。

御救於災患，彰感應於勸懲。貢舉之令再頒，考察之藉先定。』② 至此，這位人和自然的混血神遂正式合璧，成為主宰中國科舉教育、士大夫功名前程的文化神，許多地方建了文昌宮，士大夫流往往於考試前向他祈禱，卜問功名前途。這些就是『文昌帝君陰騭』的含義。

此文作於什麼時候？說法不一。《道藏輯要》星集所收清代朱珪校定的《陰騭文註》認為：『《陰騭文》有宋郊之事，當作於宋代』。朱珪用的是內證法考證。《陰騭文》內有『救蟻中狀元之選』的典故，這是講宋代的宋郊和宋祁兄弟二人的故事，弟兄倆在太學，有僧人相之說：小宋當大魁天下，大宋亦不失科甲。後來宋郊救下了暴風雨中的螞蟻，該僧又見到他時不禁大驚，說他福相大增。果然，考試完畢，章獻太后說弟不該在兄前，於是拔郊為頭名狀元，而祁由第一降為第十。據此朱氏考定此文作於宋代，清代還有些學者也持相同看法。

現代日本學者酒井忠夫則認定此文乃明末下層士人所作。我推想，此文仿效《太上感應篇》並在內容上作了補充，是繼《感應篇》產生後不久問世的道教勸善書，至遲不會晚於元代，作者是道士。從與勸善書並行的儒家勸世文如《名賢集》、《增廣昔時賢文》等看，士大夫創作的手法一般是借聖賢先哲之口訓導世人。《陰騭文》則很顯然是道士造作經典常用的方法：道士隱身背後，假托道教某神說法。由於史料不足，此文作者究為何人，所作的具體年代怎樣，難以下斷論。

文昌帝君既然是天上的文曲星，主管人間尤其是士大夫的功名富貴，當然其教化的對象以官僚士大夫為主，這和《感應篇》以社會各階層為對象不同。所以其對後者的補充在於增加了對官僚士大夫的道德修養要求，反映了下層士人和民衆的一些願望。

《陰騭文》開篇即讓文昌帝君現身說法，自我介紹一番後向人們許願，只要人人都效法他行事，保證福祥不淺。帝君說：『吾一十七世為士大夫身，未嘗虐民酷吏，濟人之難，救人之急，憫人之孤，容人之過，廣行陰騭，上格蒼穹，人能如我存心，天必賜汝以福』。針對士子們求功名心切和人們渴望幸福的心理，要大家都以帝君為榜樣，多積陰德，就會像他那樣世世為士大夫身，中狀元，做宰相。人積陰德，天必賜人福祿壽；於是人更加感奮，更加衆善奉行，諸惡不作，於是天還將把千祥百福降臨於人的子孫後代身上，這叫『近報則在自己，遠報則在兒孫。』積陰德陰功用不着求人知曉，招搖過市，只要老天知道就行了。在上天知曉並暗中保定你的情況下，善即是福，善又能招致福，生生不息，善無量福也無量，這叫『百福駢臻，千祥雲集，豈不從陰騭中得來者哉！』

中國古代哲人的思維方式是從人自身的生理和心理出發，去推想天地自然，然後又從自然推到人，結論是人應效法自然，天人互相影響，天能賞善罰惡。這種思想方法延續整個古

---

① 《清河內傳》第六。

代社會，成為國民對待人生問題的思維方式。《陰騭文》從思維方法來說也是如此，其開宗明義的這段話也就是天人感應，當心報應的意思。以報應論為立脚點展開一系列勸善教化，同《感應篇》的手法既形似又神似。

但是，社會現象中往往出現善惡無報，行善者不得福，為惡者未遭禍的情況，有識之士常對報應論持懷疑批評的態度。勸善書必須對此作出答覆，否則立論的根子就被人挖掉了。《感應篇》持『善惡之報，如影隨形』說，認為作善作惡立刻便得報應，就像影子時刻跟着形體一樣。《陰騭文》進一步用『近報在身，遠報兒孫』的道理作答，告訴人們善惡有時雖無相當的報應，甚至行善反而命運不好，作惡反倒官運亨通，但說到底終究是善有善報，惡有惡報，近一點報在你自身，遠一點報在你兒孫身上，只是時間早遲的問題。比如宋代程一德，粗知字義，孜孜為善，每遇到嘉言善行，就刊刻施人，夜夢文昌帝君對他說，你刻善書的事已經報告天庭，上帝許諾昌揚你的後代。果然他的子孫俱少年高第，程明道、程伊川兩位著名理學家也是其後裔。

像這類故事多如牛毛，無非是印證善惡報應論，有人更把儒家傳統的命定論摻和到報應論裏，說是為善得禍，其命本薄，假使不努力為善，其禍會更多；為惡得福，其命本厚，使不為惡，福遠不止如此一點；善惡報應，好像立表取影，越遠越大，貸款取息，越久越多[1]。這樣解釋，符合中國人祖先崇拜，祖宗護佑，命中註定等心理。

中國歷來是以儒家禮教立國的，宋明理學的產生更加鞏固了禮教神聖不可動搖的地位，但演變到後來，也出現人心日下，世風不古，四書五經口讀而心不信，口稱而身不從，以致敢於為惡，不可救藥的現象。對此，『帝君憫之，故神道設教，飛鸞行化，使人知神明昭佈，森列於上，善惡吉凶之報，確然不爽，冀其信畏悔悟，以自拔於陷阱也』[2]。這表明，《陰騭文》一類道教勸善書以宣傳禮教內容為主，但又起着正統禮教所起不到的功用，它們在社會上流行，也正是道德危機出現的需要，急需『神道設教』，借助神的力量加強名教統治。

這種道德危機也出現於統治者內部，官僚士大夫往往口言善身行惡，天天要人做好事，自己卻暗中大做壞事，貪污賄賂，請客送禮，吃喝拉扯，男盜女娼，無惡不作。這對統治者的根本利益顯然是有害的，也激起了一些下層知識分子和老百姓的不滿。《陰騭文》中某些地方曲折地體現了下層士人和『窮困善人』的願望，他們希望官僚們不要製造冤獄，少用大刑，『正直代天行化，慈祥為國救民』，『勿倚權勢而辱善良』。他們勸告富豪『家富提攜親

① 詳參《道藏輯要》星集《陰騭文註》。
② 《道藏輯要》星集《陰騭文註》。

戚，見饑賑濟鄰朋，斗稱須要公平，不可輕出重入，奴僕待之寬恕，豈宜備責苛求』，『勿恃富豪而欺窮困。』請求貪官富豪們發善心，無疑是與虎謀皮，要狼改掉吃人的本性。換個角度審視，當時社會矛盾尖銳，官僚橫行不法，豪强欺壓百姓，魚肉鄉里，迫使人民成為『涸轍之魚』，『密羅之雀』的黑暗現實已躍然紙上。這些社會矛盾不解決，勢必引起社會危機，危及統治者的生存安全，故最高統治層對《陰騭文》一類勸善書採取讚許的態度，借此緩解統治者與被統治者的尖銳對立，以防社會不穩。

如果說《感應篇》是以反面的懲罰為主，那麼《陰騭文》則以正面的勸誘宣化。《陰騭文》勸說官僚富豪的主要內容還是以忠孝為核心的傳統道德。西歐中世紀，領主和教會緊緊結合在一塊，西方民族的道德主要是宗教道德，許多道德信條來自宗教教義和戒律，如西方中世紀人們道德觀念的中心——『愛』，就是得之於基督教，充滿了宗教精神。中國則剛好相反。宗教道德只是穿上了神學外衣的世俗道德，宣揚戒律主要來自以血緣關係為基礎的三綱五常。《陰騭文》强調『忠主孝親，敬兄信友』，『報答四恩』，『勿因私仇使人兄弟不和，勿因小利使人父子不睦』，都和中國傳統道德重視血緣關係的特點一致。與《感應篇》一樣，它强調家族關係，從孝和忠出發去修身、齊家、治國平天下，確如註家們所說：『帝君以忠孝為本』。

在《陰騭文》的目光中，作為官吏，不論你其他還有何不法勾當，違背道德倫常的行為，但報答天地君親師的恩典，在家為孝，入朝盡忠，這是萬萬不能背離的根本道德信條，做不到這點，帝君不僅讓你當不成官，而且使你的子孫後代也不能讀書中舉，陞官發財。反之，則是福祿壽降臨門楣，科場中意，官場走運，財氣大盛，兒孫滿堂，世代家道不衰。按照三綱五常的原則，處理家族中父子長幼等級關係，和推而廣之處理君臣尊卑等級關係，這在《陰騭文》看來，是何等重要，涉及個人和家族的命運，切勿掉以輕心，等閒視之。這反映出，宋明以來，禮教以忠孝為核心的網狀系統籠罩了社會的方方面面，道教勸善書的生命倫理觀帶著其鮮明的標誌。

《陰騭文》把一切都倫理化了，人與自然的關係也被它歸結為倫理關係。《陰騭文》告訴人們：『禁火莫燒山林』，『勿登山而網禽鳥，勿臨水而毒魚蝦，勿宰耕牛』，因為諸如此類都是善與惡的分界線，都和人的福禍相關聯。早在《禮記》中對保護環境已有規定，反映了古代中國人原始樸素的生態平衡觀念，但保護生物和動物是在『禮』的名義下宣傳的，和道德行為有關，卻不在法制的範圍內。這種古老的生態平衡思想流傳下來，直到《陰騭文》等勸善書將其作為勸善的內容，從未有人提出過制定森林保護法，鳥類保護法等，有的只是層出不窮用各種道德信條約束人們保護生物，維持生態環境平衡。於此也可見中國確是個禮儀德治之邦，一切都被釘上道德的印記，而缺少健全的法制。換個視角坐標看，《陰騭文》所說也反映了當時社會人口膨脹，土地不够，大面積毀林開荒，生態平衡遭到破壞的現實。儘管《陰騭文》這類道教勸善書僅僅以道德勸化宣傳環境保護、生態平衡，對於做到生態環保平衡是遠遠不够的，但總算强化了人們的環保意識，面對神的警告，人對自然的傷害不能不有所顧慮。

《陰騭文》同樣吸取了佛教的戒條充實自己：『或買物而放生，或持齋而戒殺，舉步常看蟲蟻』。慈悲、戒殺、愛生這些如來的訓戒，轉身間成為帝君的格言。帝君又是位公開的三教合一論者，主張『廣行三教』，堅持道教傳統的兼收並蓄態度。帝君並勸官吏富豪『或奉真朝斗，或拜佛念經』，『印造經文，創修寺院』，儒釋道三教皆奉行。事實上，《陰騭文》本的內容就是三教合一的產物。

道教中以文昌梓潼帝君勸人行善的經書有一批。如《道藏》洞真部本文類《元始天尊説梓潼帝君應驗經》宣講善惡報應，勸人奉道，改惡從善。又《元始天尊説梓潼帝君本願經》要人洗心滌慮，孝親忠君，友愛兄弟，和順夫婦，行為合乎三綱五常。另外，《文帝救劫經》、《文帝延嗣經》等，都打文昌帝君招牌，宣傳的內容大同小異只是各有所側重。大約這些經書都産生於元明時代，可看作是與《陰騭文》一類的道教勸善書。

《陰騭文》的社會影響雖比不上《感應篇》那麽大，但也深入人心。《陰騭文》同樣有各種各樣的手抄本、刊刻本，『善人』捐資刻印廣為散發，清代道士將其收入《道藏輯要》，註家以它為藍本大加發揮。當時很多修善行的人都照《陰騭文》説的『剪礙道之荆榛，除當途之瓦石，修數百年崎嶇之路，造千萬人來往之橋』，『點夜燈以照人行，造河船以濟人渡』等一套去做，認為『修橋通道，為善有盛名』，這類事情雖然細小，但也是善心所在，可以遠揚祖烈，後昭來世，萬世其昌。他們在修橋造路以後的碑文銘記中通常把這些內容寫進去，其畢恭畢敬、虔誠禮膜的態度昭然可見。明清時代的話本小說形象地描繪了帝君的陰騭在各階層人們頭腦中的烙印。

《拍案驚奇》卷二十刻畫了一位叫劉元普的刺史『感上天佑庇，一發修橋砌路，廣行陰德。』洛陽的百姓編出順口溜說：『刺史生來有奇骨，為人專好積陰騭』。小說中描寫劉元普遇見一個全真道士，手執『風鑑通神』招牌，便請他相面。道士相了一回說道：『自古道：「富者怨之叢。」使君廣有家私，豈能一一綜理？彼任事者只顧肥家，不存公道，大斗小稱，侵剋百端，以致小民愁怨。使君縱然行善，只好功過相酬耳，恐不能獲福也。使君但當悉杜其弊，益廣仁慈；多福、多壽、多男，特易易耳。』元普聞言，默然聽受，從此更加暗中努力行善，後來竟然添子增壽。子孫出仕貴顯，藩衍不絕，這全是『陰德之報也』。全真道士所講的基本上是《陰騭文》的內容，而劉元普對此深信不疑，照辦不誤，最後居然獲陰騭福報。帝君不僅能打動官僚士大夫的心，也能俘獲一般的平民百姓。

馮夢龍所編《三言》中『施潤澤灘闕遇友』一回，以詩歌形式反覆詠嘆陰騭善惡：『從來陰騭能回福，舉念須知有鬼神』。然後寫主人公施復撿到銀子還給失主朱恩，旁觀百姓說：『這人積此陰德，後來必有好處』。以後施復出門做生意，因偶然遇到朱恩，免遭大難，要謝朱恩，朱說：『此皆大哥平昔好善之報，與我何干！』小說結尾敘道：『施復因免了兩次大難，又得了這註財產，愈加好善』。

《水滸後傳》第二回寫水泊好漢殺了毛孔目一家後，鄰居中有人就說：『祖宗該積德，做些好樣子與後人看便好。那毛太公一味强賴，遭了毒手。那孫子又逞威風，自然有此顯報』。小生意人，市井百姓腦中都裝滿了帝君的教導，潛移默化，以此評人論事。從這些小說描繪的世態看，人們日常生活的一舉一動，國民對於人生的看法和思考人生問題的方式，對健康長壽、衣錦富貴和兒孫滿堂幸福的追求，都包含着善惡報應的陰騭觀念。

三、《功過格》

功過格的起源可追溯到漢代。我們在第一章中已提到《太平經》中的『天券』即是道教功過格的源頭，功過格的『格』在《太平經》中多次出現，有所謂『天之格法』，也就是天格，這實際上是功過格的另一種說法。漢易中，孟康所講的分卦值日法，用以占每日善惡①，《太平經》的『天券』大概受此影響②。以後道士進一步發展了『天券』的記錄每日功過的做法。《無上秘要》卷四十四《洞真三元品誡儀》載有『功過儀典』、『生死圖籙功過』、『生死命籍算錄功過』、『生死功德輕重功過』。同書卷四十七引《洞玄本行妙經》稱：『天計功過，明知不虧』。同書卷五十五有所謂『天格』、『上元之格』。《真誥》卷五有『功過之標格』。《靈寶無量度人經》卷一稱『上昇朱宮格』。這些大概都與後世道教功過格的產生有關。道教功過格也許還受古代中國考課制度影響。比如唐代官吏考課即依其當年的『功過行能』③。道教神仙官制也講究『官格』，即按照功過考核而『隨格進號』④。這都表明功過格的產生並非一朝一夕的事，且有其社會根源。

現存較早的功過格見於《道藏》洞真部戒律類《太微仙君功過格》，據卷首序稱，作者又玄子於金大定辛卯（一一七一年）夢遊紫府，朝禮太微仙君，得受功過格，夢醒寫成本書。所謂遊紫府見太微仙君也是有所本的。《鍾呂傳道集》論證驗第十八有『於紫府朝見太微真君，契勘鄉原名姓，校量功行等殊，而於三島安居，乃曰真人仙子』的說法，即經太微真君較量功過，才有可能進入神仙班次。這可以說是《太微仙君功過格》書名的註脚。日本學者酒井忠夫、吉岡義豐、秋月觀暎等均認為《太微仙君功過格》與淨明道有關係⑤，這一看法是正確的。淨明道派要求弟子置一小册，每日記録其所為，自我反省欺心之事，這樣就

① 參見《漢書·京房傳》註引孟康，中華書局標點本第一〇册第三一六〇頁。
② 關於「天券」參見本書第一章第一節。
③ 參見《新唐書·百官誌》、《唐六典》卷二。
④ 參見《無上秘要》卷九《靈官昇降品》。
⑤ 參見福井康順等《道教》第二卷第一一八頁。上海古籍出版社一九九二年版。

能『超舉凡塵，天書秘法，忽然而至』。如果違反，『則災咎立至』[5]。這與功過格的方法完全雷同，二者顯然有一定關係。

《太微仙君功過格》分功與過為兩大類。功格共三十六條。又分為四門：

第一救濟門，十二條，內容有醫療針灸，治病救人；拯救窮困，以錢財濟人；造橋修路，埋葬無主之骨等。如：以符法針藥救重疾一人為十功；救一人刑死性命為百功；賑濟寒凍之民暖室一宵為一功；葬無主之骨一人為五十功，施地與無土之家葬一人為三十功，若令出備租課則無功；埋葬自死者走獸飛禽六畜等一命為一功，若埋葬禽獸六畜骨殖及十六斤為一功；平理道途險阻及泥水陷没之所一日一人之功為十功，若造船橋濟渡不求賄賂者，所費百錢為一功，一日一人之功為十功。

第二教典門，有七條，內容主要為傳授經法。如：自己受救人法籙經教一宗為二十功；受保護自身法籙經教一宗為十五功；自己註撰救衆經法一宗為三十功；保養性命法一宗為二十功。

第三焚修門，有五條，內容為建造聖像、壇宇及諸供養之物等。如：修聖像、壇宇、幢蓋、幡花、器皿、牀坐及諸供養之物，費百錢為一功；旦夕朝禮為國為衆焚修，一朝為二功，為己焚修，一朝為一功；章醮為國為民為祖先為孤魂為尊親祈禳災害，一分為二功，為己一分為一功；為國為民，或尊親先亡，或無主孤魂，誦大經一卷為六功，小經一卷為三功，聖號百遍為三功。

第四用事門，十二條，內容為各種善事，如：興諸善事利益一人為一功；講演經教及諸善言，化諭於衆，在席十人為一功，百人為十功；以文章詩詞戒勸於衆，一篇為一功；舉薦高明賢達有德之士用事，一人為十功；讚揚人之善道，一事為一功，掩遏人之惡業，一事為一功；勸戒人令不為非、不廉、不孝、不貞、不良、不善、不慈、不仁、不義，一人回心為十功。

過律有三十九條，同樣分四門：

第一不仁門，十五條。如：修合毒藥欲害於人為十過；害人性命為百過，害人不死而病為五十過；害一切衆生禽獸性命為十過，害而不死為五過，舉意欲害為一過；學厭禱咒詛邪法欲害於人為十過；謀人死刑，成者為百過，不成為五十過，舉意不作為十過；心中暗舉惡事，欲殘害於人，一人為一過，事成，殘害一人為十過；心意中邪淫雜想非理之事，一事為一過；惡語向師長尊章為十過，向善人為八過，向平交為四過，向卑幼為一過；揚人惡事為一過；掩人善事為一過；故傷殺人性命為百過，誤傷殺性命為八十過，以言遽殺者同。

第二不善門，八條。如：以言指斥毀天尊聖像為二十過，真人為十五過，神君為十過；

① 《太上靈寶凈明入道品》。

誦念經典漏一字為一過，漏一句為五過，音釋乖背，字音交差，一字為一過；念誦語句錯亂，有失文意，一句為五過，若念誦之時，心意不專，為五過；不依誦經法式為五過；念經發嗔怒為十過。

第三不義門，有十條。如：見賢不薦為一過；見賢不師為一過；不依師之教旨為十過；反叛師長為五十過；偷盜人財物或教偷盜，百錢為一過；若見偷盜，不勸為一過，贊助偷盜為五過；不義而取人財物，百錢為一過。欠人財物，抵諱不還，百錢為一過。

第四不軌門，有六條。如食肉，故殺性命食之為六過，買肉食之為三過，違禁肉故食為六過，誤食為三過，遇齋日食之為十過，食後入壇念善為十過。飲酒，為評議惡事與人飲一升為六過，無故與不良人飲一升為二過，無故與常人飲一升為一過，助淫歡飲一升為十過；遇齋日飲致醉，或酒後入壇念善為五過。

以上為《太微仙君功過格》的概貌。人們按這些功格過律評判自己每日的思想言行得失，一天天記下來，一月統計一次，一年總計算帳，看看功是多少，過有若干。若功多於過，且漸漸改惡從善，有功無過，則成仙之路不遠了。正如又玄子在《序》中所說：『明書日月，自記功過，一月一小比，一年一大比。自知功過多寡，與上天真司考核之數昭然相契』；『依此行持，遠惡遷善，誠為真戒，去仙不遠矣』。《太微仙君功過格》可說是功過格之首創，其他各種功過格與此大同小異，舉一反三，可知一般。

《感應篇》、《陰騭文》、《功過格》為道教勸善書的代表作，通過上述簡要的介紹，我們已可看出，道教勸善書將道教傳統的生命哲學與儒家倫理規範結合起來，以通俗易懂的形式使三綱五常大衆化，成為一種通俗文化在民衆中廣為傳播，造成極大的社會影響，在明清時代的中國幾乎家喻户曉，人人皆知。在這裏，我們可以發現儒家精英文化是如何巧妙而高明地轉化為通俗文化，使官方意識形態不知不覺為民衆所接受。這樣一套行善（主要是遵守儒家倫理規範）而獲得生命解救的生命倫理觀强烈地體現了道教生命倫理學的主體性和可操作性，而且十分具體詳細，一條一條，分門別類地把善行與惡行擺在你面前，讓你選擇，讓你自己決定自己的命運和生命的長短，在表面上，卻採取神對人審判的形式。人的自覺加上神的監督，内外雙向用力，其效果不言而喻，終於成為國民意識和性格的構成部分。魯迅先生曾指出，中國根柢全在道教，以此讀史，有多種問題可以迎刃而解。這實在是擲地有聲之論！勸善書可以説是『中國根柢』的一個縮影，透過這一縮影可以發現中國社會的民情風俗、世態心理，弄清宋元以降道教生命倫理學的發展線索，其在社會上產生的廣泛而深遠的影響。

道教勸善書不僅在漢民族中有深厚影響力，對一些少數民族也產生了輻射。明代，雲南彝族翻譯刻印了《太上感應篇》，其書以感應篇句子作標題，以彝族原始宗教及社會風俗習慣作講解。明嘉靖二十年羅甸水西地區所立《水西大渡河建石橋記》説：『善者心懷於黎民，存了善念，為人誠樸，心地光明，就增長壽齡，達到九十九歲』，『修橋通道，為善有盛名』。嘉靖二十五年貴州宣慰使安萬銓所立《新修千歲衢碑記》也宣傳『為善榮慶』、『行善壽長』，『行善地位高』⑩。行善長壽，活到九十九，這是勸善書生命倫理觀的鮮明體現。看來，勸善書給予少數民族思想界的影響不可低估。

道教勸善書不僅在中國社會有廣泛深刻影響，而且流傳到國外，日本江户時代（一六〇三——一八六七年），道教勸善書流行。勸善書引起了獅子谷白蓮社忍徵上人（信阿，一六三五——一七〇七年）的共鳴，他翻刻了諸如《功過自知録》、《陰騭録》之類的三合一的道教式道德律，與當時在日本民間發展起來的心學（這種心學本身也受陽明心學的刺激）相呼應，對民間道德的提高起了很大作用。

江户時期翻譯刊刻出版的勸善書還有：《太上感應篇日文註釋》（一六二四年）、《太上感應篇》（一六二四——一六四九年）、《太上感應俗解》（一六八〇年）、《太上感應篇箋註引經圖説》（一六九五年）、《袁了凡先生陰騭録及自知録》（一七〇一年）、《積善春草吟》（一七〇八年）、《增補繪鈔日本字母功過自知録》（一七七六年）、《關聖帝君靈心篇》（一七九一年）、《日語陰騭録》（一七七七年）、《日語陰騭文繪鈔》（一八二〇年）、《日語太上感應篇》（一八二八年）、《文昌帝君丹桂籍》（一八二九年）、《關帝真經》（一八六七年）等。如此連續不斷刊行的善書，不僅在日本僧侶、神道家、修驗者、儒學者等中間廣為閱讀，並且作為日本民間通俗的宗教道德書，也通過石門心學等的心學家而受到普通民衆的喜愛，滲透到社會各個階層，甚至出現了實行功過格教誨的婦女[2]。由此可見勸善書對江户時期的日本社會影響之大。無可置疑的是，勸善書中所包含的生命倫理觀也輻射到日本社會各階層。

（二）淨明忠孝系統的生命倫理觀

宋明以來，道教各派普遍提倡忠君孝親，其中以淨明道派為最，以忠孝立教傳宗。本節即以淨明派為主，介紹淨明忠孝的生命倫理觀。

淨明道的産生以及淨明派之大講忠孝有其歷史淵源。早在唐代，洪州西山（今江西新建）的道教界已掀起許遜崇拜的熱浪。唐高宗時洪州西山道士胡惠超撰《晉洪州西山十二真君内傳》一卷，宣傳許遜等十二人事蹟。《十二真君内傳》今已佚，據《太平廣記》卷十四所引記載：許遜弱冠師大洞君吴猛，傳三清法要。後曾拜蜀旌陽令，因晉室已亂，棄官與吴猛一同行道術。《太平廣記》卷十五引蘭公生平事蹟時，則稱許遜行『孝悌之教』。今《道

① 參見《世界宗教研究》一九八三年第二期，《明代彝文金石文獻中所見的彝族宗教信仰》。
② 參見福井康順等《道教》第三卷，第三〇—三一頁，上海古籍出版社一九九二年版。

藏》洞玄部譜録類收《孝道吳許二真君傳》一卷，據考，此書在現存諸種許真君傳中為出世較早者。書中未提及北宋加封許遜的尊號『神功妙濟真君』，但提及唐代年號，如貞觀元年（六二七年）、永淳三年（六八二年）、元和十四年（八一九年），故此書出於中唐。

日本秋月觀暎認為此書本於胡惠超《許遜修行内傳》①。此書記載了唐代崇拜許遜的一些史實：從晉元康二年（二九二年）許真君舉家飛昇後，到唐元和十四年（八一九年）約五百六十二年，遞代相傳，四鄉百姓聚會於遊帷觀，設黄籙大齋，邀請道士三日三夜昇壇進表，作禮焚香，克意誠請，以此崇奉許遜。書中又稱：許真君官滿歸宅，皇上頻頻徵請，不赴敕命，唯與十二仙君更相勉勵，内修不二之法，神仙之術。到元康二年（二九二年）八月十五日合宅飛昇，鷄犬都去，舊宅壇井儼然而存。二代侄男許簡承宗繼世為道士，修持供養，傳授孝道。晉永和三年（三四七年）皇帝下令再建『真觀』。到唐貞觀元年（六二七年），國家不崇，觀宇寥落，香火寂寞。到永淳二年，奉敕令再興孝道，世代傳香。

從上述記載中可看到，西山許遜遺址唐初一度衰敗，到唐高宗永淳年間復興，這正與胡惠超在西山恢復許遜崇拜的道教活動時間相吻合，當是胡努力的結果。胡惠超花了很大功夫修復許遜的紀念地——遊帷觀，又著書宣傳許的孝道，這些都為南宋淨明道的形成作了準備，胡亦因此而被後世淨明道尊為法師。自胡惠超復興許遜崇拜之後，洪州西山祭祀許遜，崇奉孝道的活動就愈演愈烈，並與民俗結合起來。

《歷世真仙體道通鑑後集》卷五《吳綵鸞傳》載：唐文宗太和（八二七——八三五年）末，有書生文蕭海內無家，因萍梗抵鐘陵郡。鐘陵西山有遊帷觀，即許真君遜上昇之第。每歲至中秋上昇日，吳蜀楚越之人不遠千里而至，多攜帶名香珍果繒綉金錢，設齋醮以祈福。時鐘陵人萬數，車馬喧闐，士女櫛比，連臂踏歌。這種盛況，奠定了淨明道形成的羣衆基礎。

到宋代，西山遊帷觀的香火日盛，對許遜傳孝道之宗更為奉祀，特別是經朝廷的大力倡導，對許遜的崇拜日漸加温。據白玉蟾《玉隆集·續真君傳》記載，宋朝太宗、真宗、仁宗都曾賜御書給遊帷觀；真宗又遣中使，賜香燭、花幡、旌節、舞偶，改名為『玉隆』，取《度人經》『太釋玉隆騰勝天』之義。以後徽宗皇帝降玉册，上尊號，於政和二年（一一一二年）遣內侍請道士在玉隆觀建道場七晝夜，上啟許真君，並上許遜尊號為『神功妙濟真君』。政和六年（一一一六年），下令將觀改為宮，並加『萬壽』二字。同年，徽宗還宣稱夢見許真君下降，替他除妖治病，遂令照其夢中所見許遜模樣畫像，賜給京城上清儲祥宮，幾個月後，宋徽宗又稱夢許真君降臨，托他修整西山遺跡，即下令洪州改修玉隆萬壽宮，依西京崇福宮例，鼎新蓋造，並賜真君像一軀及花瓶、燭臺、香爐之具，御書門殿二額。經北宋統治

① 參見《世界宗教研究》一九八四年第二期第一〇頁。

者的扶持，許遜的忠孝形象便儼然塑立，民間的許遜崇拜一經政府認可，有了官方保護，更無所顧忌地發展開來。到南宋，便形成奉許遜為開山祖的淨明忠孝道派。

《靈寶淨明新修九老神印伏魔秘法》卷首何守澄序稱：許真君於南宋初降靈西山，用『靈寶淨明秘法，化民以忠孝廉慎之教』。這當然是假托許遜名義，以神其事，其實，這位何守澄便是南宋淨明道的開創人。《淨明忠孝全書》卷一《西山隱士玉真劉先生傳》說：許真君降授《飛仙度人經》與淨明忠孝大法，『真公（何守澄）得之，建翼真壇，傳度弟子五百餘人』。可見當時淨明道已形成一定規模，並明確亮出『忠孝』的旗號，這與唐代許遜崇拜重點講『孝』有所不同。而所謂《飛仙度人經》，今《道藏》有《太上靈寶淨明飛仙度人經法》五卷，從其內容看，多出自《度人經》，說明淨明道的產生與道教靈寶派有密切關係，無怪有人說淨明道淵源於靈寶派。

到元世祖至元十九年（一二八二年），有西山隱士劉玉稱遇洞真師胡惠超，告之以『淨明大教將興，當出八百弟子，汝為之師』。這當然也是假托，以張大淨明道法。到元貞元年（一二九五年），劉玉又神遊玉真府，遇許遜與張氳。元貞二年（一二九六年），據稱許遜降臨其家，傳授他中黃大道，八極真詮，以及《靈寶壇記》等。這樣，劉玉便得以開闡大教。據《西山隱士玉真劉先生傳》所載，他秉承淨明道的一貫宗旨，『以忠孝為本，敬天崇道，濟生度死為事』。劉玉之後，其弟子黃元吉接掌教門，弘揚淨明忠孝。儘管劉玉的淨明道派以許遜為第一代祖師，劉玉為第二代，不承認與南宋何真公有何關係，但實際上是在南宋淨明道的基礎上進一步發展起來的，其發展的一個明顯地方就是加强了忠孝倫理觀，而將修煉方術置於稍後的地位。

以上即淨明道發生形成的過程。從這一過程中可以看到淨明道的孕育形成大體上經歷了三個階段：南北朝隋唐北宋的許遜崇拜，是為第一階段；南宋何守澄建立的淨明道團，是為第二階段；元代劉玉進一步攝取儒家倫理而成的淨明派，是為第三階段。這三個階段各有一些自己的個性特徵，但又有共同的特徵，即對儒家倫理觀的突出强調，有鮮明的儒道合一傾向，這在道教的各道派中是極為引人注目的。淨明道所謂的『淨明』是什麼意思呢？

《靈寶淨明新修九老神印伏魔秘法》說：太陽有光明，月亮有輝耀，人稟有靜就『性達』，得到光明就『心通』，『性達心通』，所以交感於日月之宮。道本來是圓虛的，『圓者，氣之體，虛者，氣之用。得圓虛之道，故謂之淨明』。托名高明太史許旌陽的《太上靈寶淨明法序》稱：淨明法是上清玄都玉京的隱書。從前太陽真君孝道明王以孝道著明，照臨下土，成無上道。於是上清上帝降於扶桑洞神之堂，召明王而說法，證之以為最上弟子，號靈寶大真人。玉清詔命，使他『救度於時』。所以真人發大誓願，願居東極，用收羣品。『是謂靈寶救苦天尊，乃赤明元年八月十五日也，謂之淨明。淨明者，無幽不燭，纖法不污，愚智皆仰之，為開度之門，昇真之路，以孝悌為之準式，修煉為之方術』。這就是淨明的境界。

淨明派還講究『八極』。所謂八極是說：『忠者，欽之極。孝者，順之極。廉者，清之極。謹者，戒之極。寬者，廣之極。裕者，樂之極。容者，和之極。忍者，智之極』①。忠、孝、廉、謹、寬、裕、容、忍，這八極顯然都是道德範疇，而以『忠孝』為之首，可見淨明派對忠孝的高度重視。正因為人有了八極，所以才能『集善』，『善立則道備，道備則所聞所見自然廓開，所應所修自然順適，此得靈寶淨明飛仙度人之基也』②。具備了『八極』才具備了飛仙度人的根基，才是一位至善的成仙了道者。『八極』已經顯露出淨明派生命倫理觀的端倪。

歸結起來，淨明道法有三大要點，即：(一)忠孝；(二)煉形；(三)救度。《太上靈寶淨明入道品》稱道君的三景之法『和天地』、『奉君親』、『役鬼神』、『度人物』，並要淨明派悌子『至心行持：一孝悌，二煉形，三救度。逐日燒香，朝夕禮拜』。此三項即淨明派的三大法寶，其中忠孝是要敬奉君親，處於第一等的位置；煉形是要役使鬼神，以拯救自己；救度是要濟世度人，拯救他人與社會。這三大法寶不可一日沒有，不可一日放鬆修持。三大法寶的第一寶源自儒家，第二寶乃道教本身固有的傳統，第三寶則淵源於靈寶派。

這裏首先說『忠孝』。忠孝是儒家道德的基本規範，乃中國宗法倫理文化的產物。儒家自孔子時代即講究忠孝。《論語·學而》說：『為人謀而不忠乎』；『事君，能致其身』；『主忠信』。《論語·八佾》也說：『臣事君以忠』。由於忠的基礎是孝，故儒家拼命講孝。《論語·

學而》以孝悌為仁之本：『君子務本，本立而道生。孝悌也者，其為仁之本與？』並要求孔門弟子『入則孝，出則悌』，『事父母能竭其力』。所謂孝是指：『父在觀其志，父沒觀其行，三年無改於父之道，可謂孝矣』。既孝則不會犯上作亂，自會事君以忠，故說：『其為人也，孝悌而好犯上者鮮矣。不好犯上而好作亂者未之有也』。儒家把孝作為各種道德的根本，宣傳百行孝為先，就在於孝是宗法社會秩序保持穩定的根本保障，是政治的根基所在。孔子之後，《孝經》更將孝作為『德之本，教之所由生』，以孝為治理天下的『至德要道』。

《小戴禮記·祭義》也把孝道視為『衆之本教』，說是孝道『塞乎天地』，舉凡『居處不莊，非孝也。事君不忠，非孝也。莅官不敬，非孝也。朋友不信，非孝也。戰陣無勇，非孝也』。似乎一切都與孝道相掛鈎，什麽都可往孝道裏裝。另外《大學》八條目的傳文在詮釋『齊家』時說：『孝子不出家而成孝於國，孝者所以事君也』。認為只要在家庭中嚴格奉行父慈子孝，兄友弟恭，就可以治理好國家，所謂『治國在齊其家』，所謂『一家仁，一國興仁；一家讓，一國興讓』，都說的是這個意思。『孝』成為儒門的最高道德，且由孝自然推及忠，忠孝成為一個不可分割的整體。

---

① 《太上靈寶淨明飛仙度人經法》卷一。

② 《太上靈寶淨明飛仙度人經法》卷一。

儒家的忠孝學說在中國宗法社會中的影響之廣泛而深刻是盡人皆知的，道教自然也難逃其法網。自漢代以降，道教就將忠孝二家融攝進其生命倫理觀。《太平經》以孝為善之首，行孝者天佑神敬，白日昇天；忠孝成為衡量善惡的第一標準。陸修靜所集《洞玄靈寶五感文》要求修齋者應具備五種感念之情，第一就是感父母生我、育我、鞠我、養我之恩；第二是感父母因我而受三途之苦；其後才是感念自己有幸能歸命三寶等等。其對孝的重視非常明顯。《上清黃庭五臟六腑真人玉軸經》教人治身修內之術。但同時應外行禮義，把修身術同仁義忠孝等道德結合起來。《靈寶天尊說洪恩靈濟真君妙經》也教誨人們：『忠孝仁義，永為身寶』，以忠孝為立身根本，內可增福延年，外可消災度厄，超拔祖先。《虛皇天尊初真十戒文》的第一戒就是：『不得不忠不孝，不仁不信，當盡節君親，推誠萬物』。認為忠孝為諸戒之首，百行之源，學習仙道者的首要任務。《洞玄靈寶太上六齋十直聖紀經》說是人能做到虛無清靜，慈惠忠信，孝敬和順等，『則與道同』。『道』也被烙上了忠孝的倫理印記。《太上大聖朗靈上將護國妙經》有『寧為忠臣』，『寧為孝子』的道德誓詞。《太上元陽上帝無始天尊說火車王靈官真經》稱王靈官鐵面無私，剪除凶惡，『專治不忠不孝，違背君親師友諸事』。

同儒家一樣，道教首重孝道，以孝為綱常名教之第一要義。《上方靈寶無極至道開化真經》卷上講臣忠子孝，並以事親之道作為紀綱之首。《太上洞玄靈寶八仙王教戒經》說：

『孝道至大，與元並生，治於三光，照曜幽夜』，修孝道者離生死，昇入無形，聚散隨心，而不守孝道就會淪入地獄，輪迴無出頭之日。《重陽全真集》卷三要在家弟子與六親和睦相處，時常祭祀『宗祖靈祠』，『行孝以序思量』。《太上老君說報父母恩重經》勸戒世人遵行孝道，說父母對子女恩重如山，又展示地獄内逆子受惡報的慘烈之狀，和天堂内孝子受善報的福慶之貌。

《玄天上帝說報父母恩重經》以佛教因緣觀說父母恩重，不可不報答，並祈禱『我見在父母福壽增延，過去父母早得超生』。《太上真一報父母恩重經》講父母養育之苦，恩重難報，勸世人為父母建道場，誦經修齋，使父母長生快樂，或亡後不入地獄。《元始洞真慈善孝子報恩成道經》假托元始天尊講述孝道，欲使『下世明王孝治天下，為諸孝子報父母恩，軌則家國，使天下太平，八表歸一，咸遵至孝』。《道典論》卷三所列出的『罪報』條目有『不孝』，意謂不孝是一大罪惡，必遭惡報。劉處玄《仙樂集》卷二勸人『順尊至孝全』，卷三又要人『為官忠孝』。道教如此不厭其煩地强調『孝』，是因為它同儒家一樣認識到：『事親能孝，奉君必忠』①。孝是社會政治和諧、天下太平的根本所在。

當然，尋求社會太平，天下大治，還不是道教的最終目的，道教的根本企求在於解脫生

①《雲笈七籤》卷九。

死，成仙了道，永恒不朽。所以道教講忠孝的目的終究與儒家有差別，二者的價值取向也不同。成仙了道是忠孝的終極目的，反過來講，忠孝又是成仙了道的的根本手段。不行忠孝，飛昇成仙便毫無希望；只有成為忠孝之士，才能成為神仙之人。難怪《葛仙翁太極沖玄至道心傳》告訴道門弟子：『凡希仙學道之士，忠孝為本，利濟為先，廣積陰功，救拔人物，自然學道得成，求仙有遇』①。忠孝之本不丟，自然昇仙有望，這在道教中是十分普遍的觀念。

綜上所述，道教各門各派對忠孝在成仙了道過程中的功用都認識一致，一致承認沒有忠孝就做不成神仙，超越不了生死。而在道教各派中，講忠孝之最，非淨明派莫屬。

淨明派以忠孝為生命之本，立本方可成仙。《太上靈寶首入淨明四規明鑑經》立本章指出：道是人性所固有，非由外而鑠之。孝悌是道之本，非強為可得。由孝悌推向忠，所以集而成行，行備則道日日充足，因此『上士學道，忠孝以立本也，本立而道日生矣』。就是說，以忠孝作為神仙之道的本根，本根樹立，則學習神仙長生之道日日進步，日日有所收穫，越來越接近於得道。反之，則失去致仙的機會，所以說：『學道以致仙，仙道非難也。忠孝者先之，不忠不孝而求乎道，而冀乎仙，未之有也』②。學道為了什麼？當然是為昇仙，仙道並不難，只要你保持忠孝，以之為第一要務，成仙即有希望。忠孝之道自然不等於仙道，『忠孝之道非必長生』，但只要你踐行忠孝，即使不一定長生，『而長生之性存』。『死而不昧，列於仙官，謂之長生』。以這樣的標準衡量，自古以來大忠大孝之人如比干、大舜、善卷、南容、榮期、顏回等，都可以說是名列仙班，長生不死。所謂『比干殺身以成忠，生者人所甚愛。比干不愛其身，而捨身以求道，信道有備，知其不誤其為仙也。大舜終身以成孝，勞者人所甚畏，大舜不憚其勞，而服勞以求道，信道有備，知其不誤其為仙也』。

所謂『君子之致乎道八，八極是也。故善卷殺身以成廉，南容復圭以成慎，榮期安貧以成寬，顏回簞瓢以為裕。如是之人，皆冠於仙卿』③。即把儒家崇尚的聖賢人物拉入道教『仙官』，成為人們習道以成仙的楷模。這樣道與儒便既形象而又不知不覺地合為一體，聖即是仙，仙即是聖，比葛洪費精費神地論述仙聖一致又高出一頭。這裏又提到『八極』，認為是致仙道的八個極點，也是神仙之道的八大支柱。『八極』，又被淨明道奉為『垂世八寶』，以此修身接人，其首要點仍然是『忠孝』，說『忠則不欺，孝則不悖』，以此修身可以成德④。可見忠孝在淨明道眼裏既是修仙之本，又是處世之寶，道儒就這樣獲得完美統一。

《洞神上品經·入道真品篇第三》說：『惟知忠孝，可以學道』。即只有知曉忠孝之人，才有資格學習神仙之道。道是容易認知的，『悔悟學道，是為上善』。學道也就是學習忠孝之

① 《道藏輯要》危集六。
② 《四規明鑑經·立本章》。
③ 同上。
④ 參見《道藏輯要》危集四《淨明宗教錄》。

道，『太上設忠孝大道之門，甚易知，甚易行，勉而行之。人能弘道，非道弘人，要不在參禪問道，入山煉形；貴在乎忠孝立本』①。忠孝為大道之本，神仙不死之道與忠孝大道是二而一，一而二的事，具備忠孝即具備了神仙長生，故說：『仙事始乎孝，至道而學成』，昧道者則沒有忠孝，也就不可能解脫生死②。所謂『道』亦即『淨明』的意思，反過來說：『淨明者，無形大道，先天之宗本也，……明此理者，淨明也。清則靜，虛而明，無上清虛之境，謂之淨明。』③道、淨明、忠孝、神仙長生，這些都是一回事，都是人的生命之本，『是以君子務本』。忠孝二者，又以孝為出發點，『孝悌也者，其為人之本』，不從『孝』這個根本點出發修煉長生之道，那就好像是『大匠無材，縱巧何成』，也就是人們常說的巧婦難為無米之炊④。照此推之，只有以孝立本，推而及忠，才具備了修習神仙之道的條件，才有做神仙的資格。

因此，淨明派傳授弟子，首先是看他與忠孝有沒有緣份。所謂：『凡欲傳度，先觀其人行。行心有慈悲，口常談道德，孝敬中外，信義忠良，仁和禮善，卑遜德行，聰明英秀，異志高見，有如此之功，方可傳授本訣與之為弟子。』⑤只要緣合忠孝，不論貧富，即可授予淨明法。所謂：『凡得淨明法者，以緣合忠孝，烝血完實，直諒可受者而傳之。即不得以貧而不授，富而即傳，違之罪及三世。』⑥淨明派決不嫌貧愛富，只問其人是否忠孝，忠孝是唯一評價人的標準。

弟子及門後，便當更加抓緊修持忠孝。這種修持不是三天打魚兩天曬網的事，必須日復一日，年復一年地日積月累功德，每日都應自存畏懼，每日都要『恭敬君上，孝悌六親』，依此『克苦修行，勸誡濟拔』[7]。這有點類似於功過格的逐日計算善惡法，衡量自己的善功積累有多少，是否已夠成仙之『格』。

修持忠孝必須逐日進行，但也不是做一天和尚撞一天鐘，更不是小和尚念經，有口無心。修持淨明忠孝，應從心念起處下功夫。只要『一念存忠孝』，就會『青篇早記名』，如能做到『終身常不忒』，那麼『恩詔定來迎』[8]。淨明派告誡弟子要『孝順長在心，居家奉父母，在朝忠於君』。這樣就有『福來如流』[9]。《淨明宗教錄·胡洞真述淨明大道說》認為：『方寸淨明，四美具備，神漸通靈，不用修煉，自然道成』。即心懷忠孝，自然得道昇仙。在淨明

---

① 《淨明宗教錄·胡洞真述淨明大道說》。
② 《四規明鑑經·成終章第四》。
③ 《淨明宗教錄》。
④ 《淨明宗教錄》。
⑤ 《淨明宗教錄·道戒》。
⑥ 《太上靈寶淨明入道品》。
⑦ 《太上靈寶淨明入道品》。
⑧ 《淨明宗教錄·勸戒詩》。
⑨ 《洞神上品經·入道修己篇第四》。

派看來，『淨明之玄妙，不外人心忠孝，出忠入孝，即是修身之徑，存誠居敬，乃為入道之門』[11]。故所謂『方寸淨明』，即是指心存忠孝，有一顆清淨明亮的忠孝之心。忠孝之心又稱為『道心』，《淨明宗教録》說：『傳於千世萬世，前聖後聖，只是這一個道心』，有了道心，自然踐行忠孝。為着具有忠孝之心，就應服煉心性。《道元正印經》說：『道本常在，心了性明』。《四規明鑑經·修身章第二》認為：『服煉心性，心明炁達，孝悌不虧』；淨明之道不難實行，在於『以心達心，以性化性』，『心性圓融，而自長生』。《建功章第三》稱：『上士得道之妙在心性』。修心養性，『以明心性。心性明則不期於神而神自神，謂之淨明。淨明之習，忠孝以為習，積忠孝之道備矣。何謂淨？不染物。何謂明，不觸物。不染不觸，忠孝自得。生乎由是，死乎由是，忠孝立而心性得矣』[2]。修煉心性，保證了一個人常懷忠孝之心，由此具備了忠孝之道，所以說『得道之妙在心性』。修心煉性的主要功夫在於不染觸外物，只要功夫煉到這一層，『忠孝自得』。生死取決於心是否染觸外物，也就是心起没有起邪慾之念，能够不起邪慾即是不染觸外物，長生便有根本保證。正如《太上靈寶淨明人道品》所說：『飛昇超舉，長生之本，在於不起淫慾之念』。這是淨明忠孝之道的心性之學，這種心性學表明淨明派修持忠孝重視從人心下手，使『心性圓融』，以成忠孝，以致長生。

為了保證忠孝的兑現，淨明派不僅從內心的心性着眼，而且從外在的律法切入。《淨明宗教録·郭景純述淨明法說》稱：太上推好生之德，憐憫人生之不齊，不得不彰其法則，垂慈立教。所謂『法』，就是指『律』，意思是『律不善以歸於善，律不仁以歸於仁，律不忠不孝而歸於忠孝』。凡我弟子當『守律勿失，仰之如神明，畏之如雷霆，奉而行之，回後天而先天，復有名而無名。』如果說講心性是以自律道德約束弟子行持忠孝，那麼『守律』則是以他律道德監督淨明弟子堅守忠孝，內外雙管齊下，效果自不待言。

總之，淨明派『為弟子說忠孝為本，立本以成仙』③，要弟子自聞大道，『維孝維忠，克淨克明』④。反對弟子不忠不孝，說是『豺狼有父子，螻蟻有君臣』，連這些動物都能忠孝，更何況人；萬物之中人為貴，人若不忠不孝，便不如豺狼螻蟻這些動物⑤。人不忠不孝，則不能成仙了道，『生則犯禁，死則犯科』，犯禁者受官府制裁，犯科者到地獄受煎熬；『不忠者有臣禍，不孝者有子禍』，不可不畏之⑥。這就是淨明派的忠孝成仙說。

其次說淨明派的第二大法寶『煉形』。淨明派所謂『煉形』已經不是道教傳統意義上的修煉肉體不壞之身，其中雖然保持了傳統的煉形飛昇，但已不佔主導地位，更大的比重是講

---

① 《真詮·大道教教本章第一》。
② 《四規明鑑經·成終章第四》。
③ 《四規明鑑經·立本章第一》。
④ 《真詮·大道教本章第一》。
⑤ 《淨明宗教錄》。
⑥ 《四規明鑑經·成終章第四》。

煉神，即精神的超越飛昇，儘管如此，比較起宋元道教内丹學來，淨明派的生命哲學所保留的傳統還是更多一些，且看其並不摒棄『煉形』這一傳統説法便知它還是傾向於對傳統的認同。《淨明宗教録·玉隆萬壽宮雲會堂記》引葛洪：『神仙可以學得，不死可以力致』，並稱『近年而言，百見之内，有昇舉，有屍解，有坐脱，有立亡』。顯然對葛洪神仙不死學作了一定程度的認同。當然，淨明派更知道『生死如去來』，有來必有去，有生必有死，肉體不死恐怕靠不住，還得依靠精神飛昇。《道元正印經》説：『明明了了，識吾本形，形中有神，神中有伸，伸而不屈，超達飛昇』。精神的『超達飛昇』是淨明派所謂『煉形』的主要内涵。從神仙之『道』本身來説，『道之為道，身且不有，何有於物』①？道既無身，人又何足惜自己那點臭皮囊，只要精神超越生死就足夠了。

基於此，淨明派的『煉形』大講心性之學，要弟子『治心』。如何治心？《淨明宗教録》中説：『修行人應常常把「心上從來染習的、偏倚的、執著的、難遣的，易放的二六時中，密加探取，一朝擒定，即便按病下針，不可寬去。絲毫之過必除，細微之功必積，從此萬緣斬斷，一念真常，永劫綿綿，始無變壞。此是治心之法。」所謂斬斷從來習染的萬緣，就是做到心中無慾，無慾即心治。《淨明宗教録·胡洞真述淨明道法説》教『學者欲治其外，先正其内，欲正其内，先去其慾。無慾而心自正，一正心而道法備矣。』正心也就是治心，治心的要害處在『無慾』。怎樣才能做到無慾？《真詮·懲忿窒慾章第五》説：不要讓『先天之真性受制於物』，不要讓『未鑿之良心受制於性』；『若人能置此身於太虛，萬物於無有，過而不留，動而能定，與物往來，無營無擾』，這樣就不會有慾了。《真詮·存心養性章第二》教人『妄念不生，正念自得。心性無鑿，精神自足，以未發之性，歸之太極，內無煩惱；以已發之性，守之太和，外無是非。意攝身而不齋，心攝性而為』。這樣的存心養性，也能做到無慾。無慾無為，是淨明派心性之學的核心。

從生命哲學的角度，淨明派『煉形』重在精神修煉，但站在倫理學的坐標上，其煉形仍注意『誠身』，修養成淨明忠孝之身。《真詮·明善誠身章第三》指出：『天下事理之大者，莫大於善。天下珍奇之重者，莫重乎身。若善不知為，身不知修，徒參心性，心何以神，性何以明。神明未達，何以曰道』。單純參煉心形是不完滿的，還必須加上『明善誠身』的道德修養，才能得『道』。誠身是儒家倫理學的概念，儒家倫理與道教生命哲學結合才是美滿的生命。誠身的過程實際上就是回歸到先天的『淨明忠孝之身』。人的『此身原是淨明忠孝之身，自元始分判之先，來不染，去不觸，一個光明之體。無善無惡，本不執於淨明忠孝，又何違於淨明忠孝？』② 誠身就是修復已被惡行破壞的『光明之體』，還自己本來面目的『淨

① 《真詮·存心養性章第二》。
② 《淨明宗教録》。

明忠孝之身』。

淨明派受宋元內丹學影響，其『煉形』也講內丹修煉，但內丹仍當『本忠孝以立其基』③。忠孝不僅是內丹的根基，而且是比內丹更為要緊的『真藥』。即使沒有『大藥』，同樣可以悟道。正如《洞神上品經·天宮列次篇第二》所講：『倬倬孝悌，忠義不虧，雖無大藥，亦可以悟法，名列巍巍。』

總之，淨明派的『煉形』主要分為三個層次，即講心性的精神修煉，講誠身的道德修養，講『本忠孝以立基』的內丹學。這三個層次互相蘊含，缺一不可（在淨明派自己的目光中）。

最後說淨明派的第三大法寶『救度』。救度的含義是救世度人，此本為道教靈寶派的看家本領，淨明派將其繼承發揚光大，要弟子行善濟世，推己及人，建立陰功，最終飛昇。淨明派規定：『凡得淨明法者，務在濟物』①。濟物的目的，當然最終是要『為仙』，故說『修身濟物，積行以為仙』。如果不懂得濟物才能為仙的道理，那就好像是沒有船筏而欲濟渡，永遠不可能到達彼岸世界②。

濟物的重要內容是將忠孝推行天下，使每個人都成為忠孝之士，使四海高唱太平，使人民進入長壽之域。《四規明鑑經·建功章第三》認為：應當崇尚仁義忠孝，忠孝具備便有了根本，可以立功了。立功之道，沒有陽禍，沒有陰愆，沒有物累，沒有人非，也沒有鬼責，

『所以上合於三元，下合於萬物』。下品道士以符水為人治病，治好一人之疾，救過一人之命，便沾沾自喜為功，其實這不是立功，無非『道家之事，方便法門耳』。淨明忠孝之道則不同：『吾之忠孝淨明者，以之為相，舉天下之民躋於壽域，措四海而歸太平，君上安，萬民阜，萬物莫不自然。以之為將，舉三軍之衆，而神於不戰以屈人之兵，則吾之兵，常勝之兵也。以吾之忠，使不忠之人盡變以為忠，吾之孝，使不孝之人盡變以為孝，其功可勝計哉！』事物有真有妄，『惟天下之至真，可以攝天下之大妄。忠者盡忠，殺身不畏；孝者盡孝，雖勞不惡。則天下之甚真也。上士以真冥妄，妄自清矣。則天下之功成。況於人乎！況於鬼神乎！』上品的淨明忠孝派道士，不僅以身作則，是奉行忠孝的模範，而且將忠孝擴充到天下，使不忠不孝之人全都轉變為盡忠盡孝的有德之士，那時節，真個是人人握龍蛇之珠，家家抱荊山之玉，天下充滿了至真至善至美，君民同安，四海昇平，這是何等的豐功偉績啊！看來，忠孝始終是淨明派的一條主線，不管是個人修煉，還是濟時度人，『悠悠萬事，惟此為大』。大功能否告成，以此為評判標準。

淨明派的『濟物』以淨化社會道德空氣污染為己任。《真誥·明善誠身章第三》宣佈要：

①《太上靈寶淨明入道品》。

②參見《洞神上品經·入道真品篇第三》。

『以我心之真淨，化天下之貪染；以吾心之光明，化天下之蒙昧；以吾願之必忠，化天下之迷罔；以我力之無怠，揚我教之無邊。』要『以至誠為本，克挽世人於至善』。淨化社會精神『貪染』、『蒙昧』的主要武器仍然是忠孝，忠孝化行天下，社會便充滿光明、智慧、至善。

淨明派『濟物』還有一項內容是『為國王父母資崇福壽』①，即讓君親們生活得幸福美滿，壽比南山。淨明派要求弟子不僅僅是解救自我的生命，首先應當是濟度君王和父母的生命。所謂父母不僅是指自己的父母，而是普天之下的父母。所以應該『見他人之父，見他人之母，如我父母』②，一視同仁，克盡孝道。既然已有普度天下父母的弘願，那麼理當『矜老恤孤，憐貧憫病』，見他人之病危急，『若在己身』，這樣用心，可謂得淨明忠孝之『理』③。淨明派的『濟物』精神和佛教普度衆生、我不入地獄誰入地獄的大悲願相差無幾。

『濟物』就是立功德的表現，其形式主要是『陰功』、『陰騭』。淨明派說修道以積『陰功為首』，『學道之士，初廣布陰騭』，『自古得道超昇之士，屍解之徒，皆以陰功為先。或濟貧拔難，或暗行施惠，將救饑寒，種種方便，以滿三千功，司命司祿言奏於上玄』。一言以蔽之就是：『道以清淨為本，德以陰騭為先』④悄悄地做好事，行種種方便，積無量功德，上天將暗中保佑你，事事如意，歲歲年年平安，最後飛昇成仙。

總之，淨明派的『救度』是種利他主義行為，在濟世救人的同時，自己的生命也獲得拯救。當然，淨明派的利他主義首先還是從自我生命的得救出發考慮的，是為了成仙了道才去濟物救人，做好人好事，積陰功陰騭，從這一視角坐標審視，其『救度』又是種合理的利己主義行為。『救度』是利己與利他的和諧統一，其中不乏中國古老傳統美德的積澱。

對於上述三大法寶，在淨明派自己看來，可以將之分為上中下三品，『上品以孝，中品煉形，下品救度』⑤。用比喻的話來說：『事親為骨髓，煉形為皮肉，救度為毛髮』⑥。顯然這三寶中最根本的是『孝』，故稱：『煉形之方，修真之訣，救人之藥，教人之福，本乎孝悌。』⑦推行忠孝，是淨明派的根本宗旨，也是淨明派生命倫理觀的核心。

淨明派除了承續靈寶派旨意，還與鍾呂金丹道有關。《淨明宗教録》收録呂洞賓的《自記》，又有其《降示詩》，稱之為『祖師』。《淨明宗教録》的編輯者稱：呂洞賓的文集符合『淨明宗教之旨』。淨明派道經《靈寶淨明黄素書釋義秘訣》屢屢引用《鍾呂傳道集》。這都表明淨明派與鍾呂金丹道的思想學術關係。《呂祖全書》卷十七《修崇善行章第十五》說：『德有萬端，而以濟人利物為先。若人於平日，好義樂施，遇人有急，存心周之，聞人有失，方便救之，力所能施，委曲濟之，力有未能，設法處之，見人理有未明，事有多滯，宛轉以

①②③《太上靈寶淨明入道品》。
④參見《淨明宗教録》。
⑤《洞神上品經·列班陞籍篇第九》。
⑥《洞神上品經·修己奉教篇第五》。
⑦《洞神上品經·靈書釋梵篇第十五》。

開導之。善則鼓勵之，不善則力止之。念念為人，時時方便』。這與淨明派的『救度』思想完全一致。不僅如此，《呂祖全書》同樣不遺餘力地宣傳忠孝。

《呂祖全書》卷七為《忠誥》，卷八為《孝誥》，以忠孝為萬古不朽之事，以忠臣孝子為感天地、格神明，令見者慕、聞者敬的道德標兵。托名正陽帝君的《忠孝誥序》稱：我友純陽子（呂洞賓），念世教衰微，憫蒼生蒙昧，『特揭忠孝以正人心』。在世風日下，人心不古的情況下，於是有忠孝二誥的產生，以此『現身説法』，使『天下萬世之人，無不勉為忠孝完人』①

《呂祖全書》認為：人自賦予形質之時，忠孝早已『具於性中』，故人人都可以『為孝子，為忠臣』，如果人人都為孝子，那麼世界上就『永無忤逆之事』；如果人人都為忠臣，那麼世上就『永無反亂之日』。可惜『天運不常，人心多故』。當人在胞胎之中時，『忠孝之心渾然焉』。當人為『嬰孩之時，忠孝之心油然焉』。但當人長大時，『嗜慾惑其心，妻子變其心，財帛搖其心，爵祿動其心，得失橫其心，利害間其心』，於是『忠孝之良能』，便盡失其本來面目。因此，應當『勸世人學而為忠臣孝子』，以恢復其忠孝的良知良能。學習忠孝的方法是：『讀書以明其理，持敬以養其心，積誠以動其意，舉念以察其私。』② 通過學習做忠臣孝子的道理，發明自己的忠孝本心，人可以到達『大忠至孝』的地步。至於『純忠純孝』，那是只有『生知聖人』才能進入的境界。

與淨明派一樣，《呂祖全書》以孝為忠之始，德之基根。《忠孝誥總論》指出：『忠孝為行道之始，孝又為忠之始』。又引古人云：『求忠臣於孝子之門，能孝即能忠，能忠必先孝。』《孝誥上卷》說：孝之義大得很，孝是『德之基』、『忠之門』、『天之心』、『地之程』、『人之本』。如若不孝，那麼德之基就垮了，忠之門便堵塞了③。可見，『孝』為通向『忠』的門户，無孝便無忠，『能孝即能忠』。

忠孝的社會政治功能在於維護社會安定，使『宇宙太平，一世治，萬世治，萬萬世治，長治而不亂』④。没有忠孝，就會國本動摇，社會震蕩，天下遭殃。因此可以自豪地說：『莫大神通，全在忠孝』⑤。

忠孝的生命功能在於它是成仙的先行條件。《呂祖全書》卷九說：『欲學仙道長生，先修人道為務』。所謂『人道』即指忠孝。兵馬未動，糧草先行。仙道未學，先行忠孝。用《呂祖全書》卷九的話說就是：『參修之士，必先孝忠，信誠仁德，遜悌謙恭，心正神明，心正慧靈，自有仙師度引成功』。呂祖以大慈大悲的口氣反覆告誡人們：『每見世之人，學

① 《呂祖全書忠孝誥小序》。
② 《呂祖全書》卷七《忠孝誥總論》。
③ 《呂祖全書》卷八。
④ 《呂祖全書》卷七。
⑤ 《呂祖全書忠孝誥小序》。

佛學仙，發心發願，苦加修行，一念之不忠孝，仙佛即時棄絕，妄廢其功，蓋古今無不忠孝之神仙，無不忠孝之佛祖，仙佛必自忠孝中來。木有根，水有源，離忠離孝，非佛非仙。』①只有忠孝的神仙，成仙者必定是忠孝之人，因為忠孝是昇仙的根源，捨此根源，神仙便成泡影。宇宙就像一個大劇場，人在這一舞臺上演出生命的種種篇章，或悲或喜，或哭或笑，或吵或鬧，或貧或富，或貴或賤，但總有一天要撒手西去，只有忠臣孝子的生命能超凡入仙，了證不朽。正是：『名節完人，雖死猶生』②。

《呂祖全書》的上述觀念與淨明派十分雷同，所以我們將其作為淨明忠孝系統的生命倫理觀加以闡述。可以發現，這一系統的生命倫理觀，與勸善書系統和內丹系統有相似的特徵，但更有其自己的特色，那就是鮮明地突出忠孝在成仙了道過程中的角色功能，將忠孝提昇到生命之本的崇高地位。

(二) 內丹學系統的生命倫理觀

我們在第二章中已描繪出，南北朝隋唐五代以來，道教白日昇天、神仙長生的思想已發生分化和動搖，道教界有些學者甚至徹底否定傳統的神仙不死學，對生命的追求由外轉向內。生命哲學的這種內傾趨勢，促進了道教內丹學的產生。

據《羅浮山誌》載：隋代蘇元朗，自號青霞子，著《旨道篇》以示弟子，『自此道徒始知內丹矣』③。蘇元朗並將《參同契》挖掘發明，以指導內丹修煉。唐代綿州昌明縣令劉知古，崇奉《參同契》，著《日月玄樞論》一卷，講述內丹修煉之理。唐代陸續產生了一些內丹著作，如張果《太上九要心印妙經》、《大還丹契妙圖》，還陽子《大還丹金虎白龍論》等等。到唐末五代，內丹術更為發展，特別是五代到北宋時期，是道教內丹取代外丹的關鍵時期，道教開始專奉內丹，而斥外丹為旁門左道。唐末，至一真人崔希範撰《入藥鏡》，參內丹理論和方法作了簡明扼要的論述，對後世道教內丹學產生較大影響。五代道士彭曉精研《參同契》，著有《周易參同契分章通真義》三卷，借《參同契》以發揮自己的內丹思想。此外，他還有《還丹內象金鑰匙》一書講述內丹。唐末五代，又有鍾呂金丹道的崛起，關於鍾呂的傳說非常之多，加上後來鍾離權、呂洞賓跨入八仙的行列，鍾呂傳道的事蹟更是家喻户曉，老幼皆知。《道藏》有署名正陽真人鍾離權所述的《破迷正道歌》一卷，批評『邪門小法功』，宣傳『金液還丹法』。

署名呂洞賓的著述更多，但不少是偽托，其中內容講內丹者居多。五代北宋初的陳摶，

① 《呂祖全書》卷七。
② 《正陽帝君忠孝誥序》。
③ 《古今圖書集成·神異典·神仙部》第二四〇卷引。

將其內丹思想形象化於《無極圖》中，由無極出發，由得竅入手，經煉精化氣、煉氣化神、煉神還虛，最後復歸於無極。這是對道教內丹學的一次重要的理論總結。

兩宋金元時候，道教內丹學空前興旺，理論日益豐滿成熟，並出現了以煉內丹為宗旨的道派：流行於南宋的金丹派南宗與產生於金代的全真道。北宋神宗時，張伯端盡畢生精力著《悟真篇》，繼承鍾呂金丹的性命雙修說，主先命後性，又將陳摶《無極圖》的內丹思想加以闡發，自成一家，與魏伯陽《參同契》同被道教推為正宗，是內丹學史上的一部極為重要的著作，對此後道教內丹學的發展產生了重大影響。張伯端之後，形成南宗一派。所謂『南宗』，嚴格地說是內丹的一個學派，師法宗承《悟真篇》，其中又有清修與雙修的不同。此外，有以白玉蟾為代表，力主道禪融合，强調『知心即是道』的心性之學。是為南宗內煉方式的差異。金元時代興盛一時的全真道，是道教講內丹學的一大道派。入宋以來，內丹學的影響漸次普及社會各階層，信奉內丹者日趨增多，為內丹道派的發生奠定了羣衆性基礎，於是全真道於金代應運而生①。全真道在元朝統一後，由北傳向南，與金丹派南宗匯合，南宗道徒紛紛加入全真道，其中有名者為李道純、陳致虛等，李道純為白玉蟾門下王金蟾之徒，著《中和集》等，為元初內丹大家。陳致虛著《金丹大要》，係元代內丹名篇。全真道的內丹學講先性後命。王重陽《金關玉鎖訣》與丘處機《大丹直指》，承續鍾呂丹法，融攝佛教禪宗心性學，以『本來真性』為金丹。在練功的步驟上，全真道則與南宗不一，主張先性而後命。所謂先性後命，是要修行者先做明心見性的功夫，然後再修煉精氣神。全真道將內丹學說進一步系統化，使內丹理論更加成熟。

明清時期，道教內丹學又形成一些新流派，如中派、西派、東派、張三豐派、伍柳派等。中派的淵源可追溯到元初李道純，李氏提倡『守中』，並從『中』出發對三教學說進行評估，為中派打下了理論基礎。明代，尹真人高弟著《性命圭旨》，以『中』為本體，弘揚李道純內丹學說。清代，黃元吉著《樂育堂語錄》等，進一步闡發守中說，中派至此而完形。明代，陸西星創東派，發掘《悟真篇》的陰陽雙修思想，主張性命雙修，由築基煉己、攝心修性入手。清代四川樂山長乙山人李涵虛自立西派，將道分為先天與後天，把傳統的後天修煉中築基、煉己的功夫分為開關、築基、得藥、煉己四個層次，從而形成別具一格的內丹理論。張三豐派主張陰陽雙修，其雙修思想見於《無根樹詞》，告訴人們『無花無酒道不成』，『靜坐孤修氣轉枯』。伍柳派提倡仙佛合宗，性命兼修，認為『仙道簡易，只神炁二者而已』，修長生之主是神，然神必須得炁定基。明清時，諸家內丹學都以先性後命的丹法為主，有的主單修，有的主雙修，各有自己的特點。

以上為內丹學粗略的發展歷程，接下來我們分析內丹學的生命哲學。

① 全真道的產生當然還有諸多因素，如社會歷史因素等，這裏我們僅就其與內丹的關係敘述。

內丹學以人生短促而無常，勸人抓緊修道，以解決生命問題；認為求仙才是人生價值之所在，大丈夫所當建立的功名即是此。這顯然與儒家的人生價值取向不同。張伯端《悟真篇自序》感嘆：『人身難得，光景易遷，罔測短修，安逃業報』。勸世人說：假如『不自及早省悟，惟只甘分待終，若臨歧一念有差，墮三途惡趣，則動經塵劫，無有出期。當此之時，雖悔何及。』《悟真篇》稱：『人生雖有百年期，壽夭窮通莫預知，昨日街頭猶走馬，今朝棺內已眠屍，妻財拋下非君有，罪業將行難自期』。剛才還是活生生的人，一轉眼之間便命歸黃泉路，拋下妻兒家財，人生是何等的無常。因此《悟真篇》勸戒世人切勿『只貪利祿求榮顯，不顧形容暗瘁枯』，須知金錢買不到光陰，買不到生命。『試問堆金等山嶽，無常買得不來無』。既然買不到，為什麼不去尋求『大道出迷途』呢？白玉蟾《武夷集·立秋有感》與張伯端有同感：『流年急似箭，日月跳如丸。……人生只如許，不覺鼻頭酸』。《武夷集·法曹陳過謝恩奏事朱章》引虛靜先生張繼先的話說：『人生百年一彈指，閉眼風刀即立至』。人的生命如此倉卒，人間的富貴功名，財富妻兒到頭來不過是一場空，真正能抓到手，實實在在的東西還是修仙了道，這才能夠解決生命短促的問題，從根本上消除你的煩惱憂傷，獲得『天上至樂』。

對於傳統的神仙長生說，內丹學諸家抱的態度不盡相同。有的偷換了其內容，而保留形式，即仍然使用『神仙不死』這一符號，但所表現的是新的精神。

《修真十書》卷十八《養生息命詩》吟詠道：『捉得金精養命基，日華東畔月華西。壺中自有長生藥，返老還童天地齊。勸君勤學守三一，中有長生不死術。』這就是舊瓶裝新酒，借傳統的語言符號講內丹。《指玄篇·金丹論》說：『陽神聚而成仙，金汞結而為寶，始可超凡入聖，與天齊年。』① 這裏說的『成仙』、『與天齊年』與傳統意義上的不同，不是指肉體昇仙，而是指『陽神』飛昇。《指玄篇·庭經》說：『紅精一餐永不饑，紫芝一服常童顏，滿身渾是白乳花，金筋玉骨永不死，不死自此得功成。』② 這也是在古老的『不死』符號掩飾下，暗渡陳倉。更有甚者，則是連神仙不死都予以否定，似乎要與傳統決裂。白玉蟾《上清集·必竟恁地歌》唱道：『我生不信有神仙，永不知有大羅天。……世傳神仙能飛昇，又道不死延萬年。肉既無翅必墮地，人無百歲安可延。滿眼且見生死俱，死生生死相循旋。』徹底否定道教傳統的肉體不死說，『不信有神仙』，是傳統的反叛者。

不管是暗渡陳倉，還是公開決裂，內丹學都有自己解決生命終極去向的新見解，這就是：『聖胎圓成』，『陽神出殼』。所謂聖胎非肉體凡胎，而是內丹家講的『純陽長生之體』，精氣神在丹田中凝成不壞的『陽神』。這樣的聖胎實際上指人的精神生命，內丹家主張的是

① 《修真十書》卷一。
② 《修真十書》卷三。

精神超越飛昇，精神不死。《上清集·快活歌》放聲高唱：『松竹虛心受氣足，凌霜傲雪長年青，況人元神本不死』；『忘形化氣氣化神，斯乃大道透三關』。同一位白玉蟾先生，對肉體不死是如此鄙薄，對元神不死卻高度肯定，要人『忘形化神』，這才是解決生命不朽的『大道』。《指玄篇·庭經》描述說：『分明精裏以氣存，漸漸氣積以生神。此神乃是天地精，純陽不死為真人』。人的修煉神仙，就是要煉成這樣『純陽不死』之神。

《指玄篇·谷神不死論》從理論上闡述說：『神存則生，神去則死。日則接於物，夜則接於夢，神不能安其居也。黃粱未熟，南柯未寤，一生之榮辱富貴，百歲之悲憂悅樂，備嘗於一夢之間。使其去而不還，遊而不返，而生死路隔，幽明之途絕矣。由是觀之，人不能自生而神生之，人不能自死而神死之。若神居其谷而不死，人安得而死乎？』[1] 人的生死由神所決定，只要神不死，人也就不死。假如神從人這裏游離出去，『去而不還，遊而不返』，人必死無疑。從這一點說，不死說的是精神不死。因此內丹家要修習者『剥陰殺之形』，以便『脫胎真化』，一旦神化，則『名題仙籍，位號真人，此乃大丈夫功成名遂之時也。』[2]

正因內丹家注重精神生命的永存，故對肉體更持一種貶斥的態度。王重陽《金關玉鎖訣》稱：『唯一靈是真，肉身四大是假。』肉體生命為虛假不實，這顯然受佛教生命觀影響。張伯端《悟真篇後序》說：人生『皆緣妄情而有其身，有其身則有患，若無其身，患從何有？』然而，『世人根性迷鈍，執其有身而惡死悅生，故卒難了悟』。於是道教不得不『以修身之術順其所慾，漸次導之，以修身之要在金丹，金丹之要在神水華池，故『《道德》、《陰符》之教，得以盛行於世矣，蓋人悅其生也。』世俗之人貪著於『生』，難以了悟生命不死在於精神心性的永生，只執着於肉身，道教對症下藥，教以金丹之道。其實肉身是人生之大患，只有拋卻此假有的臭皮囊，才能從根本上抹去人生之患。可見內丹家對傳統修煉肉體的主張完全持排斥態度。從否定肉體出發，內丹學要人在生命體驗中把『骨肉換盡』，使『肌骨皮肉皆無盡化仙質』，達到『換凡形而成仙質』的目的③。所謂『仙質』，無非就是『陽神出殼』，精神超昇。

從內丹對精神與肉體關係的論述中，也可見出其充分肯定精神生命的價值。《指玄篇·謝張紫陽書》肯定：『形中以神為君，神乃形之命』④。即以神為肉體的主宰，神是人的生命根本之所在。《修真十書》卷二十四《保精神》認為：人的生命所以能存在是依靠『神』的緣故，形是有，神是無，『有者因無而生』，因而『形須神而立』。形神關係中，神佔主導地位，神在人生，神去人亡；形體終為土灰，精神則永存不朽。這是內丹家對精神生命的不懈追

①《修真十書》卷四。
②《悟真篇自序》。
③《修真十書》卷一七。
④《修真十書》卷六。

求。

內丹家追求精神生命不死，除了講『神』，也講心性，心性是『神』的另一說法。《悟真篇後序》說人要免除生命的憂患，『莫若體夫至道，欲體乎至道，莫若明乎本心。故心者，道之體也；道者，心之用也。人能察心觀性，則圓明之體自現，無為之用自成，不假施功，頓超彼岸』。心性為生命之道的本體，發明本心，則直搗生命之根，『頓超彼岸』，了證不死。《修真十書》卷五十三《盤山語録》有這樣一條語録：『心同太虛則無我也，無我則與道相應矣。』人若能將『心』入於虛無，則自會認識到肉體的空幻，從而了悟『無我』，無我則體驗到生命之道的真諦，與『道』相符應。劉處玄《至真語録》說：『萬形至其百年則身死，其性不死也』。這都是講心性不死，形骸當滅，只有『心性』、『神』才是『本真』，肉身『假幻』耳。內丹學已將道教歷來宣揚的肉體不死拋到九天雲上去了。

內丹家的生命哲學還特別注重人的生命與宇宙生命的和諧統一，人的生命節律與自然生命節律的互補共振。這是中國傳統文化中天人合一思維方式的體現。內丹家認為：『一身雖小，如同天地。』① 比如人身的心好比是天，腎如同是地，心腎相隔的距離是八寸四分，這就好像天地覆載之間距離的比例一樣，不過是其縮小②。人身一小宇宙，天地一大宇宙，大小宇宙間息息相通，心心相應，互相融攝，最終小宇宙將匯入大宇宙，合為一體，小宇宙生命由此得以超越，與天地同在。當然這不是人人都能辦到的，只有得道者才能提昇到這一境界。

綜上可知，內丹學了證的是精神生命，否定的是肉體生命。道教傳統的肉體不死、神仙飛昇容易為歷史與邏輯所識破、所拋棄。故自魏晉以來，道教中一部分反傳統的『先鋒派』人士已自覺地將其改造修補，甚至全盤推倒，而代之以精神永恒。宋元以降，這種對精神不死的肯定成為道教生命哲學的主流，而對此作了理論化論證的則是內丹學，道教生命哲學由此更加精緻。

立足於這種精緻的生命哲學之上，內丹家教人習內丹之道，作為解脫精神生命的具體操作方法。修習內丹的方法千條萬條，播種『善根』是必不可少的一條，煉丹道首先得遵守人道。南宋李簡易《玉谿子丹經指要》告誡修行之士：『修煉內丹之道，藥物不過鉛汞二物而已。然當先修人道。』[3]《三豐全書·大道論》也以『全人道』為丹道的出發點。

什麼是內丹家的『人道』？所謂人道無非就是綱常名教，忠孝節義。陳致虛《金丹大要》卷二稱：『金丹之道，先明三綱五常，次則因定生慧。綱常既明，則道自綱常而出，非出綱常之外而別求道也』。修持內丹，首先必須明瞭三綱五常的儒家倫理，按照綱常名教的規範

---

① 《修真十書》卷二三。
② 參見《修真十書》卷二五《天地交神論》。
③ 卷上。

去實踐，自然可以從中產生出內丹之道，因為丹道就在綱常名教之中，千萬不要到倫常道德之外去尋求。綱常倫理的第一條當然就是『忠孝』。

元王惟一《明道篇》說：『大抵金丹之要，必也遠聲色，克己私，屏人我，全忠孝，正心誠意』。忠孝全，丹道可成。王重陽《金關玉鎖訣》以忠孝與救度為修煉丹道的先行功夫：『第一先須持戒清靜，忍辱慈悲實善，斷除十惡行，方便救度一切衆生，忠君王，孝敬父母師資』。在做到這些要求之後，方可開始修習內丹之道。這裏不僅要求忠君孝父，而且勸人廣行方便，救度衆生，頗與淨明忠孝系統雷同。所以我們說，這幾個系統之間儘管各有自我個性特色，但又是相通的，互相交叉。另外，《玉谿子丹經指要》卷上也說：『煉內丹之道，『以忠孝為本，濟物為先』。與王重陽的觀點完全一致。對於在家的信徒，內丹家亦勸以忠孝。《重陽全真集》卷三《未欲脫家》告誡居家信徒應『與六親和睦，朋友圓方，宗祖靈祠祭饗頻，常行孝以序思量』。譚處端《譚先生水雲集》卷上贈在家修行者說：『內侍孀親行孝道，外持真正合三光。常行矜憫提貧困，每施慈悲挈不殃』。又告誡做官的：『為官清政同修道，忠孝仁慈勝出家。行盡這般功德路，定將歸去步雲霞』。當官清廉奉公，忠孝持身，就如同修道出家一般，甚至可略勝一頭，照此『功德路』走下去，何愁生命的終極沒有着落。總之，不管在家修行也好，出家練功也好，都必須以忠君孝親、渡度衆生為首要，否則，無從談內丹之道。這與勸善書、淨明忠孝系統一樣，以儒家綱常倫理作為了證仙道的第一任務。

內丹家雖然否決了傳統的肉體飛昇說，但卻保留了漢代以來道教的建功立德說，要人德逾八百，陰功滿三千，才有修煉內丹之道的『功滿行圓』，瓜熟蒂落。《悟真篇》說：『德行修逾八百，陰功積滿三千，均齊物我等親冤，始合神仙本願』。並警告修煉者：『若非積行施陰德，動有羣魔作障緣。』翁葆光註稱：『此言金液還丹，又全在德行陰功。八百三千圓滿，方保無魔，依法修成，以至冲舉』。不積陰德，羣魔亂舞，擋住『冲舉』之路，丹道何成？白玉蟾《武夷集》說：只要修行者『勉勵身心，私自積累，三千功滿，八百行圓』，就可以『別詣仙都，各期遷選』。不僅個人生命得救，而且『九玄七祖，同獲得善功，六道三途，普沾善果』①。積功累行在修煉丹道中的功用不可謂不大！

《三豐全書·大道論》說：只要修習者『素行陰德，仁慈悲憫，忠孝信誠，全於人道』，那麼『仙道自然不遠』了。《混元八景真經》卷一稱：學道之人遇至人指點，得成『內金丹』；『更加修功煉德，造善一切，虛事勿行，功行滿足，得遇此丹』，假如不除舊惡，『立有禍生』，則『前功盡毀』。這些都是對傳統的積功累行說的繼承，將其運用於內丹修煉中。

內丹學積累功行的『行』當然是指善行，故其與勸善書系統一樣，大量勸人為善去惡。

① 《法曹陳過謝恩奏事朱章》。

《悟真篇》說：『黃芽白雪不難尋，達者須憑德行深。』翁葆光註稱：『善根種而靈骨鍾，靈骨鍾而仙可冀。靈骨之鍾，善根之種也。不惟一生二，二生三，而於無量億萬生中，種諸善根，才出頭來，飄飄然便有出塵氣象』。煉丹者當種下『善根』，善根埋下後，『於無量億萬生中』，一冒出芽來，便與衆不同，如鶴立鷄羣，有神仙氣象。善根如同良種，與劣種有天壤之別，不可同日而語。人應當使自己成為一顆良種，成為良種，金丹大藥『不難尋』，從而『仙可冀』。《混元八景真經》卷一亦認為：煉内丹的人，如果『道心不退，積善圓滿』，那麽『必遇至人指訣天機』，悟證丹道。《玉詮》卷一《皈壇規約》規定修道者『積妙行』，説是當煉丹的『元基既定』時，『若無善行持之，其基必致易傾』，因此應以積善行『為急』。人的處境不一樣，但積善行則是共通的。該《規約》又以『分貲力之法』以勸丹門弟子，認為『貲者人之所吝』，如積妙行則『吝可化』；『力者人之所惜』，如知妙行，則『惜可竭』。總而言之，積得一分妙行，『自種一分善果，他人奪不去』[1]。《晉真人語録》要人修『真行』，真行實際上是種種善行的抽象概括，諸如『修行蘊德，濟貧拔苦，見人患難，常懷拯救之心，或化誘善人入道修行；所為之事，先人後己，與萬物無私』等等。都屬於『真行』的範圍。煉内丹之功就需要有真行才能成就，『有功無行，道果難成，功行兩全，是謂真人』。丹功與德行，雙管齊下，兩全其美，這是内丹家們普遍講究的。

内丹家還以破除人的貪慾為己任，認為人生當看破塵世的名利，『掉脱』慾望，因為無慾就意味着善，善就是幸福快樂，而貪慾則是惡，惡就等於痛苦悲哀。白玉蟾《上清集·快活歌》輕鬆歡快地歌唱：『快活快活真快活，被我一時都掉脱』什麼東西『掉脱』了，這般快活？原來，『放下萬緣都掉脱，脱得自如方快活』。對種種外境，什麼功名了，利祿了，都抛在腦後，無慾無為，無煩無惱，自然高唱《快活歌》。玄虛子《鳴真集》嘲笑世俗之人：『豈解利名風裏燭，那知恩愛電中光』；描繪修道的逍遥自在：『人間利害般般盡，眼底浮華物物疏。興後蒲團盤膝坐，悶來土塌展腰舒』；提醒人們：『貪榮争似貪仙士，越富寧如趣道鄉』。

無名氏《自然集》笑凡俗之人在名利場中狗苟蠅營，到頭來竹籃子打水一場空。其《又正宮》很有點黑色幽默的旨趣，不無諷刺地說：『俺這裏笑一合，利名場朗然識破，没來由為兒女劫劫波波，便攢下不義財，積下些無用貨，死臨頭怎生逃躲？少不的打輪回作馬騾』。

王重陽《重陽分梨十化集》教化馬丹陽斷酒色財氣，返照心性，尋找神仙之樂。其《金關玉鎖訣》認為人之生病與死亡，是因為『心著慾樂，貪戀境界』，所以修行應該『第一先除無名煩惱，第二休貪戀酒色財氣』。馬鈺《漸悟集》也講修真應斷酒色財氣，牢縛心猿意馬，做到『居塵不染』，如此方有『真常應』，真常應後即『顯胎仙』。又馬鈺《洞玄金玉集》

① 《道藏輯要》鬼集。

同樣教人拋卻酒色財氣，看穿功名利禄，修仙學道。王處一《雲光集》贊成斷酒色財氣與妄情恩愛。酒色財氣為內丹家筆下貪慾的代名詞，斷酒色財氣是內丹家共同的主張，這一主張的實質就是破除貪慾。而要破除貪慾的最好辦法就是心中不起念頭，妄念盡去，貪慾自除。邱處機《磻溪集》卷二說：『一念無生即自由』。譚處端《水雲集》認為人逃脱名韁利鎖的妙法在於念念清淨，明心見性。

古羅馬的馬可·奥勒留《沉思録》曾說：『一個人退到任何一個地方都不如退入自己的心靈更為寧靜和更少苦惱……。我堅持認為：寧靜不過是心靈的井然有序。那麼你不斷地使自己做這種隱退吧』①。內丹家所講的一念不生，就是讓人從外部紛繁複雜的世界退入自己的心靈，不斷隱退，以致心靈清靜，一塵不染，於是貪慾得除，煉丹有望。

同其他道派一樣，內丹道亦十分注意道教戒律的建設，以『道律治己』，保證綱常倫理的實現。南宋王慶昇《三級至命筌蹄》頌讚歌訣有《修丹十戒》、《修仙善惡勸戒》，以抑惡揚善、懲忿窒慾等為『修真十戒』，認為『能持十戒返其初，寂寂能為萬物主』。金代馬鈺《丹陽神光燦·立誓狀外戒》發誓：『永除氣財酒色，棄榮華戒斷腥膻』，『遵依國法為先』。清初王常月振興龍門派，其所授三壇大戒，第一初真戒之首即要弟子『不得不忠不孝不仁不信，當盡節君親』[2]。第二中極戒的戒條，也多係儒家倫理規範[3]。所著《龍門心法》强調『戒行精嚴』，以戒作為『護命之符』、『仙丹寶筏』。通過戒律，內丹系統的生命倫理觀得以落實。

總觀內丹學系統的生命倫理觀，其生命哲學深受禪宗明心見性說影響，完全主張精神不死，天人合一，在此基礎上，充分採納儒家倫理信條，結合某些道教傳統，演成一種自成體系的生命倫理學說。可以說，內丹系統的生命倫理觀是道教生命倫理最終的集大成者。

宋元明清是道教勸善度仙生命倫理學演變的最後一個階段。這一階段中國古代的社會歷史發生巨變，一步步走下坡路，中國傳統文化下的宗法倫理卻日漸成熟定型，彌漫社會各個角落。在這樣的社會歷史、倫理文化背景下，道教生命倫理學形成系統並定型化，作為儒家正統倫理的補充，維繫社會秩序的穩定。

我們發現，隨着宋明理學産生，思想家們以『理』為最高範疇論證名教綱常，使之本體化。儒家倫理定型化，其核心是忠孝節義，禮教的社會角色功能充分强化。受此影響，這一時期的道教生命倫理觀有很濃的禮教色彩。三大系統異口同聲宣傳『忠孝』，以此作為了證

① 中國社會科學出版社一九八九年版第二一一頁。
② 《道藏輯要》張集《初真戒律》。
③ 參見《道藏輯要》張集《中極戒》。

生命存在的先行條件。

我們發現，儒家高彈『存天理，滅人慾』的道德論調，要人『窒慾』，儒家倫理趨向於禁慾主義①，即以理性主義為道德準則，貶低感性的經驗和慾望。道教也接受了這種禁慾主義，特別是受佛教禪宗影響較深的內丹系統，禁慾主義氣味較濃。但從根本上說，內丹學仍然肯定了道德原則與生存慾望是統一的，不能脫離人的生存慾望而存在。

我們發現，此期三個系統的生命哲學以勸善書和淨明忠孝系統保存道教傳統成分較多些。內丹系統除保留某些『長生』之類的語言符號外，基本上否定了道教傳統的肉體不死說。其受佛教影響，以人生為幻妄，肉身為假合，賤生賤形。王夫之《周易外傳》卷二曾批評釋老『賤形必賤情，賤情必賤生，賤生必賤仁義，賤仁義必離生』②。但內丹學卻並非『賤生必賤仁義』，而是十分重視『人道』，對儒家仁義高度讚賞，至於勸善、淨明二系統更是如此。可以說，王夫之的批評對道教是不適合的。

我們發現，道教逐步接受了儒家性善論，特別是內丹學，以此作為其生命倫理觀的基石。道教各系統都注意從『心』上下功夫，使修道者發自內心的信仰並實踐綱常倫理。體證生命倫理的操作方法更加完善。內丹學更主張發明自己的良知良能，從本心處入手，體驗生命之善的價值，接近於陸王心學。道教還特別強調誠心誠意，反對行偽善。《清微丹訣》所謂：『德者道之符，誠者法之本』，即代表了道教的看法。

前面三章，我們從縱向審視了道教生命倫理學的發生發展線索，下面我們從橫向剖析道教生命倫理學的特性。

① 此種禁慾主義不同於西方中世紀基督教的絕滅人慾的禁慾主義，而是强調道德理性，貶抑感性主義，這是我們應加區別的。
② 中華書局一九七七年版第六四頁。

四、道教生命倫理學的主體性與可操作性

主體性與可操作性是道教生命倫理學的兩個主要特性。主體性表現了道教生命倫理自律的一面，展示了道教對個體自我自由選擇的重視，亦即康德所謂『意志自律』。可操作性則包括兩方面，既有自律的操作，又有他律的操作，即既有人作為主體在操作，又有神以外在律令的形式進行操作。

由此觀之，主體性與可操作性是聯繫十分密切的兩個特性，主體性中蘊含着可操作性，可操作性中埋藏着主體性，因此我們將其放在一章中加以討論。

（一）道教生命倫理學的主體性

歷史上，康德的倫理學首次全面提出和論述了主體性問題，突出强調了人的主體性，這是其倫理學的一大貢獻。康氏本人也是王老漢賣瓜——自賣自誇其在道德上掀起了『哥白尼式的革命』。康德的道德主體性原則有助於我們認識道教生命倫理學的主體性問題①，為此，我們先對其略加介紹。

主體性原則是康德倫理學的基本原理。在其《實踐理性批判》中，分了原理論和方法論，原理論部分包括分析論和辯證論，而分析論的首要問題是原則論。在原則論裏，康德通過『定言命令』，把倫理建立在個別與普遍綜合的基礎上。定言命令中的綜合，是通過主體的自由而形成的。所以不是他律而是自律的。這樣，根據康德的原則論，主體性為倫理的基礎。康德以人為中心和出發點建立倫理學，使人成為自我的主人。他把道德評價的根據和價值標準從主體外移回到主體內，道德他律變為自律。康德認為，人是道德律令的主體。這個律令本身就是神聖的，建立在人的意志自律上，通過意志自律，人自己為自己立法，將被動的外在要我做，變成內在主動自覺的我要做。康德主張，只有普遍立法的形式自身才是道德律令的最高原理，任何道德準則必須符合此『立法形式』才說得上是道德的；任何受經驗制約或與經驗相關的原理都不可以作為普遍必須的道德標準，人作為理性的存在必須對自己的種種感性慾望加以壓抑，戰而勝之。在康德看來，人不是機器，不是動物，其行為經自己的自覺意志選擇決定，自由選擇是問題的關鍵所在。自由選擇凸顯了人的道德主體性，以後存在主義倫理學繼承了這一觀點。薩特《存在與虛無》中說：『不論我們的存在是什麼，它都是選擇；把我們選擇為「偉大」和「高貴」或「低賤」和「受辱」的人，這是取決於我們自己的。』② 即是說，人的存在是種自由選擇，取決於自我意志，這也是人的道德主體性。

與此不同，中國傳統倫理思想的一個明顯特徵就是注重道德規範，強調道德的外在約束力量，道德主要表現為他律。當然，對個人的主體意識也曾涉及，如孔子就講過『為仁由己』。相對說來，中國倫理文化傳統下的道教生命倫理學講主體性反而較多些，這也許是因為道教儘管受儒家羣體意識的影響，但也保留了先秦道家對個體意識的渲染。道教生命倫理學所講的主體性不僅承認人的理性存在，而且也承認人的經驗性存在，承認道德原則的經驗性，具有社會的性質和功利性，這與康德的理性至上主義不同。康德的《實踐理性批判》、《道德形而上學探本》等書認為，作為道德主體的人並非經驗的人，而是種抽象的理性存在，

① 當然，從根本的出發點上，道教生命倫理學與康德講的主體性便不同，這是應該嚴加區分的。本節借用了康德倫理學的某些術語，但非嚴格意義上的康氏原意，比如自律、他律、主體性等，這也應作嚴格區分。

② 三聯書店一九八七年版第六〇五頁。

道德原則不是經驗的原則，而是種先驗原則，它是至高無上，人應當絕對遵守的。道教雖然同康德一樣認為，道德原則就像天空的星辰，應為人們所讚嘆和敬畏，必須遵守，但道教並不認為道德原則是種先驗的純粹理性的東西，道教對經驗和感性予以認同。康德的倫理學是動機論的，而且其動機論以普遍立法的抽象形式出現。道教生命倫理學不僅講動機，而且強調效果，其動機論也是十分具體的，是相對論的。

道教承認人在道德選擇中只具有某種相對的自主性，人可以自主選擇善作為生命存在的價值，也可以自主選擇惡作為人生價值觀。生命是人自己不斷作出各種價值選擇的歷程，選擇了善，就選擇了生命的光明歸宿，選擇了惡，就設定了自己的黑暗結局。但在道教，這種選擇不像存在主義的絕對自由式選擇，在存在主義那裏，道德選擇既不應該以過去的經驗為根據，也不應該以現在的道德規範、風俗習慣為指導。

道教的自主選擇剛好相反，既有過去的經驗，又有現存的道德規範和習俗，選擇是以某種道德原則為指導進行的。打個比喻，存在主義的選擇就好像籠子外的鳥，道教生命倫理學的選擇則似籠中的鳥，這籠子就是道德規範。人選擇自己的行動受現存規範的制約，故我們稱其只有相對的自主性。

另外，存在主義反對尋找外在根據和援引權威的道德選擇，認為此乃逃避自己的責任，逃避自由，失去了自我的真實存在。道教生命倫理學則承認外在神的權威，從神那裏去找根據。並依其指示作選擇。這也是道教生命倫理學相對自主性的表現。當然，儘管道教生命倫理學引進了『神』的裁定，但這只是傳統的神道設教，實際上道教是以人生為主體進行道德選擇。

內在道德與外在道德的對立分離，即良心、責任感等與社會道德規範的對立，這是存在主義的做法。道教生命倫理學則將內、外道德統一起來。道教認為，個人的道德信仰、良心、動機對人的選擇和道德實踐具有指導作用，良心與道德規範是兩位一體的。在道教看來，儒家道德規範，綱常名教那一套，就是人的良心所當具備的內容，二者和諧統一。這與存在主義完全有別。

通過以上粗略的比較，可知道教生命倫理學所體現的主體性，和康德以及存在主義所講的主體性大相徑庭，較為近似的是都倡導道德實踐中人的主體能動原則。關於道教生命倫理學的主體性，我們從三個橫切面加以考察。

一、道教生命哲學展示的主體性

道教有一句名言：『我命在我不在天』。這句名言表達了道教對命定論、天命論的強烈否定，鮮明地體現了道教生命哲學的主體性。

《西昇經·我命章第二十六》假托老子說：『我命在我，不屬天地。』李榮註稱：『天地無私，任物自化，壽之長短，豈使之哉！但由人行有善有惡，故命有窮通。若能存之以道，納之以氣，氣續則命不絕，道在則壽自長，故云不屬天地。』① 就是說，人的生命長短由人自己所把握，人通過存道納氣的修煉，延長了自我生命，甚至使生命不絕。這就是人在生命問題上的主體性發揮。另外，人的道德表現有善有惡，所以人的命運有好有壞，人的壽命有長有短。道德表現是人能自主選擇的，而這種選擇也就決定了人的生命走向。《西昇經》這種『我命在我』的主體性原則為後世道教廣泛引用發揮。

《真氣還元銘》堅信：『天法像我，我法像天。我命在我，不在於天。』儘管天人互相『法象』，天人合一，但我的生命由我自己掌握，非由天來決定。司馬承禎《坐忘論序》引《西昇經》『我命在我，不屬於天』後說：『由此言之，修短在己，得非天與，失非人奪。』人的生命長短，既非上天賜與，也非他人所能定奪，主動權操於自己手中，通過修習坐忘之法，人能依靠自己的力量戰勝死亡，求得生命之永存。這樣的思想在《谷神賦》中也有：『養神在心，不死由我』，只要一炁常存，生命即獲永恒。

《太上洞淵神咒經》卷二亦說：『生死在我』。生命的存在，就在於自我發揮主觀能動性，用《修真十書》卷二十三的話講就是：『自家知自家性命事，自家了得自家性命便宜』。自家性命自家了，不要到生命主體之外去尋找原因，『人生天地之間，本終於天壽，若不知迴忌之辰，而有萬死之因，非天地之所殺，乃人所自殺也。』② 如不瞭解生命的禁忌，不管死於何種原因，都是由人自己一手造成的，人才是自我生命的主宰者，人是自我生命最危險的殺手。

生命的長短，人自己可以控制，通過自我刻苦努力，可以延長生命。人減壽皆由不自愛惜，尤其是愚人不知自惜，故虛損生命。陶弘景《養性延命録》開篇就肯定『稟氣含靈，惟人為貴』，而『人所貴者，蓋貴於生』。生命對於人是最可寶貴的，全生在於自己，所謂『天道自然，人道自己』。有的人『始而胎氣充實，生而乳食有餘，長而滋味不足，壯而聲色有節』，如此則『强而壽』。有的人『始而胎氣虛耗，生而乳食不足，長而滋味有餘，壯而聲色自放』，這樣便『弱而夭』。先天有餘加上後天節制，生命長壽；先天不足加上後天放浪，生命夭亡。的確可說是『人道自己』。

《養性延命録》又引『道機曰：人生之命有長短者，非自然也，皆由將身不謹，飲食過差，淫佚無度，忤逆陰陽，魂神不守，精竭命衰，百病萌生，故不終其壽』。人自己對生命調養不當，以致傷生殞命。假如先天很好，『生長全足，加之導養，年未可量』。生命不可限

① 《西昇經集註》卷五。
② 《修真十書》卷二五《天地交神論》。

量，這是長生不死的含蓄說法。文中還托引老子說：『人生大期，百年為限，節護之者，可至千歲。』所謂『節護』就是高揚人的主體能動性，使壽命延長到『千歲』。這種節護，除了講究生理衛生，還須懂得心理衛生，應『不以人事累意』，『不思衣，不思食，不思聲，不思色，不思勝，不思負，不思失，不思得，不思榮，不思辱，心不勞』，尤其不要『忿爭盡意，邀名射利』，否則便會『聚毒攻身，內傷骨體，外乏筋肉，血氣將無』，心理不健康反過來影響危害生理健康。這種『節護』中，修善積德，君賢臣忠也是必不可少的，『不修君臣之義，淡然無為，神氣自滿，以為不死之藥，天下莫我知也』，並不能達到延命的目的，更不要以為，可以暗中使壞，心懷鬼胎，須知天地神靈，明察秋毫，以善報善，以惡報惡。正如其所說：『無謂幽冥，天知人性；無謂暗昧，神見人形。心言小語，鬼聞人聲；犯禁滿千，地收人形。人為陽善，正人報之；人為陰善，鬼神報之。人為陽惡，正人治之；人為陰惡，鬼神治之。故天不欺人依以影，地不欺人依以響。』《養性延命錄》又引『仙經曰：我命在我，不在於天』，以批評『愚人不能知此道為生命之要，所以致百病風邪者，皆由恣意極情，不知自惜，故虛損生也。』愚人受『生死有命，富貴在天』的命定論影響，一味依賴命運的安排，不懂得自我把握住『生命之要』，痛加愛惜，結果『虛損』生命，當然不能延命長壽。可見，人在生命歷程中，是否發揮自我主體能動性，其結果大不一樣，發揮得好，生命便放射光芒。『養性延命』四個字，充分體現了道教生命哲學的主體性。

內丹家雖然在生命問題上一反道教傳統的肉體不死成仙說，但對生命主體性還予以強調。張伯端《悟真篇》說：『人人本有長生藥，自是迷徒枉擺拋』。人人自身就有長生藥，內煉自我精氣神即可解決生命問題，但『迷徒』卻不省得，偏偏向外去追尋，白白丟掉了自我拯救生命的機會。在《悟真篇》看來，只要修煉自己本有的『長生藥』，內丹成就，便可自主生命之機，正所謂：『一粒靈丹吞入腹，始知我命不由天』。北宋劉希嶽《朗然子進道詩》述內丹之道，認為『若要長生兼出世，到頭都在自身間』。長生在於自身的努力，所以他勸告那些禮拜燒香者不如『努力自修行』。修煉自身的丹藥，奪造化之機，『只此雲霄應有路，算來人命豈由天』。人定勝天，人的生命主動權不在天而在人自己手裏。

金代郝大通《太古集》所載詠內丹詩，亦稱一旦內丹煉就，就可以體認到『我命不由天』[①]。很明顯，內丹學對道教傳統的『我命在我』作了認同，以存亡在己的精神積極主動地修煉內丹，以求生命之圓滿境界。

道教堅信：『人能弘道，非道弘人』[②]。生命之道長青，在於人去弘揚。人若不能將生命價值高揚，生命之流就不會衝破種種障礙，排開『天』的制約，流向無限的時空。人『可以

---

① 卷四。
② 《淨明宗教錄》。

得道』，然而『道』在哪裏去尋求？『道非他求，本自我身』③。調動自己奔放的生命活力，以艱苦卓絶的精神，在充滿荆棘的人生路上披荆斬棘，何愁不能尋求到『道』？而一旦獲得長生之道，便可以『遊行超宇宙，掌握回死生』②。超越宇宙，掌握生死，這就是道教生命哲學主體性的恢宏氣度。

總之，不論道教各家各派對神仙之道的具體闡釋有何差異，但在高揚生命主體性上則是一致的，顯示出道教『如同太陽般地酷愛生命』。法國生命哲學的代表人物柏格森强調生命的主體創造作用，道教同樣如此。不同的是，柏格森所謂主體既可以是作為個人的自我，也可以是作為主宰萬物的上帝，道教則只承認個人，不承認外在的『天』。另外，柏格森把生命衝動既看成一種主觀的心理體驗，又看作是創造萬物的宇宙意志，世界的一切都取決於主體的生命意志。與柏格森把生命意志的創造衝動外推於社會歷史不同，道教只是暢通個體生命的本源大流，定住生命存在的價值意義，將生命與自然通而為一；道教無非只是以純粹解決個人生命永恒存在為價值目標，並未認為體驗到生命衝動的個人是社會進步的推動力。這是道教生命哲學與柏格森生命哲學在生命主體創造作用問題上的區别。

道教生命哲學的主體性，一方面强調個人調動種種手段養生，另一方面則突出人的道德修養，以自覺的『修德』挺立人的德性主體。對生命價值取向的這種道德貞定，關鍵在人心，在於道德意識是良性的還是惡性的，道德動機如何。

二、道德動機相對決定論展示的道教生命倫理學的主體性

前面我們已經提及，道教的道德動機論與康德不同，不僅講動機，也講效果。康德的動機論，由動機而不是效果決定行為的善惡，某一行為具有道德價值，在於行為者具有良好的動機，與效果無關。康德認為：人的行為若要具有道德價值，應具備兩個條件。從客觀上說，主體行為必須符合普遍性原則；從主觀上說，行為者的動機必須是善良的，即必須具備『善良意志』。在《道德形而上學探本》中，康德說：『在這世界内或世界外，除了善良意志之外，沒有什麼東西是絕對好的。』[3]即只要人具有善良意志，那麼其行為必定是善的，效果怎樣可以略去不論。康德的動機論追求一種為義務而義務的境界，比如某商人童叟無欺，買賣公道，但這並不是為了盡『義務』，只不過是在為自己的長遠利益作打算，儘管其行為是善的，效果是好的，但並非道德。道教與此不同。

道教並不講康德式的純『義務』，也不像康德那樣鄙薄功利性，而是從自我生命永恒存在的功利着眼去講善良動機，是種功利性的、相對論的動機論。這種動機相對效果而言，決

①《淨明宗教録》。
②《呂祖全書》卷九。
③商務印書館一九五七年版第八頁。轉引自黃偉合《歐洲傳統倫理思想史》第二三六頁，華東師範大學出版社一九九一年版。

不離開生命的效果去講『善良意志』。這種動機論主張動機與效果的統一。動機是善的，效果一定好，生命充滿希望，幸福吉祥；動機是惡的，效果肯定糟，生命走入迷途，痛苦絶望。所謂『好心得好報』，正是這種動機與效果完全統一的寫照。

『心』是道教講述道德動機的主要語言符號，人要發揮自我的道德主體性，首先必須從心上去用功夫。道教認為，善惡由心造，心為善惡之源，禍福由之而起。《靈寶天尊説洪恩靈濟真君妙經》講：『一切善惡，皆由心造，為善者福，為惡者禍』。心生善即善，心生惡即惡，這是『心』造作善惡的功能。而心的造作善或惡，又與人生的幸福與災難密切相連，起善心者獲得幸福，生惡心者招來災禍。這是典型的動機與效果同一論。善惡禍福由心，這是道教共同的觀點。《赤松子中戒經》以心作為善惡之根，認定人們修持，『善惡自起於心』。《太上洞玄靈寶三元品戒功德輕重經》認為人的種種生緣，善惡禍福，都有命根，此種命根『非天非地亦又非人，正由心也』，人生命運的輕重報應，也由於『人心』。《太上洞玄濟衆經》也說：人的『種種生緣，善惡禍福，各有命根』，命根就是心與神。心作為生命之根的理由就在於它是善惡的源頭，神明的主宰。《三十代天師虛靖真君語録》卷一《心説》稱：『夫心者，萬法之宗，九竅之主，生死之本，善惡之源，與天地而並生，為神明之主宰』。既然把心作為生命的本根，善惡的來源，那麼『修心』、『積心』則是生命體驗之首要任務。

道教怎樣論述修心治心積心？《盤山語録》教誨人們：『積木成林，積石成山，積水成海，積善成福，積惡成禍。禍福之源，本自一心，積心方成，可不慎之！』① 人生命運的好壞，是福是禍，『本自一心』，積累善心『成福』，積累惡心則『成禍』，禍福都是自我『積心』的結果，千萬慎之又慎啊！這是要人一點一點從量的積累上去培養善心，積少成多，『積水成海』。心中之善如同海洋般寬闊，如同大山般崇高，那還有什麼樣的幸福不能到手呢？不僅人生幸福，而且生命長存，成為『真人』。杜光庭《墉城集仙録》卷一《聖母元君》所謂：『上士積善，永久長生，號為真人。天地有壞，真人無毁，超出三界，逍遥上清。』就是要人積累善心善行，上昇為『無毁』無壞的真人，超越三界五行，永遠在神仙不死國中『逍遥』。然而，人的心田決非只長稻麥不生雜草的『淨土』，惡與善似乎是一對孿生兄弟，形影不離。且惡心往往總是佔上風，人為此而吃苦頭，如《太上説九幽拔罪心印妙經》所指出的：『衆生受諸惡業，皆由自心。妄想顛倒，不悟無為，一切罪根，皆從心起』。怎麼辦？

既然『劫運天災，都是人人心上來』②，那麼辦法還得從治心上去找。《墉城集仙録》卷一《聖母元君》的辦法是洗心改惡：『夫人覺有一惡，急宜改而不犯者，去道近矣。若為魔

① 《修真十書》卷五三。
② 尹志平《葆光集》卷下。

邪所幹者，當洗心責己，悔過自修，即可反惡為善矣。』發覺有一惡念閃過，便該『洗心責己』，立即『改而不犯』，這樣就可以使惡轉化為善，即『反惡為善』。所謂『洗心』相當於現代人講的洗腦，古人以心為思維器官，洗去心中惡念，不染塵埃，即是回惡向善。從這個角度看，所謂洗心，既是道德論，又是認識論的，道德主體亦即認識主體。《太上老君戒經》的辦法是『因心立福田』。

所謂『因心立福田』，據無名氏的解釋是：『福者善之果也，為福之因不由於他，己心即福田也。若修身奉法，衆惡自除，猶如治田去其草穢，草穢既盡，自獲良穀者也』。自我之心就是一片幸福的田園，這塊田園的耕耘和種莊稼是同一道理，不斷地除去田中的雜草污穢之物，而且除之務盡，自可收穫『良穀』。惡心除盡，善心『自獲』，心中那片『福田』的面積越來越大，生命的福田也在擴充，如同《文昌帝君陰騭文》所說：『欲廣福田，須憑心地。行時時之方便，作種種之陰功』。《元始天尊說梓潼帝君本願經》的方法是『消劫正心』。經中認為：心為一身之主，人心不正，則不孝父母，邪淫貪愛，造作諸種罪惡，遭受劫難，受種種苦。天尊可憐衆生，命梓潼帝君教世人洗心滌慮，孝親忠君，夫婦和順等，以糾正人心。世人如依此修行，劫運自除，苦去甘來。『正心』的內容是儒家綱常名教，道德意識的流向不是自由自在的，只能在儒家規範的圈子內流動。

《玉詮》卷一《正陽帝君》的方法是回歸本真之心。帝君認為：修道就是修心。心在先天狀態時本來是『有正無邪，有真無偽』，到後天時，『為事物牽引，情慾動搖』，於是『至明之體變成昏昧，至公之用變為私曲』。至公至明的本真之心喪失後，人離『大道』越來越遠，『事天則天心不合，應事則事理乖違，持身則精神消耗，處世則苦障叢生』，萬事不如意，針對此，『聖門指出誠意兩字』，以教示人們『修心之法』。經過修心，人又回到『一塵不立，一絲不掛』的先天本心，這樣便與道日漸親近①。這有點類似於陸九淵『發明本心』的道德方法論。陸九淵承認『有善必有惡，真如反覆手』。然而『善卻自本然，惡卻是反了方有。』② 善是本然之心，惡卻是『反』本然之心的產物。在陸九淵眼裏：『人性本善，其不善者，遷於物也。知物之為害，而能自反，則知善者乃吾性之固有』③。自我回返到固有的善性，則自然去惡從善。『正陽帝君』的『歸其本真』即類似於此。

凡此種種方法，皆道教發揚人的道德主體能動性，將惡心轉化為善心。道德意識一旦善化，由道德意識所控制的行為自然遵循善的大道，人便自覺行善，更為絕妙的是，道教要人『戒心』，以防頑惡之心於『未兆』。《玉詮》卷四托王天君說：上真頒示戒條，為的是『啟人正性』，只要『正性無虧』，即使不奉戒，戒即在身。所以『守戒者要見戒心』，就是『識取

① 參見《道藏輯要》鬼集一。
②③《象山語錄》第一卷。

圓明，領會自然』，戒是『諸法之要，入道之階，聖真之果，凡夫之防』。所謂防就是『防患於未然，防過於未萌，防心於未兆，即昔賢所謂惟精惟一，兢兢業業之道』。[4]對於普通人來說，戒心就是狠鬥惡字一閃念，將其消滅於萌芽狀態，甚或還沒有徵兆之前就已將其遏止住。康德認為人不是只知服從的物，也不是僅僅知道立法的神，而是服從自己立法的主人。戒心即是要人自己為自己立法，並且絕對服從它，是意志自律的具體表現。當修行之人『立志』之後，為使此志不鬆懈，便『全賴戒規以守本心』。

按《玉詮》卷一說，弟子當守的戒規有十條，這十戒旨在『教人明心』。第一戒不殺微命，『此戒要弟子發慈憫心』。第二戒不起淫意，『此戒要弟子發潔白心』。第三戒不生諍念，『此戒要弟子發忍辱心』。第四戒不盜一芥，『此戒要弟子發明淨心』。第五戒不欺一愚，『此戒要弟子發真實心』。第六戒敦行盡力，『此戒要弟子發報本心』。第七戒語言無妄，『此戒要弟子發誠一心』。第八戒千魔不轉，『此戒要弟子發堅固心』。第九戒弘發願力，『此戒弟子要發廣大心』。第十戒事聖不倦，『此戒要弟子發精進心』。此『十戒內皆藏一個心字』是要弟子『見性明心』，這才是『上乘功夫』，可令人『妙行皆圓』[5]。所謂憐憫心、潔白心、忍辱心、明淨心、真實心、報本心、誠一心、堅固心、廣大心、精進心等十心就是『戒心』的具體內涵，亦即戒心的具體要求。通過戒心，使『心光』大放光明，晶瑩洞徹，無一毫蒙蔽，從而自覺行善，自己對自己的行為擔負起道德責任。『戒心』比較接近康德『善良意志』的含義，戒心是用自我善良意志控制自己的行為。

道教講『心』還有一個特點，就是將外在的神與內在的心合二為一，以此說明欺心即欺神，心的善惡伴隨着吉凶之神的降臨，善心可以定神明，使罪去福來。《關聖帝君覺世經》說：『人心即神，神即心，無愧心，無愧神。若是欺心便是欺神』。心與神的一體化，將神的絕對權威移入人心中，變為道德主體的絕對權威，人必須絕對服從。一旦試圖欺詐自我之心，就是圖謀欺騙神靈，而神靈明察秋毫，你是騙不過去的，隨之而來便是相應的吉凶。《太上感應篇》說：『心起於善，善雖未為而吉神已隨之；或心起於惡，惡雖未為而凶神已隨之』。《赤松子中戒經》也說：心起善，善雖未成，『善神已應矣；心起惡，惡雖未萌，凶神已知』。善神與凶神帶給人們的命運自然不一樣，善神賜福，凶神降禍。

《雲笈七籤》卷九《釋太上上皇民籍定真正錄》認為：『先能定心，才能定仙名。定心之要點在於培養慚愧之心，做到『動心舉目，轉體安身，常懷慚愧，不忘須臾，心神乃定，定則入道，此為最要也』。什麼叫『慚愧之心』，人應當『慚愧』些什麼？該書接着講：『心有神識，識道可尊。尊由無為，而我有為，有為有累。志願無為，無為無累，不可便及，力

④《道藏輯要》鬼集四。
⑤《道藏輯要》鬼集一。

盡苦遲，負累稍至，為此慚愧，不離心中。』不能做到心中無為，這是應該感到慚愧的。『又當思我稟生，生由父母。父母鞠養，辛苦劬勞，而我成長，學術不深，無奇方異法，令父母延年，長生不死，同得神仙。……為此慚愧，不離心中』。不能報答父母養育之恩，尋求奇方異法使父母神仙不死，這也是應該感到慚愧的。此外，『任慾肆心，負違師訓。或將成而罷，叛正入邪，攻伐師友，反道破經，罪延尊上，禍滅己身，災殃將至，不知改悛。或不自覺悟，以為真正，苦及方悔，悔無所追。』『不能竭力盡忠，讚宣聖化。貪榮慕勢，阿諛面從，佞媚自盡，抑絕高明，嫉害勝己。』如此等等，都是應該心懷慚愧的。只有做到心懷慚愧，才能使心中之神『得定』。所謂『定由慚愧。慚愧既立，常在心中。心中有慚愧，俯仰思道。思道不忘須臾，則神明定乎內。』一旦神明『內定則罪去，罪去則福來，福來則成真，成真則入道。』可見入道的程序是：慚愧——定心——定神——罪去——福來——成真——入道。『入道由慚愧』着手，『慚愧則入神』，神定才能最終名入仙榜，得道成真。這裏心懷慚愧是關鍵的第一步，慚愧之心的內容無非是綱常名教。而心神的安定是至關重要的第二步，只有走到這一步，才有罪去福來、成真入道之效。這裏心與神也是統一不可分的，定心即定神，這是內在與外在，他律與自律的統一。

　　這種統一也體現出道教生命倫理學主體性的特徵，即道教所謂主體是人神合一的產物，人在此已被異化，異化為神來為自己立法，從而樹立起道德主體的權威與尊嚴。道教所講的作為道德主體的人，既非完全生物學意義上的，也非完全社會學意義上的，而是神化了的半人半神，他本身就是自律道德與他律道德的統一。

道教認為，要淨化人的道德動機，去除惡心，培養善心，還有一個不可忽視的因素，就是有效地控制自己的各種慾望，不得妄作邪念。《洞玄靈寶天尊説十戒經》所説十戒的第二戒即是『不得妄作邪念』。《太上洞玄靈寶中和經》要人守五道戒，第一有『不得淫溢不止，志意邪念，勞神損精』；第二有『不得縱情喜怒，積怨發憤』，並勸人以戒制情，善守中和之德。以『中和』的原則合理調節自己的情緒和慾望，制止邪慾之念發生，這樣就能與大道合一，上可為神仙，中可增壽，下可延年不橫夭。

《太玄真一本際妙經》載十種行法，要求修道者應進修十件事情，第一件就是生善慾有慾樂心，即培養善良慾望，不生惡劣慾望。在道教中，這種善良慾望的形成，在於道德主體超越客體，不為外在的花花世界所勾引，保持無慾無為之心，這樣生命便自安自足，不假外求，良善之心油然而生。善良慾望的形成，還有賴於正確的認識，不可偏執己見。有了偏執之見，『便不能向正大光明處著用』。所以應該『毋逞私智，毋執偏見，徹底澄清，無礙無著，提出肝膽，做那正大光明的人，行那正大光明的事，步步尋向上去，所往無不攸利』。

這個叫做『一念了悟，受福無盡』①。道德覺悟高，認識無『偏見』，『徹底澄清』，人的慾望自然被引向『正大光明處』，善良慾望不生更待何時？我們已指出，在道教那裏，道德主體與認識主體是統一的，道德意識的善與真是一致的。這牽涉到道德的認識問題。

西方倫理學史上，蘇格拉底最早把道德和認識緊密聯繫起來，認為知識是道德的基礎，假如人知道怎樣做是正確的，他就會那樣做。蘇格拉底不僅承認認識和真理同倫理學和美德的直接聯繫，而且，一方面把美德、道德和幸福歸結為真理，另一方面認為道德真理是最大的價值，因而認定通曉真理的人將會行善②。將道德與認識相聯繫，認識到真理的人定會產生善心善慾，在這一點上，道教與蘇格拉底是心有靈犀一點通的。

培養善心善慾的功利性目的何在？在此問題上，道教是公開講功利的。《呂祖全書》卷二十八嘲笑一般世俗之人『奉道之心，如水之泡』，只知向外求神發慈悲；人假如能『以此念而移於奉道中，則不作福而福自增，不邀功而功自大，不謀利而利自溥』。只要一心向道，從善如流，功利自然增大。最大的功利就在於拯救生命，提昇生命存在的價值。道教警告世人說：『人之行惡，莫大於嫉殺，貪奢驕淫也，若此一在心，伐爾年命矣』③。只要心中存一惡念，就會短命。《呂祖全書》卷二十八也說：『積過則如坵山，積功則如勺水，生死權衡，一念輪轉，慎之勉之！』積過容易積功難，生死就在一念之間，一念差錯便可能葬送此生，人們千萬要謹慎啊。《靈寶天尊說祿庫受生經》稱：如果有人『不念善因，惟惡是修』，那麼就會在『罪簿』上登録其名字，被『天曹減算』。與此相反，照《太上玄一真人説妙通轉神入定經》的説法，修道者『思念善功，廣建福田，功滿德備，施行妙通』，就會『轉神入定，以成至真』。同樣是『思念』，念不念善效果大不一樣。道教又結合報應論講效果。

《太上北斗二十八章經》稱：『一切生民，心念行善，善果之報，心念行惡，惡緣之報』。心善有好的效果回報，以惡有壞的結果報應。然而人不可存心動果報之念，因為存心於果報，有意想得到某種果報，就會流於虛偽，這就是『作不善之根』。假如人做了一件善事或十件百件，心裏就在計較，天會不會回報我，如未回報，便以為作善無用，於是『作善之心輟』。假如人作了一件壞事或十件百件，心裏也在算計，天會不會報應於我，如果不報，便以為作惡無傷，於是『悔過之心輟』④。可見刻意去求上天果報，反而喪失了悔過作善之心，也就是喪失了人的道德主體性，人成為天的附庸。『為善之方』，最好還是從天外回到心中，『還而問之一心』，『捫心自問，此事於情理無害，便是善，於情理有害，便是不善』；『作善由心，作不善亦由心。心之為善，勿動果報；心之為不癢，亦勿動果報。』⑤這樣便能

---

① 參見《呂祖全書》卷二八。
② 參見n·B·科諾瓦洛娃《道德與認識》第一章，中國社會科學出版社一九八三年版第四頁。
③《太上經戒》。
④ 參見《呂祖全書》卷二八。
⑤ 參見《呂祖全書》卷二八。

更好地發揮道德主體的自覺性，而不是被上天的果報牽着鼻子走。

綜合上述可知，道教的道德動機論確實是功利性的、相對論的。道教既主張道德動機的決定性功用，但又强調動機與效果的統一。道教既承認人的自由意志，『心』的自由選擇，但又將這種自由限制在一定範圍內，即在儒家道德規範內作有限度的選擇。道教堅持人的道德動機與人生命運和生命歸宿有牽連，顯示出在道德主體性問題上的實用主義態度。

道教認定道德主體是自我行為的責任承擔者，一個人無論行善還是為惡，首先在理性上具有某種把握，作為道德實踐主體的個我應對自己的所有行為負責，從而樹立起道德主體的信譽和尊嚴。道教尤其重視德性之心，認為此是善根之所在，幸福之所在，生命之所在。儘管宋明以來道教接受了儒家性善論，但道教生命倫理學的老根還是性惡論，故道教討論道德動機多從『惡』字出發。性惡就意味着人有罪。道教，特別是宋元以前的道教，大量說罪，這種罪說也透露出道教生命倫理主體性的一二消息來。

三、有罪感展示的道教生命倫理學的主體性

美國學者本尼迪克特在《菊花與刀——日本文化的諸模式》一書中認為：在不同文化的人類學研究中，分清以耻辱感為基調的文化和以罪惡感為基調的文化是很重要的。以道德作為絕對標準的社會，依靠啟發良知的社會屬於罪惡感文化，在以耻辱感為主要約束力的文化

中，一個人即使向懺悔牧師供認錯誤也不會感到寬慰。相反，只要壞行為『不為世人所知』，就不必煩惱，自供反會自尋麻煩。故恥辱感文化對神沒有坦白的習慣，有慶賀幸運的儀式，但沒有贖罪的儀式。在該書作者看來：『真正的恥辱感文化靠外部的約束力來行善，而不像真正的罪惡感文化那樣靠內心的服罪來行善。恥辱感是對他人批評的一種反應。一個人因受到公開嘲笑與擯斥，或者自以為受人嘲笑而感到恥辱，在任何一種情況下，恥辱感都成為強大的約束力。但它要求有旁觀者，至少是想像出來的旁觀者。罪惡感並不如此。在一個榮譽意味着無愧於自己心目中的自我形象的民族中，一個人即使在無人知曉自己不端行為的情況下，也會為罪惡感所煩惱，而且他的罪惡感確實可以通過供認罪惡得到減輕。』①

本尼迪克特把恥辱以及罪惡的意識，分別作為不同文化中道德行為的制約力量，以恥辱感文化靠外部力量約束行善，罪惡感文化靠內心力量自覺行善，來區分兩種文化的根本不同。這種區分固然是十分必要的，但作者將兩種文化模式截然分開，似乎彼此孤立地存在發展，互不交涉，這與文化現象的實際情況不大相符，而且作者將人類的兩種道德意識——恥辱感和罪惡感純然劃開，也不切合實際，實際上恥感和罪感是相互交融的，只不過在某種文化模式中恥感佔主導地位，在另一種文化模式中罪感是主要成分。

① 浙江人民出版社一九八七年第一八八頁。

按照本尼迪克特的劃分標準，中國傳統文化屬於恥辱感文化模式，主要『靠外部的約束力量行善』。然而，確切地說，恥辱感文化是中國文化的大傳統，主要表現在儒家文化中，中國文化還有許多小傳統，其中之一即是罪感文化，主要體現在道教文化中。

本書第一章在討論《太平經》的生命倫理觀時，我們已指出，《太平經》認為人是有罪的，這種『罪』承負自祖先，與生俱來，人必須懺悔贖罪，亦即《太平經》所謂『解承負』，才能獲得長生不死。儘管《太平經》的『承負說』未被後世道教認同發揮，但其關於人有罪、應該贖罪以拯救自我生命的思想，卻為魏晉南北朝隋唐五代的道教廣泛繼承，尤其是魏晉南北朝時期的道教。

魏晉南北朝是中國社會歷史上動亂不堪的時代，戰爭頻仍，民不聊生，生命時時受到威脅，朝不保夕。生活於此種時代下的人們，更感受到人生無常，浮生若夢，對人生抱着悲觀絕望的態度。佛教所謂人生是苦，解脱肉體，離苦得樂的悲觀主義人生哲學趁時大行。但也有人不甘心，不願意空虛頹廢地打發日子，不甘就此了結一生，他們抱着樂觀的希望，八方尋求延緩生命、度過劫運的妙方。這部分人在道教文化中找到了共同語言，道教樂觀自信的人生哲學正好對上他們的口味，解決了他們對人生的困惑。道教的語言是，儘管生於亂離世道之下的人們是有罪的，並且為此而付出了沉重的代價，遭受着種種劫難，但通過人們自身的努力，經由多條渠道，可以自我解除罪惡，衝出劫難，奔向光明。光明是什麼？就是神仙快活世界，人脱罪而飛昇到這個世界，便長生不死，自由自在，快樂開懷。

基督教的基本觀念是『罪』，生理和道德的罪，由此而輕視肉體生命。道教雖然也講罪，但卻非常看重肉體生命，解罪的最終目的是要讓肉體生命得救，成為不死之神仙。這是道教與基督教生命倫理學的根本區別。

為了達到拯救肉體生命的目的，魏晉南北朝隋唐的道教採用了種種宗教儀式來解除自己及宗族的罪過。這些儀式主要有：

○齋

道教所謂『齋』指什麼？《雲笈七籤》卷三十七《齋戒叙》說：齋就是『齊』的意思，指『齊整三業』。同書《說雜齋法》引《四極明科》也稱：『齋者，齊也。要以齊整三業，乃為齋矣。』據稱道教諸經齋法略有三大類，一是設供齋，二是節食齋，三是心齋，以心齋為『上士所行』。道教齋法有一個逐步完善的過程。東漢五斗米道只有比較原始的『塗炭齋』與『指教齋』，以後慢慢擴充，到劉宋陸修靜時，經其整理，形成了一整套較為成熟的齋法，稱為『九等齋十二法』。其齋法如下：

第一洞真上清之齋，以無為為宗，有二法：

其一法絕羣離偶，眼神靜炁，遺形忘體，合於道無。

其二法心齋，疏瀹其心，澡雪精神。

第二洞玄靈寶之齋，以有為為宗，有九法：

其一法金籙齋，調和陰陽，消災伏異，為帝王國主請福延祚。

其二法黃籙齋，為人拔度九祖罪根。

其三法明真齋，學士自拔億萬曾祖九幽之魂。

其四法三元齋，學士自謝涉學犯戒之罪。

其五法八節齋，學士懺謝七玄及己身宿世今生之罪。

其六法自然齋，普濟之法，內以修身，外以救過，為百姓祈福消災。

其七法洞神三皇之齋，以精簡為上。

其八法太一之齋，以恭肅為首。

其九法指教之齋，以清素為貴。

第三塗炭之齋，以苦節為功。上解億曾萬祖、宗親門族及己身家門無鞅數罪，拯拔憂苦，濟人危厄①。

從這九齋十二法可以看出，其中塗炭齋、黃籙齋，三元齋、八節齋等齋法都是旨在為人為己解罪。其具體情況，我們分別考察。

◎ **塗炭齋**

《無上秘要》卷五十《塗炭齋品》對此記載甚詳。據稱：行此齋法者塗炭露身中壇，束骸自縛，散髮泥額，懸頭銜髮於欄格之下，依靈寶下元大謝清齋，燒香乞恩，懺謝自家億曾萬祖父母伯叔兄弟先亡後死下及自身無鞅數劫以來所行『罪負』。其後有上香儀式。第一次上香時，上啟元始天尊、太上老君、高上玉皇等諸神，首謝億曾萬祖，家門大小『前身今生，積行所犯，天所不原，地所不赦，人所不哀，鬼所不放，億罪兆過』；願以燒香作功德，為自家祖先及死亡父母等『免脱憂苦，上昇天堂，分福南宮，歸身歸神，歸命大道』。第三次上香時祝曰：特乞大慈開宥之恩，原赦自己及家人所犯下的『不敬大聖尊神、日月星宿、四時五行、師父尊長、五嶽四瀆、三河四海、諸真神仙』等等，『無億醜惡，無量大罪』。承認自己『執行不忠，不慈不孝，不愛不仁，上逆君父，下殺衆生，掠奪人物，淫犯他妻，嫉妒勝己，争競功名，口是心非……諸如此罪，不可稱計。乞今燒香悔謝。』並『乞削罪録』，『神明佑護，轉禍為福，反凶成吉，禳災卻害』②。

由塗炭齋可以發現，道教徒有種深重的罪惡感，感到自己及家族宗親都犯了『無量大罪』、『億罪兆過』、『無鞅數罪愆』，他們在神的面前坦白自己及家人所犯罪過，向神懺悔謝

① 參見任繼愈主編《中國道教史》第一六〇——一六一頁，上海人民出版社一九九〇年版。
② 以上均見《無上秘要》卷五〇。

罪，希望借此得到神的『寬宥』、『削罪録』，從而『轉禍為福』，使『死者長樂』，生者蒙恩，『昇入無為，與道合真』。經由這樣的懺悔和贖罪儀式，給信徒帶來寬慰，心中如釋重負，感覺自己得救有望，更加自覺地為善去惡，此即所謂『靠內心的服罪來行善』。

基督教徒是跪在牧師面前坦白懺悔，道教徒則直接面對神謝罪，儀式雖然不同，但實質上都差不多，都是經由供認罪惡而減輕罪惡感，減少煩惱，平衡心態，使生命獲得拯救（基督教是靈魂，道教是肉體）。

◎黃籙齋

依陸修靜之說，黃籙齋是為人拔度九祖罪根。《無上秘要》卷五十四《黃籙齋品》載：黃籙齋是『拔度罪根威儀』。『為同法某甲拔度九祖父母……宿身罪根。功德開度，建齋燒香，請謝十方。願為九祖父母拔出幽苦，上昇天堂』。『甲身早得仙度及家門宗室、九親姻族、國中吏民、諸同學師友……已生未生、一切衆生，並得免離十苦八難，五毒水火，千災萬害，賊役鬼氣，刑厄之中』。這是『三上香』的祝詞。三上香後是『謝十方』，其祝詞略謂：『同法某甲九祖父母，生世之日，所行元惡，罪結九幽，長夜之府，魂充考撻，諸痛備嬰，形體毀悴，苦毒難任，長淪萬劫，終天無解』。請求神靈『拔贖某家九祖父母惡對罪根』，『削除罪録，開度窮魂，身入光明，上昇天堂，衣食自然，早得更生福慶之門。甲得道真，與神合同。』另外還有『謝日月星』、『謝五嶽』、『謝水官』、『謝三寶』等。大意說某人九祖父母及某人『受生所行，罪結難稱』，『罪及九幽』，前生今世，生死所行，重罪惡過，諸所為罪，積世結因，纏綿不解』乞請神靈『原赦所行罪負』，解除『元惡之罪』。表示『願以此功德拔度九祖，罪魂得去三徒五苦之中』。

道教一貫堅持，要長生成仙，必須在倫理上建功立德，做黃籙齋為他人贖罪就是種建立功德的表現，在為他人贖罪中，自己的罪惡感也有所減輕，自己的生命也在昇華，這是利他也利己的好事。這種贖罪儀式不是一般的解除罪惡，而是徹底從『根』上將所犯罪惡鏟除。故稱為『拔度罪根』。這一齋法的目的在於拯拔地獄罪根，開度九幽七祖亡魂，使其『上昇天堂』，或『早得更生福慶之門』，明顯受到佛教思想的影響。

道教提倡濟世度人，這一齋法正好是濟世度人的具體落實，展示了道教信徒的社會責任心和道德擔戴，這種責任心和擔戴正是主體性的發揮。

◎ 三元齋①

三元齋是學道之士自己悔罪的儀式。據《無上秘要》卷五十二《三元齋品》說：其法以正月十五日、七月十五日、十月十五日的平旦、正中、夜半三時，沐浴身形，存思日月星及五色之雲繞身，飛仙乘騎，侍衛身形。叩齒三十二通，咒稱：『……罪滅三途，禍消九冥，

① 三元指三元日，即上元日正月十五，中元日七月十五，下元日十月十五。

惡根斷絕，福慶自生』。又叩齒二十通，念咒語：『五濁已清，八景已明，今日受練，罪滅福生』。然後向神供認自己：『生長流俗，五神諍競，塵深罪穢，永不自覺。與罪同長，山海彌積，前生至今，不知緣來。凡以幾劫，逮及今日，罪結天地……常恐一理歸命，幽壑彌淪，萬劫終天無拔』。因此，『謹以三元大慶吉日，清齋燒香，首謝前身及得今日積行所犯，天所不原，地所不赦，神所不哀，鬼所不放，億罪兆過。觸犯三元百八十條，三官九府百二十曹，陰陽水火左右中宮考吏之罪，今故燒香歸身歸神歸命』。懺悔之後，請求『衆神靈司諸官』予以『大恩』，將『宿身今生，所犯之罪』統統除去。並『以今燒香功德，拔度罪根。願削除地簡，絕滅右府黑簿罪録，度上南宮左府長生青録之中，神仙度世，永享無窮。得道之後，昇入無形，與真合同』。

另外，《無上秘要》卷五十五載有《太真下元齋品》講『太真齋法』，稱：『上學之士，欲求飛仙，致靈通真，騰景太空，上昇九天之道，當須下元三日齋直行香轉經，拔解七祖，令死魂更生，去離三途，上昇南宮，釋結解滯，斷滅惡根。七祖既歡，身自成仙。』並謂不修三元之道，求仙徒勞。又同書卷五十六《太真中元齋品》說：『太真科文，為學之本。當先修中元齋直之法。以贖己身積滯之愆，解過於太真，謝罪於三元。宿愆既散，高上降真，書名玄圖，剋成上仙，學無此法，徒勞損功』。同書卷五十七《太真上元齋品》說：『高上洞真三元齋，上元主天，下元主地，中元主人，三元合真，上應九玄。上元九日，以轉經行道，思真念神，合丹鎮生，上求神仙，中元六日，乞解己身犯科違戒，宿結之愆。下元三日，以拔度七祖，解釋九陰，死魂昇天。此高上妙法，求仙之本根」。上元齋的目的也在於「解衍釋罪，滅斷死根」。此「太真三元齋」與三元齋同類，齋法的主要目的都在於經由贖罪，獲得神靈的寬恕，使自我生命得到拯救，「滅斷死根」，「身自成仙」。在這套儀式中，既有人對神的依賴感和敬畏感，也有人的主體性的潛在發揮。

道教齋法甚多，以上所舉，屬於其所謂「積德解愆」的設供齋，儀式的過程大同小異，其中祝咒、燒香是重要的環節；藉此建功立德，消罪除過，不死成仙。與齋近似的是「醮」。

○醮

醮是道教的祭祀祈禱活動，與齋緊密相連，往往稱為「齋醮」。《隋書·經籍誌》記載道教有「諸消災度厄之法，依陰陽五行術數，推人年命書之，如章表之儀，並具贄幣，燒香陳讀。云奏上天曹，請為除厄，謂之上章。夜中，於星辰之下，陳設酒脯餅餌幣物，歷祀天皇太一，祀五星列宿，為書如上章之儀以奏之，名之為醮。」① 這是醮的含義。醮與齋一樣，也有一套程式化的過程：首先是祝香，接着叙陳科教、述聖、宣詞、三上香。上香完畢，開始

① 中華書局標點本第七冊第一〇九二——一〇九三頁。

懺悔自己的宿業重罪。懺悔後，『讚德』即『思維七元之德』。接下來是『七皈依』以示『誠願』，再接着是三獻禮，『以濁醪之禮表心』。最後散壇①。這一過程與齋的過程有同有異，值得提出的是，也有懺悔自我罪惡的環節，這是關鍵的一環。

這套程式化過程用比喻的話說，很有點類似於中國傳統戲曲表演的程式化，一招一式都有其特定的含義，固定的套路。在這場戲中，信徒的表演如同演員一樣，必須進入角色才有戲，也就是說，奉道者必須全身心投入，才能扮演好角色。與演員不同的是，信徒的表演與自家生命有關，馬虎不得，且神明在上，也虛假不得，非十二萬分虔誠不可，否則此戲必演砸了。故這一套儀式雖已程序化，但『演員』在其中的表演並非完全被動，同樣可以積極主動地表現自己，發揮自己的創造性，從而提高自我的生命價值。下面我們就通過杜光庭《道門科範大全集》卷六十九至卷七十三《道士修真謝罪儀》來看看這場戲的全景。

先是序幕拉開，『啟壇行道』。法事昇壇如式；各禮師存念如法；宣衛靈咒；鳴法鼓二十四通；請稱法位，請『太上靈寶自然至真無極大道』原赦衆修齋者『前世今生，往愆重過』，使之『離三惡輪迴之道，十苦八難九厄之中，身得道真，飛行虛空，白日昇天』。緊接着是懺悔、宣真文、宣詞、復爐等，最後出堂頌、出户。此為序幕。

接下來，第一幕『清旦行道』。此幕在『宣詞』之前的過程與序幕基本同，宣詞後增加了懺方、命魔、步虛、三禮、重稱法位。承認自己『舉措多違戒』，『六情十惡，過積丘山』，

『愆深巨海』，『罪結冥司』，致使『殃咎日深，災危旋至』。請求諸天三界『赦除罪咎，解釋災纏』，『道果圓成，深造無為之理；真源朗徹，獨觀衆妙之門。出生死根，離煩惱苦』。

接下來，第二幕『臨午行道』。與第一幕的程序完全一樣，主題也是請諸神『消愆滅罪』，『赦已往之罪』，『大慈延壽』，『長生保命』，『錫將來之祿算，密付長生之旨』。

接下來，第三幕『晚朝行道』，與一、二幕的情節大同小異，中心也是除罪延命。

最後是尾聲『設醮行道』。程式上增加了『降聖、初獻、散花』等。內容上除了悔罪乞神原赦，又增加了『福善禍淫』、善惡功過、救拔宗親等，終極目的仍是『命侶長生』，有『久視之年』、『無窮之算』。

與此相接近的是《道門科範大全集》卷七十四《道士修真謝罪十方懺儀》同屬謝罪的醮儀，只是表演程度不同。整個過程是道士在十個不同的方向分別『懺謝』不同的罪，這些罪是：一東方，懺謝不能知『道』之罪。二南方，懺謝不能為國報恩之罪。三西方，懺謝不能補報祖先父母之罪。四北方，懺謝不報師恩之罪。五東北方，懺謝行教宣科不精不法之罪。六東南方，懺謝不嚴敬奉經戒符籙之罪。七西南方，懺謝不能虛己接物之罪。八西北方，懺謝法天象地履斗驅神之罪。九上方，懺謝歷世不知覆載冒犯三光之罪。十下方，懺謝害物傷

① 參見杜光庭《道門科範大全集》卷五五；所謂「壇」指建醮儀式設立的道壇，即在平地上用土築的立臺，故醮又稱壇醮。

生之罪。懺悔此十條罪過，可以『長生而度世』，『壽命無期』。

從上述謝罪醮儀，作為觀衆的我們，可以看到道教信仰者是如何經由獻祭與祈禱，與神進行交流的，他們希望得到神的寬恕，求神幫助自己在通往神仙不死的路上，清除罪孽，到達目的地，並對此感恩不盡。印度教詩人杜卡拉姆（一六〇八——一六四九）曾寫了近千首詩，描繪自己殷切期待毗濕奴神解救的心態：『我是一團罪，你是聖潔；你趕快來令我成為我自己，幫我把重負除去』①。道士作謝罪儀時，可以說也是持的這樣一種心態，這種心態使之感受到自身的存在，失落的自我獲得補償，感情上也得到寬慰。

費爾巴哈曾說過：『宗教的整個本質表現並集中在獻祭之中，獻祭的根源就是依賴感——恐懼、懷疑、對後果對未來的無把握、對於所犯罪行的良心上的咎責，而獻祭的結果、目的則是自我感——自信、滿意、對後果的有把握、自由和幸福。』② 醮儀這種獻祭活動，增强了道士對生命存在的自信心，對成仙不死的『有把握』，對人生的『滿意』、『幸福』。人向神獻祭，一方面表現出人對神的畏懼和依賴，人跪倒在神的面前乞討，另一方面也顯示了人的主體性，『我成為我自己』，我能够讓神為我的目的和需求服務。獻祭應該説是這種矛盾心理的統一，而非僅僅體現人對神的依賴心理。對道教的壇醮亦當作如是觀。

○戒

『戒』，照《洞玄靈寶玄門大義》的解釋是：『解也，界也，止也。能解衆惡之縛，能分善惡之界，防止諸惡也。』戒的功能是解除罪惡，分別善惡，預防惡的產生。道教之戒有詳有略，詳者如觀身大戒三百條、老君及三元品戒百八十條等。戒與齋也有關聯，故又稱齋戒。道教以齋戒為道之根本，法之津梁，學道必須清齋奉戒。

道士懺悔罪惡，在某些戒中也有反映。《道藏》洞玄部戒律類有《太上洞玄靈寶三元品戒功德輕重經》一卷，其中《三元品戒罪目》開列學道之士與百姓的『罪』有一百八十條之多，這些罪幾乎網羅了人生的方方面面。有道士不信經戒、懷疑輕慢聖文、違背盟誓、不修齋直、傳授非人等罪。有學道者與百姓攻擊善人、說人過惡、浮華妄語、惡口赤舌、咒詛鬼神、妄說天時星宿、論議世間曲直、妄論國家盛衰、呵罵風雨等口業方面的罪。有學道者與百姓飲酒失性、殺生陰賊、盜竊財物、不忠於上、燒山捕獵、火燒田野山林、砍伐樹木、與女人獨行獨語、男女羣居、落子傷胎、離別家室、疏宗族親異性、乘威勢以凌世人、不孝父

① 轉引自〔美〕斯特倫《人與神——宗教生活的理解》第四〇——四一頁，上海人民出版社一九九一年版。
② 《費爾巴哈哲學著作選集》下卷第四六二頁，三聯書店一九六二年版。

母兄弟、禁人作善、奪人所好等身業方面的罪。有學道者與百姓口善心惡、嫉賢妒能、貪慾驕逸、快人喪禍、快人過失、信外道雜術邪見、願人傷敗流散、修經中悔、貪利無厭、積祿重寶不思散施等心業方面的罪。這些罪分別由不同的神靈組成的法庭主持審判，正月十五日為『上元校戒』開庭之日，七月十五日為『中元校戒』開庭之日，十月十五日為『下元校戒』開庭之日。每年的這三日，衆神雲集，『莫不森然』，各算計『天上天下生死簿錄』，有善功者『上名青簿』，即登記到生的名簿上，『罪重者下名黑簿』，即打入死亡黑名單。衆神的判決，『功過善惡，毫分無失』。假如人們能於這些日子『依三元謝過之法』懺悔自己的罪過，『行之八年』，三官神就會保舉你『度名青簿之中』終得『上仙』。這是按戒修行，解脫罪惡，生命得救。

死亡與罪惡聯繫在一起，是該經特別强調的，其對死的定義就是：『身犯百惡，罪競而死，名曰死也』。死是罪惡滿盈的結果，因此要求生，要長生，必須拔掉罪根，『積功累德』，『心行善念』。要『拔贖罪根』，除了依靠神的幫助之外，發揮自我之『心』的作用是不可少的。人生的『善惡禍福，各有命根，非天非地，亦又非人，正由心也』。心是人的『命根』所在，『輕重報應由人心也』，故拔罪根的關鍵就在淨化心靈，心行善念。這樣，又從外在神靈的賜予回到內在自我主體性的能動作用。

○ 其他

上述之外，道教還有其他一些贖罪之道，這裏介紹四種。

◎ 太上迴元謝罪之道

據《上清紫精君皇初紫靈道君洞房上經》說：迴元指『太上之更新日』，修道者『常以其日思存吉事，首謝身中罪過』，可以長生久視。其法主要是祝呼星神，願斗星神（九辰）除去七世以來下逮己身的『陽罪陽過』；『陰罪陰過』；『死罪死過』；『無恩無德，不仁不考，陰惡之罪』；『內外穢罪』；『賊惡罪過，奸逆亂妄』；『暗昧匿罪』；『大小罪過』等。又存想諸星神飛入自己口中，到達身體各部位，除邪氣，致精神。另外，《上清太上迴元隱道除罪籍經》有太上玉真隱元內觀之法，又稱『太上迴元謝罪之道』與上述基本相同，當是《上清紫精君皇初紫靈道君洞房上經》中《太上迴元隱道用除罪籍內篇》的單行本。此道乃上清派存神術與『謝罪』的結合運用，即道教修煉術與道德實踐的一起操作，以求神仙之道。

◎ 八道命籍

所謂『八道』，據《雲笈七籤》卷五十一說，指『日月四時八節所行』，即：『日行赤道，月行黃道，黃赤二道，陰陽之所恒行。至於立春、春分、日月行青道二；立夏、夏至、日月行赤道二；立秋、秋分，日月行白道二；立冬、冬至，日月行黑道二、此八道也。』據稱：日月行八道之日，各有變化，隨緣感應，改故易新，善惡回換。學道之人趁此時『因變行化，習吉除凶，進善黜惡，審明棄暗，入正治邪，練偽成真，便可『的斷罪根，解釋惡結，滋長善源』，從而獲得『命籍』，『必有仙録』，『白日昇仙』。

◎內除罪籍

據《雲笈七籤》卷四十六載：凡修受《大洞真經》當獨寢一室，不與人交，置經於潔淨之處，早晚燒香禮拜，『陳願人間內除罪籍』。據說，每月三日、七日、二十一日，侍經玉女會向『三元與太一帝君』『奏人罪過』，故修道者當於這些日子入室燒香，叩齒微祝：『若有陰罪，帝君散靈，二象開明，上帝合形，令我飛仙，神真長生』。經常行此法，『則二元密感，帝君赦過，諸有奏子之罪者，皆不見用也』。

◎聞天尊名號除三業大罪

《道藏》洞真部本文類《太上洞真賢門經》假托元始天尊說近劫成道天尊名號，有東方九氣無極世界一百天尊名號，南方梵氣無極世界九十九天尊名號，西方七氣無極世界七十三天尊名號，北方五氣無極世界九十九天尊名號等。說是衆生因種種罪業不得解脫，如能聞這些天尊名號，並『至心歸命信禮』，便可以『滅除三業大罪』。

上面，我們從齋、醮、戒及其他宗教行為中，觀察了道教懺悔贖罪的方法。這些方法中普遍運用了請願式祈禱，既為他人也為自己請願，祈禱諸神寬恕罪過，拯救生命。瑪麗·喬·梅多與理查德·德·卡霍所著《宗教心理學》在論及請願式祈禱時說：感到有所不足是祈禱最原始和最普遍的動機；恐懼可能激發請願式祈禱①。修道者對生命短促的不滿足，以為這是積罪所致；對死亡的恐懼，特別是死後入無極長夜地獄的恐懼，都促使其虔誠祈禱神靈解除祖先及自身的一切罪惡，讓生命圓滿具足。在這類祈禱中，內心的罪感成為道士行善去惡的力量源泉，形式上卻表現為人對神的依賴，似乎人在神的面前完全喪失了自我主體性，淪為神的奴僕。但這只是表面現象，實際上在這種人與神的交際過程中，人不過是把自我主體性投射到神的身上，由神將其表現出來，於是晃眼看去，好像人的主體性不復存在。

的確，在神仙不死險峻之路上作長途跋涉的人們，有一種不可勝任的負重感，這就是深重的罪孽感，自己不可能解除，必須依賴於無所不能的神的幫助才可以輕裝前進，到達目的地，這裏確有人的主體性的喪失，人為神所異化，但是否處於深重罪惡感的人便完全無所作為，聽天由命呢？若是如此，又何必還要想盡種種方法，運用各類儀式，誠心誠意『表演』，這當中不正展示了某些自我的主體性嗎？

總之，中國傳統文化的主文化是恥感文化，亞文化之一則是道教的罪感文化，罪感文化

① 四川人民出版社一九九〇年版第一六八頁。

仍體現了道教生命倫理學的主體性，只是這種體現較為隱蔽，不像道教生命哲學及道德動機論所展示的主體性那麼明顯罷了。從罪感文化中，我們已經發現道教生命倫理學的可操作性，這種可操作性還表現在其他方方面面。

（二）道教生命倫理學的可操作性

康德的主體性倫理學是個思辨的體系，抽掉了實踐要求，在現實世界中無法實現，黑格爾曾批評康氏的理想太高太純潔，沒有現實性，太軟弱無力，不易實現其自身。道教生命倫理學雖然在思辨性方面遠不如康德，但其實踐性卻甚强，具有切實可行的操作性。操作的目的自然也是提高生命的質量，延續生命的長度。其操作性可分為兩大方面進行考察，即人的操作與神的操作，前者是實在的，在明處，後者是虛構的，在暗處。明暗兩條線，可謂天網恢恢，疏而不失，人不行善，生命如何得救？

先說第一條線，人的操作。

亞里士多德曾說，倫理學的職能不僅在於理論化的工作，而且要求訴諸行動①。倫理學原則是要靠行為去實現的，倫理學是種實踐的哲學，它指導和調節人們的行為。當代價值論直覺主義的創始人穆爾（一八七三——一九五八），在其《倫理學原理》中認為：『倫理學的直接目的是知識而不是實踐』②。他把倫理學的對象限定在對倫理概念與判斷進行邏輯分析，這顯然與亞里士多德以來，西方倫理文化的傳統大相徑庭，按照傳統，人類行為的善惡問題，人的行為實踐才是倫理學研究的範圍。

中國倫理文化的傳統更是高舉實踐的大旗，注重人的行為規範、道德實踐，至於對倫理概念術語的邏輯分析則幾乎等於零。中國倫理文化的實踐性特徵也鮮明地體現在道教生命倫理學上，這種實踐的主體是道士，實踐的形式是道士們通過各種宗教活動來行善去惡，體驗生命存在的價值。這些宗教活動是很具體的，有不同的操作程序，道士們根據需要，設計了豐富多采的宗教儀式進行操作。現將其操作方法介紹如下。

一、持誦經文③

許多宗教都有嚴格的誦經制度，通過念誦經文，堅定信仰，加速對宗教的皈依。道教也有自己的誦經制度，在道教看來，誦經不僅具有心理上的功能，而且具有解厄除患、延年益算等實際的效用。道士持誦經文本身就是種為善之舉，可以感動神靈、消滅諸惡，釋散大

① 參見〔德〕弗里德里希·包爾生《倫理學體系》第二七頁，中國社會科學出版社一九八八年版。
② 商務印書館一九八三年版第二六頁。
③ 《太上老君戒經》：「誦經萬遍，白日登晨」。註稱：「暗讀曰誦」。

罪，得生命之正果。《太上神咒延壽妙經》告訴道士：『元始天尊救護益算，濟人身命疾命苦厄』只要你等『長跪稽首，一心除亂，衆惡消滅』，念誦本經，天尊就會『尋聲往救』，讓你們『壽算天年，世世不休，流通無礙』。『若能受持此經』，保證你們『無有厄忌』，『延年益算，過度災厄，壽命延長，拔贖年命，簿中斷死，文昌宮中，註上生名』。如在『六齋十直、甲子庚申、本命八節』之時『誦念是經』，那麼就有『魂神澄正，素髮還青，身心安定，萬願從心』的奇效。並且，三河四海，九江八極的諸真人及仙童玉女等一切的神明，聽見念誦此經，就會前來為誦經者，『消除一切苦惱。頑逆醜惡、無量大罪、輕師誷道、穢藉天經、奸邪偷盜、貪利入身，皆蒙釋散』。如果『日夜六時誦念是經』，則『五瘟疫毒，永離家門；世上兇魔，奔馳萬里』。為什麼念誦此經趕走了瘟疫魔頭，家門有幸？為什麼念誦此經萬事如意，死亡簿一筆勾銷？就在於念誦經文化解了一切罪惡，身心都被淨化了，至善的生命能毀滅嗎？無怪『太上』要人們『急急如律令』，趕緊持誦此經。

人的生命過程不是一帆風順的，難免命中有七災八難，不要緊，請念誦《太上靈寶天尊說禳災度厄經》。天尊告訴世間的『善男子、善女人』，如果『忽有年災月厄，遊城赤鼠之厄，天羅地網之厄，命窮算盡之厄，疾病纏綿之厄，落水波濤之厄，虎狼蚖蛇之厄，水火盜賊刀兵生産之厄，山林樹木社稷之厄，土石橋梁之厄，毒藥咒詛之厄』，只要面對『玉皇天尊大道真聖，懺悔解禳』，就能使『身中災厄，一一解散』。『受持念誦此經以後』，可以『解陽九百六之災，三衰九橫八難五苦之厄，所求如願，所履平安，出入行藏，常蒙吉慶，所為利益，所欲隨心』。人生的種種災難與不幸，經念經懺悔，立即煙消雲散，無怪『衆等聞說此經，皆大歡喜，信受奉行』①。

對於人生來說，誦經的功用是多方面的，可以消除火災，可以得為男子身，可以使蠶絲五穀豐收……。《太上洞玄靈寶消禳火災經》載赤靈神君向靈寶天尊彙報說：火災是隨人的善惡『別以重輕。欲警愚民，亦行速報。凡有不敬天地三光者，有不孝不忠者，有欺曲升斗秤尺者，有惡倖情偽者，有加意無厭於小民者，有暴積橫取者，應一切為非不信報緣者』，都會遭到火部的『天罰』，以『使之自新，知有省畏』。至於『為善種德者』，則『諸神屬不令侵犯』。天尊聽完彙報後指示說：『吾今為汝宣演神咒』，『若能改過遷善，信奉經教，有災之日，誦此咒者汝等當為蠲除罪咎，令保安全』；『如遇火精火怪，妄入人家，興諸禍殃，能誦此咒者，汝等亦當禁制，毋使害虐良民』。此神咒的要害是『鑑善不遺，削罪除愆』。即鑑別良善絲毫不漏，除去『良民』的罪惡，保證其不遭火災。於是赤靈神君作偈感謝說：『聞善降吉祥，家有天尊咒，火部不為殃』，『大勢息威光』，『諸魔自滅亡』，『災厄自消禳』。這是念誦經咒，家宅保安康，個人保安全。

① 以上見《太上靈寶天尊說禳災度厄經》。

《靈寶天尊說祿庫受生經》稱：人若在世時欽敬三寶，方便佈施，『設齋誦經，行種種善緣，及依吾教誦念此經，燒還祿庫受生錢者，得三生為男子身』。這是念經得男人身。《太上洞玄靈寶天尊說養蠶營種經》指出：養蠶營種五穀，是『衆生之命』，『五穀蠶子是衆生之本，人間種養最為重事』。人若想蠶絲五穀豐收，『當念誦此經，獲福無量』。或請道士到家『轉讀此經，百鬼妖邪，自不入宅，善神自下，與汝蠶絲五穀』。蠶絲五穀乃農業社會中人們的衣食之源，生命之本，這是誦經得善神之助，使生命本源滾滾而來。可以說，人生的各種難題和憂慮，經由持誦經文，都能加以解決。

人生境遇中，最大的焦慮莫過於死亡。解除死亡，在道教看來，除了得道成仙，別無選擇，而這，靠誦經也能辦到。《太上九天延祥滌厄四聖妙經》說：如誦此經文萬遍，可以『身處仙宮，與道合同』。《太上元始天尊證果真經》說：誦經萬遍者，『生者長生，家門有慶。死者幽魂出苦，身離惡趣』。

《文昌帝君救劫開心聰明大洞真經》卷上《序經章第一》說：人能誦此經，登齋修行，自然萬神歡慶，萬靈護持，萬仙翕臨。可以飛度三災四煞、五鬼六害、七傷八難、九厄十惡，『立望登仙入聖』。假如不誦此經，『由是善念泯滅，惡念日增，何以登仙入聖乎？』可見，誦經的最大功用是培育善念，泯滅惡念，經此道德修養而打通『登仙』之路。

二、奉持經文

信奉、受持道教經文，也能獲致長生。《太上老君戒經》註稱：『奉法順法，則獲長生』。經是至善的象徵，信奉經法就是向道不倦，樂善不疲，生命就能證成正果。《太上玄靈北斗本命延生真經》載老君告訴天師說：『凡有上士，於本命生辰，持此真文者』，可以『善及存亡，悔過虔恭，漸登妙果，重立玄功，證虛無道。……與聖合真，身超三界，永不轉輪，壽量無窮，快樂自在』。無論男女，於本命生辰及諸齋日，清淨身心，『焚香持此真文』，能使『善無不應，災罪消除，致感萬聖千真俱來衛護』。據稱，『此文所在之處，千真敬禮，萬聖護持，魔鬼潛消，精靈伏匿，世有災殃，悉皆消滅』。此經本是『修真之徑路』，故『得道逍遙，皆因此經；證聖成真，皆因此經；出離生死，皆因此經；保護男女，皆因此經。』既然此經有如此之妙用，那麼持受此經便是義不容辭的，而且持受此經後有助於悔過遷善，從而讓人能夠『保命延年』，何樂而不為？

《太上金櫃玉鏡延生洞玄燭幽懺》裏老君說：『遵依是經』，我會派遣『察命』記錄你的行為，『奏上玉清，名標金格，隨行深淺，得為真人』。並勉勵說：『值遇是經，宜加勉力』。於是『受得真經』者，『歡躍非常』，說偈稱頌：『若能存心持，存亡皆濟度。功德貴生成，隨行登仙路』。人能否『登仙路』，取決於其品行的深淺，只要存心持奉真經，定能『名標金格』。

《太上瑤臺益算寶籍延年懺》也稱：『玉京御號金闕靈文，奉之則可以永保遐齡，禮之則可以常資上壽』。可見奉持經文與誦經一樣，都促進了人們向善行善，從而加快了成仙不死的步伐。

三、刊刻奉送經書

刊刻流通、廣為散發道教經書，被視為一大善舉，必結善緣，得善報。尤其是道教勸善書的刊刻送發，功德無量。《太上寶訓註解》轉録《玉歷寶抄》敬勸流通善書說：『善惡兩途，報應昭然。善書流通，功德最大。傳一人者，當十善；傳十人者，當百善；傳大富大貴大豪傑者，當千善；重印流通，廣佈贈送者，當萬善。時時稱說，時時提醒，使世人無不聞言感動，善緣無邊，福緣亦無邊矣』[1]。流通贈送善書，即是積累善功，善無邊，獲福也無邊。

《文昌帝君救劫開心聰明大洞真經》卷上《序經章第一》稱：如有人能宏施無窮功德，『廣刻大洞經文，普施天下，觀望以為典型，則玉帝降鑑而飛天親迎矣』。不僅可以榮耀自身，而且『歷代遠祖，歷劫種親，俱可以超昇而更生矣。世冑接仙，長為貴人，功滿道備，骨肉同昇』。此即俗語所謂『一人得道，雞犬昇天』。可見刊刻印送道經，功在自身，利益宗親。

以上三項都是有關道教經書的，說明道經在勸善度仙的具體操作中佔有較大比例。

四、持戒

上一節，我們已論及『戒』在道士悔罪贖罪中的作用，這裏我們再觀察一下『戒』在道士修行中的防惡止惡作用。道教認為，『世人惡多善少』①，基於這一認識，教中制定了許多戒規來防止惡的產生。《太上老君戒經》說：『戒者防也，防其失也』；『戒者戒惡也』。戒就好像是打預防針，預防『惡病』發作。戒又好像世間法律，不可違犯，犯者必遭懲罰，故說：『子觀戒文，如世法律，欲有所犯，思金木刑。子於戒文，精意奉持，凜然在前，如對所畏，秉心正嚴，滅一切想』②。面對此尊嚴的法律條文，當消滅一切妄想，嚴格遵守奉行，這是學道的基本要求，所以說：『子欲學道，清齋奉戒，念念正真，邪妄自泯』②。看來，『戒』的功能不僅在於戒行，也在於戒心，使人心念向善，『念念正真』。合而觀之，『戒』一方面預防人們心頭萌發犯罪的念頭，防止人們產生犯罪行為，另一方面，一旦犯罪作惡，便作為法律依據繩之以法，以儆效尤，以防其再犯。誠所謂『未失，則防而不為；既失，則戒

① 民國己巳年上海宏大善書局石印。

② 《北極真武普慈度世法懺》卷六。

而不犯』。這是『戒』在道士修行中防惡止惡的功用，而其目的，也是勸善度仙。

《太上老君經律·老君說一百八十戒序》托老君之口說：『人生雖有壽萬年者，若不持戒律，與老樹朽石何異？寧一日持戒為道德之人而死補天官，屍解昇仙』；『人生雖有壽萬年，不持戒律，與瓦石何異？寧一旦持戒，終身為道德之人而死，不犯惡而生。持戒而死，滅度練形，上備天官，屍解昇仙。世人不持戒律，死有重罪，無益魂神』。人若不持道戒，即便長壽萬年，活着也不過如同老樹瓦石，而且死後『魂神受罪』。人一旦持戒，便成為有道德的人，死後可上補天官，成為神仙。為此，人決不可犯惡偷生，否則『死有重罪』。這叫持戒成仙論。此論在《道德尊經戒》的『九行二十七戒』中也有反映。所謂『九行』是：『行無為，行柔弱，行守雌勿先動（此上最三行）；行無名，行清靜，行諸善（此中最三行）；行無慾，行知止足，行推讓（此下最三行）。』據稱：『備上行者神仙，六行者倍壽，三行者增年不横夭』。所謂『二十七戒』包括：勿食含血之物；勿慕功名；勿忘道法；勿學邪文；勿為耳目口所誤；勿以貧賤强求富貴；勿為諸惡；勿與人争曲直等等。分為上中下三品各九戒『上備者神仙，持十八戒倍壽，九戒者增年不横夭』③。持戒修行的品位不同，生命的歸宿也不一樣，反正是品位越高越好，越完備越好，多多益善，得道成仙。關於持戒成仙論，

《正一法文天師教戒科經》有更詳細的闡述。文中認為：『人生受命，制之在天，天實不言，故在聖人。聖人隨世惻隱，不以常存，故遺教戒。教戒者，欲令人勸進，長生全身，

保命無窮。人皆能奉法不倦，何但保命，乃有延年無窮之福」。聖人制定教戒的目的就在於勸人為善，度世成仙，人只要遵循教戒的規定去想去做，「以戒自檢」，「守戒不違」，「以戒挫心」，便能獲福無窮，證戒成仙。這表明，持戒守戒在道教勸善成仙的操作中佔有重要地位，扮演着道德勸戒和法律戒令的雙重角色。

五、佩符

「符」本為人間的一種憑信，具有一定的權威性，西漢時已有所謂「銅虎符」、「竹使符」④。漢代道教將此演為「神符」。《太平經》已有關於「符」的記載。《三國誌·張魯傳》記載張陵「造作符書」。以後更形成道教中的符籙一派，專以符水治病，佩符辟鬼。《雲笈七籤》卷四十五《序事第一》認為：「術之秘者，唯符與氣、藥也」，並解釋符為「三光之靈文，天真之信也」。符為神的信物，具有驅邪惡的威力，人佩符可以去惡從善。《洞真太上倉元上錄》有「破淹符」，聲稱佩此符可以辟去穢濁。穢濁去而善行立，善行立則度厄延年，上昇玉清。據《雲笈七籤》卷九《釋太上倉元上籙》說：《倉元上籙》又名《破淹洞符》，

③ 參見《太上老君經律》。
④ 參見《史記》、《漢書》、《孝文本紀》。

為玉晨君所修，如果『得而奉行，能飛能沈，能隱能顯，位為真人』。可見奉此神符，便得神力，神通廣大，去惡驅邪，成仙了道。

《太上老君說長生益算妙經》載有『開心符』、『益算符』、『護身命符』、『金木水火土不相克符』等等，說是『一切惡物見符，當自散滅』。奉道之民，如果有『壽終算盡，年衰月厄』，應當沐浴燒香齋戒，存心聽取『太上神符』。據說，神符保護萬姓『百年無闕』。假如『歲月日時衰忌，當佩神符，無有衰厄。大道真符，授與其人，過災度厄，增年益算，受符之後，壽命延長。九億萬道符護身命，願壽登一百二十歲。』修道者『佩符之後，天開四通，百鬼伏從，墮水不溺，履火不燒，出入吉慶，不逢禍殃』，『善瑞日臻，所求所願皆得遂心』。如此說來，佩符增進了『善瑞』，使人壽命延長，亦可算作勸善度仙的操作方法之一。

六、投龍簡

道教投龍簡或者起源於古代的土龍致雨巫術。古代中國人以龍為『符瑞』，認為龍起雲雨，故『以龍致雨』①。漢代以土龍致雨的風俗相當流行。《淮南子·地形訓上》：『土龍致雨』。《論衡·龍虛篇》：『董仲舒雩祭之法，設土龍以為感』。《論衡·亂龍篇》也說：『董仲舒申《春秋》之雩，設土龍以致雨，其意以雲龍相致』。按照巫術社會功能的道德價值，通常將其分為白巫術與黑巫術，白巫術以行善為宗旨，土龍致雨即屬白巫術。照弗雷澤《金枝》的分類法，巫師按照相似律引伸的法術叫『順勢巫術』，基於同類相感原則的土龍致雨即當歸入順勢巫術一類。後世道教投龍簡的宗教活動大概與此土龍致雨術有關。

投龍簡也以行善為目的，主要乞求神靈佑護，除去投簡者罪過，使其神仙長生。製作『龍簡』的材料，據《金石萃編》卷五十三《岱嶽觀碑》引《東齋紀事》說：道家有金龍玉簡，學士院撰文，齋醮投於名山洞府，金龍以銅製作，玉簡以階石製作，即所謂投龍也。投龍簡者將自己的願望寫於龍簡上，一般在道教齋醮儀式之後投於名山洞府。《靈寶領教濟度金書》卷二《開度黃籙齋五日節目》記載：『道士齋儀後，到『各名山洞天福地投簡』。關於投龍簡，《三洞珠囊》卷二《投山水龍簡品》有較詳細的記載。

據其引《洞神經》第十四說：凡學神仙長生，應依山傍水，『山居玩水，長生之方也，當投簡送名，拜見山水之靈。靈皇帝君，佑護善人，使弘仁智，長生成仙也。』其具體操作程序是：於八節日寅午時，用紅筆書寫白槿簡一枚，所寫內容包括投簡者姓名，及其『志求長生，移籍太清，改死録，著生符』的意願，然後到山上燒香讀簡文，再拜長跪。接着到河邊，泛舟中流，再拜讀簡，以青紙裹及青絲纏簡，用淨石繫之沉放水中。照此法連續做三年，共投簡二十四次，『久久神降，自知吉凶幽顯，了然道成』。又引《赤書玉訣》說：在銀

① 《呂氏春秋·應同》。

木簡上用紅筆書寫投簡者姓名、出生年月，表示自己『願神願仙，長生不死』，乞求『溟靈大神』削除罪名，『上聞九天，請詣水府』。用青紙裹及青絲纏簡，『金龍負簡，以投三河之淵』。投簡應於『清冷之淵，北向叩齒三通』，讀簡完畢念祝詞，乞請神靈『削罪名。千曾萬祖，九族種親，罪相連染，及得我身，普蒙削除，絕滅種根，記名水府，言上帝前。七祖父母，去離八難，上登九天，衣飯自然，我罪釋散。萬神咸聞。請以金龍，關盟水官；請如所陳，金龍驛傳。』龍的作用是在投簡中作為『驛傳』，向『水官』傳遞自己削除罪名、成神成仙的願望①。

另外，《無上秘要》卷四十一《奏簡文品》引《元始靈寶告五嶽靈山除罪求仙上經》說：用紅筆書寫自己姓名、出生年月於銀簡上，並寫上『命屬赤帝，名繫霍山。願神願仙，長生度世，飛行上清。五嶽真人，至神至靈，乞削罪籍，上盟九天，請詣靈山，金龍驛傳』。將簡用青紙裹青絲纏，與金鈕九只，金龍一枚埋本命之嶽。於本命之嶽東向叩齒九通，讀簡畢，咒稱：『普告十天日月星宿，五嶽靈山，天下地上，冥冥大神：監生主録，南上三門，開領玉簡，勒名丹編，削落罪書，上補帝臣。億曾萬祖，九族種親，皆蒙解脫，五道八難，去離三惡，魂生九天，生死開度，萬劫長存。今日上告，萬神咸聞。請以金鈕，關盟真官；請如所告，金龍驛傳』。由上述幾個例子可見，投龍簡是人通過向神祈禱，從而『除罪求仙』的一種宗教活動，這項活動中含有勸人為善，度人為仙的意蘊。

投龍簡的地點，多在一些名山大川。《南嶽小録》載：『有神溪投龍潭，每修齋畢，投金龍於此』。又載：洞真瀑布『下有投龍潭，每修齋畢，投金龍於此也』。另外，在朱陵洞，有石巖，下有平石方二丈，是舊時投金簡之所。《赤松山誌》引《洞天福地誌》說：『郡人皇氏於洞元洞天學道，『凡投告龍簡必至焉』。《洞霄圖誌》卷三載：大滌洞中有圓井無底，惟聞浪浪水聲，乃歷代朝廷遣使投龍壁之處。

投龍之舉流傳到社會上，成為民俗風情，有不少皇帝也熱衷此項活動，特別是唐宋時代的皇帝。《全唐文》、《册府元龜》、《金石萃編》及《道藏》中有很多唐宋皇室投龍的記載，其中尤為突出者有唐玄宗、宋理宗等。一九八二年，嵩山出土一枚龍簡，是聖曆三年（七〇〇年）武則天派道士胡超前往嵩山祀神時所投。簡内說：『上言大周圀主武曌好樂真道，長生神仙，謹詣中嶽嵩高山門投金簡一通，乞三官九府除武曌罪名』。即便是以佞佛聞名於世的武則天，也從事投龍活動，說明唐代統治者很重視投龍祈求長生的道教儀式。由此也可見道教勸善成仙之舉在社會上的廣泛影響。

① 按：水官為早期道教的三官神之一，東漢五斗米道並有三官手書以懺悔治病，投龍簡或直接由此發展而來。

七、點照仙燈

道教齋醮中有種種燃燈儀式，日積月累，由此獨立發展出『燈儀』作為祀神求福，消災延命的一種專門的方法。《道藏》洞真部威儀類録有十多種燈儀，多出於元明時代，可見宋以來至元明時期，道教燈儀之盛行，這些燈儀中同樣含有勸善度仙的內容。《九天三茅司命仙燈儀》載：東嶽上卿司命太玄妙道衝虛聖佑真君、定録右禁至道衝靜德佑妙應真君、三官保命微妙衝惠仁佑神應真君等三位司命神，『糾仙凡之功過，掌生死之權衡』。若依此燈儀選擇吉日，點照仙燈，志心皈命三位真君，則能消災獲福，保命長生。《東厨司命燈儀》說：竈君乃一家之主宰，在天為七元使者，上承天帝之命，下察人倫道德，記録功過，賞善罰惡。人若作惡犯過，當設此燈儀，以求竈君去災降福。

《正一瘟司辟毒神燈儀》認為：禍福與人的稟性善惡有關，積善之家必然有福慶，而作惡者必遭殃咎。人害瘟病，皆由自己作惡而致，故若能照此燈儀供奉五方行瘟使者，表示自己悔過之心，則可收瘟攝毒，保佑全家。又有《黃籙九陽梵炁燈儀》，求九陽梵炁普照九幽地獄，拔度亡魂，使形魂昇天，並使自身成仙了道，免墮地獄；《玄帝燈儀》，求祈北極鎮天真武玄天上帝真君降百福，消滅千災，『註生籍於南宮，削罪名於北府』；《北斗本命延壽燈儀》，求本命星君削除罪惡，保命延壽；《南斗延壽燈儀》，請求南斗『長生之府』諸神賜福滅災，長生延命。諸如此類，不一而足。其目的多在於祈求神允許自己改惡從善，並一筆勾銷已犯罪惡，使自己長命乃至登仙。

八、發善願

《太上洞玄靈寶真文要解上經》認為當行十二大願，即：一願大道淡泊虛無，二願諸天結氣澄清，三願地上廣載無窮，四願日月高明，五願星辰與日月齊光，六願四時隨節推遷，七願浮雲結氣聚煙，八願風雨流灑無窮，九願五嶽各安其方，十願江海蕩蕩無極，十一願帝王國土日昌，十二願蠢飛蜎動普得生成，草木果林靡不鮮榮。此十二願的中心內容就是希望風調雨順，天地祥和，太平盛行，萬物生長，一句話，就是祈禱自然界與人類社會的和平。據說，此十二善願施惠種福，為人結善因，功德廣大，只要勤心修行，即可『生死獲仙』。

《太上洞玄靈寶四方大願經》認為：學道之士，或處山林，或居宮觀，積行修功，輔元贊化，『以冀仙道，當發四方大願，朝夕行之，自然與道合真，萬神協助』。這四方大願是：（一）東方。乞求已得道大聖衆至真諸君丈人賜予『十四福』，包括身無疾病，永離苦難；妖惡自滅，心神端正；災禍自消，福德臻集，道德日至；為三界所稱，列號真人；邪穢悉除，德行清白；道成德就，白日昇天；福慶之兆，上延先祖，福流子孫；門內眷屬，普得延年，與道合同。（二）南方。乞求已得道大聖衆至真諸君丈人成就『十一念願』，包括帝王國主吏長官屬福慶日臻；不犯經戒，道德尊大；悔過首罪，不敢有所隱瞞，禮拜盡心；願求神仙，得見真君；為億曾萬祖，上世父母，逮及己身，解除生死宿考重罪；為合家所有親戚，常承慶福；後世子孫，求恩獲利；一切衆生，普蒙恩潤；克獲上仙，白日昇天，仙度之後，與道合同。（三）西方。乞請已得道大聖衆至真諸君丈人賜『九福』，包括見世安穩，不遭橫禍；榮名赫赫，奸邪退伏；功成德就，為大聖所敬；福慶之兆，上延先祖，下流子孫；克得上仙，白日昇天，仙度之後，與道合同。（四）北方。乞願已得道大聖衆至真諸君丈人賜予『七福』，包括無勞塵耻辱之事；德行清白，容貌端正，衆人樂見；奸邪諂偽，妖孽雜俗，不能污穢；善功日昇，惡道消滅；收鬼治病，使役鬼神；身香體潔，勇猛智慧，高才聰明，克昇上仙，白日登天，仙度之後，與道合同。此東南西北四方大願的主題亦是向神靈請願，消滅降福，去惡行善，神仙長生，與道一體。

限於篇幅，以上我們從道教勸善度仙的許多具體操作法中抽取了八種，以見一斑。這些操作方法從某種意義上說就是道德修養，循此修養途徑而到達神仙境界。既然是種自覺的道德修養，那麼其中就含有修養者個人的主體能動性。『對於個人在自身的道德品質形成和改變中的能動性來說，道德修養是最重要的道德活動形式，有着決定性的意義』①。所以，道教生命倫理學的操作性中即含有操作者的主體性，修道者通過發揮自我能動性，施放道德能量，不斷完善自我。這是種特殊的、宗教式的道德修養，對於形成道教信仰者完美的道德品質起著很重要的作用。信仰者運用這些修養方法，按照仙家的標準，積極進行道德修養，最終得道成仙。這些修養方法由於儀式化，表面上顯得刻板機械，令人懷疑其效果究竟怎樣。然而事實上在各種機械行為中包含着信徒虔誠的、堅定不移的信仰，包含着人對神的崇敬與真誠，極少作偽的可能。須知『上天明鑑』，神不可欺，在這樣的心態下進行道德修養，是不易流於『偽道學』的，是很難培養出假道學先生的，這是宗教道德的特殊功能。

中國古代倫理文化非常重視道德修養，先秦儒道兩家建立了各自不同的道德修養方法，這些方法多多少少為道教所繼承。隨着宋明理學的產生，儒家道德修養論形成體系，其中也吸取了佛道二教『無慾』、『無為』的道德修養論，反過來又給予道教以影響。理學講修身養性，要人通過內心反省，陶冶性情，培養情操，形成高尚的道德品質。道教受此影響，道德修養也十分注意從心性下手。與儒家不同的，是其修養方法結合宗教儀式進行，操作過程很具體，方法大衆化，易於為一般百姓所接受，在民衆社會中更為流行。

這些道德修養方法或者說操作方法，明顯表示了人與神的交流關係，既有人對神的敬畏、求告，又有役使鬼神，為人所用，替人服務，以達到人的目的。在這種複雜微妙的人神關係中，透示了主體在客觀世界中所處的位置和作用，作為主體的信仰者所感受到的生命的

① 羅國杰等編著《倫理學教程》第四三七頁，中國人民大學出版社一九八五年版。

價值和意義。人一方面跪倒在神面前頂禮膜拜，另一方面又按照自己設計的儀式進行操作，役使神靈，將自己與神結合起來，以求到達神的高度，從而實現自我完善、最終解決人類境遇中的根本問題——死亡。這種人的操作體現了道教生命倫理學的實踐價值。如果僅僅停留在人進行操作的層面上，那就展現不出道教的宗教道德的特性，道教還要將人的道德活動轉化為神的道德活動，將人的操作外化為神的操作。

其次，我們就來說第二條線，神的操作。

在古人那裏，神的權威無處不在。蘇格拉底曾說：神有這樣的權力，這樣的本性，能看見一切，聽到一切，無處不在①。既然神的權威和本事如此之大，那麼古人將自己辦不到的事和不能了卻的心願托付給神。是可以理解的。道教也是如此，將許多解決不了的問題推給神，由神來操作和處理，作出公正判決。比如社會生活現象中有德福不一致的情況，有德者不一定有福，無德者也不一定無福。在康德的倫理學中，已經察覺了有的人努力按照『絕對命令』而行動，但也可能受到現實世界的挫折，不能如願以償而夭折死亡，就是說道德與幸福不能兩全其美。為了解決這個問題，康德給這種人以報償，讓他們的靈魂在肉體死亡後依然不滅。他考慮到這種『善人』得不到幸福，『惡人』得不到懲罰的事情也應當加以補償，因而他假定上帝是存在的，認為上帝可以同樣地支配道德界與現象界、使道德界與現象界相統一[2]。通過假定上帝存在，懲惡揚善，使道德界與現象界相統一，康德解決了現象界中德福衝突的問題。道教對此問題的解決可以說與康德有異曲同工之妙。

道教生命倫理學通過神的操作，給善良的人們一種心理上的補償，滿足他們善有善報，惡有惡報的心願，從而解決德福不一所帶來的心理失衡問題。通過神的操作，又顯示出最高力量的公正判決。人間社會給予善人的不公正待遇，如讓他們受窮吃苦，不幸早夭等等，在神的面前都作了重新審判，惡人被貶下地獄受無窮折磨，善人進神仙世界，享不盡幸福快樂。現象界的不公被神界予以徹底否定，還人間以公道，最終說來，邪惡受到懲罰，正義得以伸張，德福完全統一。然而這一切，都是由道所假定的至善神來完成的。康德曾斷定，『唯一可能有的理性神學就是以道德律為基礎的、或謀求道德律指導的神學』[3]。道教假手神的操作，懲惡揚善，解決人間不公的現象，就是種以道德律為基礎或者說謀求道德律指導的理性神學。

這種神學所最關心的是人的問題，尤其是人的生命問題，而這些問題當中的某一些卻是長久使人困惑，無力加以解決的，不得不求助於神的力量，假手神來處理。那麼道教是怎樣

---

① 參見北京大學哲學系外國哲學史教研室編譯《古希臘羅馬哲學》第一七一頁，商務印書館一九六一年版。
② 參見全增嘏主編《西方哲學史》（下）第九四頁，上海人民出版社一九八五年版。
③ 參見羅素《西方哲學史》下卷第二五三頁，商務印書館一九七六年版。

假手於神來統一德福，讓有德者神仙長生，作惡者短命夭亡的呢？

○ 神記録、考校人的善惡

第一步，就是派遣諸路神靈巡視、記録、考校人的善惡，以便將之記於不同的生命簿上，此即所謂記録在案以備考。《太上妙始經》說：每月的初一、十五、三十這三天，天帝就會派遣六部都録使者『案行天下，主書人之善惡』，可千萬要當心呵！其言下之意，如不時時檢點自己行為，做事謹慎不犯過惡，那麼天帝的使者在巡行人間時，就會記録下你的所作所為。《太上洞神太元河圖三元仰謝儀》說：『乾坤有刑德之神，天地有司察之吏，陰陽有繩非之目，曹僚有主過之官，善惡必書，纖毫不漏。』神對於人的善惡表現記録分明，滴水不漏，人不要妄想逃過神的眼睛。神的眼睛特別善於發現為非作歹之事，所以稱為『繩非之目』。人一作惡事，神便知曉，並將其記録在案，這叫：『惡人為惡不止，自有司神記其惡事』[1]。對善人和惡人有不同的檔案簿記載，人死後一查這些檔案，就可以知道該送你上天堂還是下地獄。

《太上洞玄靈寶上品戒經》載元始天尊敕令善男信女們，天上的有關官員每月一日派二童子下降人間，『察其善惡，録人是非』。行善者由天官『上校其善簿』，造惡者則由地獄『下註其惡名』，人死之後，『善者受福，惡者受殃』。善人有善人的花名册，惡人有惡人的花名册。一個在天堂，一個在地獄，善惡兩途，各得其果。

神對人行為善惡的記録是時刻都在進行的，人行善一刻都不能有所懈怠。《太上北斗二十八章經》載大道北斗元君自稱：我於每年『逐季逐月下降』，巡視人間，『較量一切善惡』。又説：『司命録籍諸神，逐月逐時抄録人間善惡，具奏天曹，禍福無私』。神那雙公正無私的眼睛時時刻刻盯着人，人的善惡表現被記録下來，彙報到天庭備案。更有那人身中的三尸神，無時不在監視着人，人所做的一切都被抄録下來，定時向天報告。還有那竈神，人的一舉一動也看得分明，記録在案。天上、地下、人的身中、家中，無處不在。無時不有神的陰影，監視着人的善惡之舉，記録下人的道德表現。

如果説上述有些像是玩虛的，尚不足以震攝頑惡不化之人，那麼道教還有更實在的舉措。早期道教即已建立二十四治，以此『領世人名籍』。據『《漢天師世家》卷二説，在這二十四治中，每治都設立『仙官、陰官及祭酒之曹分統之』。每治所領道民中，『誠敬忠孝積功行者』，由仙官記録其善行，而『悖逆奸貪恣肆狼戾者』，由陰官記録其罪行，從而使道民中，『誠敬忠孝積功行者』，由仙官記録其善行，而『悖逆奸貪恣肆狼戾者』，由陰官記録其罪行，從而使道民們善化。這就使神對人善惡的記録制度化了，落到實處。那麼神記録人的

①《正一法文天師教戒科經》。

善惡品行以備案，準備用來做什麼呢？此即神的操作第二步所要下的棋。

○神依據人的善惡檔案對人的命運與生命走向作判決

神在搜集記錄人的善惡表現，分門別類編成善簿與惡簿之後，便為其判決做好了前期準備工作，使證據確鑿，不致發生誤判。這些判決從形式上可分為兩大類，一類是某個神靈的單獨判決，另一類是衆神集會，神的法庭開庭，審理人間是非善惡。

先看第一類。《太上北斗二十八章經》載北斗元君宣佈判決令說：一切人民，心行一切善，念大道之意，行於平等，救護貧苦，給濟衣食，其人當壽命延長，不見刀兵惡事及一切患苦，賜增一萬一千八百功德，常得善星擁護。又說：我受平等註生真君之位，共治下界生民，除各種惡毒之氣，眷愛萬靈，護佑子子孫孫除災降福，真實不虛。如有『生民不行善道，秤尺升斗不平，心行暗毒，廣造惡業，謀害善良，百靈落籍，減除福祿壽命，善籍註罪，送入地獄，永失人身，流浪生死，難遇超生』。善與惡分別給予不同的果報，善者『壽命延長』，惡者減除壽命，打入地獄，『永失人身』。北斗元君還稱：正月二十五、二十六日、二月初三、初七日、三月念三、念六日，這三個月為春季，有天雷天火之災，五瘟時氣之病降臨，『若學道求真，心無二行，吾當註福延命』。四月十七、二十七日、五月初五、十三、二十日、六月初四、初八日，此為夏季，『分龍行雨，隨行抄録善惡輕重，積善者十倍全收，積惡者減尅四分』。七月初四、二十四日，八月十一、十九、二十七日，九月初三、十八日，此為秋季，『收掠人間五穀，分數善惡，等分註簿抄攢，增減禍福，分毫無私』。十月初十、二十六日，十一月初一、初九、十七、二十五日，十二月二十日，此為冬季，『檢校四天下人民善惡陰騭』。特別是在十二月三十日夜半子時，只要有『志心』，無論高下貴賤，『陽間鬼神道、畜生道或地獄道，或女人欲轉男子身，或在牀枕久病，或被惡人道路劫掠，或被冤人執賴，或被官災橫禍……』諸如此類，於此時清齋志誠，焚香朝拜，面向北方，一心恭敬，『分申情款。吾管案分仙曹靈官，度量善惡，等分輕重，除災降福。如業力重者，陰罪降之，恐墮人身；若善力高者，吾當註一萬五千八百善利』。在道教中，北斗元君『為造化之樞機，作人神之主宰，宣威三界，統御萬靈，判人間善惡之期，司陰府是非之目，五行共稟，七政同科，有回死註生之功，有消災度厄之力』①。具有判人善惡，予人『回死註生』的無上權威，它的判決是平等無私的，以人的善惡表現為唯一準繩和依據。北斗元君的判決也是十分細緻的，一年四季有不同的內容，而最終落腳於人的生命。

道教又有三元帝君，『職任宰御，巡歷考校，凡仙官真人，天神地祇水母，三界萬靈、君臣人物善惡，悉主隸焉』。『凡居境域，上至帝王，下及兆民，榮顯興衰，富壽康寧，吉凶

①《太上玄靈北斗本命延生真經》。

成敗，禍福災虞，皆屬三元定分』。據稱，此三元帝君『掌握樞機，古今運化，歷劫常存，靈感報應，善惡公私，毫杪不差』[1]。顯然，三元帝君的職能是明察秋毫人間善惡，以此決定人類社會各階層人物的『命分』，予善者以『福壽』。

按照《太上洞神三元妙本福壽真經》的說法，人的『本元天性，清寂虛明，了無慾情，安有善惡』？然而當人『心念一起，邪正區分』。上古時代的君臣民都是『真真實實，樸樸純純，初無二心，咸有一德，自然三元融暢，一性慧靈』。但自中古社會以來，『尚機智聰明，流心情妄，貪嗔好勝，嫉妒好爭，詐偽奸邪，驕奢欺昧，了無覺知，終不改悔，人慾甚而天性喪矣』。這樣一來，便使得有人『冤枉罹禍』，而且『良善受殃，苦屈無伸』。正義得不到伸張，歪風邪氣橫行，於是『感生疫癘，兵凶饑荒，奸盜鬼神，陰毒魔怪，興妖災害並生，以至病病傷殘，性命夭折』，真是太苦了！人間如此不公，三元帝君巡訪時，當然要考校善惡，『昭彰功罪，伸理曲直，赦罪救苦，解厄拯危』。對於有功德者，帝君便『賜福祿壽，以至子孫賢哲榮顯』。至於那些作惡多端者，帝君毫不客氣地『罰戮剿除，以至子孫愚頑凌替』。這就是三元帝君的『聖明公直，報應如響，自然而然，萬無一失』。中古以降，人類社會是非不分，人妖顛倒，善惡得不到公正的回報，善人有德無福，甚至罹遭冤獄，這是人類自己無法加以解決的，因為人的天性已喪，私慾膨脹，利令智昏，早已將『公正無私』拋到九霄雲外。在此情況下，只有借助『聖明公直』的神來裁決人間曲直，還善人們一個公道，給惡人們以嚴懲，扭轉世風日下的狀況，重建社會道德秩序。神的判決結果是毋庸置疑的，『自然而然，萬無一失』，決不會有冤假錯案，這是人的操作所無法達到的。

道教中還有一位有名的神，北方大將玄武將軍，每於『天元八節，甲子庚申，一月一辰，降於下界，録善罰惡，輔正除邪，濟拔天人』。此神為『老君變化之身，武曲顯靈之驗，本虛危之二宿，交水火之兩精』，『常披紺髮，每仗神鋒，聲震九天，威分四部』。此神的職能就是『有妖皆剪，無善不扶』①；『保人慶壽，以全天命，其有氣正心純，忠全孝盡，各書玉簡，保舉昇仙』②。《真武靈應護世消災滅罪寶懺》也載：北方真武神將奉天尊之令『下人間録善伐惡，輔正除邪，濟拔人天，袪妖攝毒，救護一切，無有枉橫』。真武神的使命也是扶持人間正氣，除滅邪惡，保舉忠孝善人得道昇仙。這是單個的神對人的判決。

再看第二類，衆神集會，開庭審理人間善惡功過，予以判決。

《無上秘要》卷九《衆聖會議品》引《洞玄元始五老赤書玉篇經》說：元始靈寶五老尊神、諸天帝皇、妙行真人，常於正月、三月、五月、七月、九月、十一月，一年的這六個月，『會於上上三天靈都宮元陽紫微之臺』，考召五嶽四瀆河海大神，『周行天下，莫不糾察

① 《太上洞神三元妙本福壽真經》。
② 參見《太上說玄天大聖真武本傳神咒妙經》。

功過，揀擇種人』③。元始靈寶西北天大聖衆至真尊神、無極大道上帝、真皇老人，常於月一日，集會靈寶玄都西北玉京山紫微上官，『校地上人鬼功過』，並令北斗與三官，『周行天下，糾察兆民，條列善惡輕重理』向上彙報。這一日不犯科律者，『三官除罪録，列名玄都，萬神衛護，得為種民。犯惡為非，移名地官』。元始靈寶北天大聖衆至真尊神、無極大道太上老君、靈寶妙行真人，常於月八日，集會靈寶玄都北上玉京山陰元臺，『校地上兆民簿録年命算籍』，並命令北斗司殺鬼與八極司隸『周行天下，司察善惡功過輕重』上報。『其日犯惡為非，移付地官，執心奉齋，不犯科律，三官削除罪名，三天記上仙録』，並告訴『天神地祇，侍衛營護，萬災不幹』。元始靈寶東北天大聖衆至真尊神、妙行真人、無極大道太上萬度萬生神皇無上玄老君，常於月十四日，集會靈寶玄都玉京山通陽清微官，『校天下學道年月功過及鬼神之事』，並令太一使者與北豐伯使者『周行天地，司察人神功過深淺』向上彙報，如『有修齋立德，即勒録九天，記名仙籍，鬼神隨功進秩，人鬼有罪，移還鬼府』。元始靈寶東天大聖衆至真尊神以及太上老君、太上丈人、皇上老君等神，常於月十五日，集會靈寶太玄都玉京山青華玉陛宮，『共集校定學仙人名，功過深淺』。其日，衆神『周行諸天下地上，察校學士兆民功過輕重』。『其日修齋奉戒，則五帝保舉，上言東華，生死為仙，勒下三界神靈侍衛，千災不幹。有犯科律，移付地官』。另外還有元始靈寶東南天、南天、西南天、西天、下元天、上元天的大聖衆至真尊神與諸神於月十八日、二十三日、二十四日、二十八日、二十九日、三十日集會神仙宮府，共同『集校天民簿録，分別善惡』，『集校天民禄命長短，分別善惡』。並令太一八神使者、北辰、三官等神靈，周行地上，『司察兆民功過輕重』，『司察天人善惡』，『司人功過』，向上彙報。在這些日子中，在燒香行道，不犯科戒者，則『司命勒名生録，敕地祇營護，福慶日隆，萬願如心』；司命、長生司馬註上生簿，延算益命，勒下地官營衛佑護，另為善民』；『上官記名，削除罪録，得為種民』；『言名仙簿，得為種民』；『名上仙簿』。假如在這些日子裏作奸犯科，『違科犯法』，則『移付地官』；『削除生籍，移名鬼官』；『減算縮年』；『長充鬼役』；『長為罪民』。

從以上引述可以看到，元始靈寶十天諸神於固定的時日召集大會，共同審察下民的善惡檔案與生死簿録，將立有善功者除去罪名，登記人『生簿』，使其『延算益命』，表現特好者則『名上仙簿』，成為神仙『種民』。至於那些作惡多端者，則打入另册，『削除生籍』，減掉其壽命，交付地府審理『長充鬼役』，永為『罪民』。這就是衆神在天上的神仙洞府内所作的判決。

這種衆神分別人間善惡，據人的善惡檔案裁定其生命長短與走向的情況，在《太上洞玄靈寶三元品戒功德輕重經》中也有較詳細的記載。據載：一切尊神常以正月十五日、七月十

① 按：道教所謂「種人」、「種民」略相當於基督教所謂上帝的選民。

五日、十月十五日，『集校諸天已得道，過去及未得道百姓子男女人，滅度生死，功過簿録』。在這三元日，有關神仙部門『各條算』人們的『功過罪惡輕重，年月日限，事事分別青黑二簿』，奏報紫微太極左右中三宮。『功德滿足，應合仙者，言名紫微宮；有善功，敬信宗奉大法者，言名太極左宮；有積惡不合道，罪應死者，言名太極右宮。』進入紫微宮者，『則書玉名金録仙籍』；進入太極左宮者，『則書青元之録長生玉曆』；進入太極右宮者，『則註黑簿，移付長夜九幽之府』。又載：正月十五日上元校戒之日，七月十五日中元校戒之日，十月十五日下元校戒之日，此一年三日為地上一切神靈會同『上詣上三天玄都三元宮中』，將『兆民生死緣對，宿根簿録，功過輕重，列言上天』。在此三元日，諸路天神同時到三元宮集會，由三元左右中宮三官九府百二十曹、陰陽左右水火風刀考官，『各算計天上天下生死簿録，更相校訊，有善功者上名青簿，罪重者下名黑簿。各以一通，列言三官。功過善惡，毫分無失』。

衆神首先統計人的功過善惡，將其分別記録在案，善者登記在『青簿』上，惡者録名於『黑簿』上，然後根據善惡二簿判決生死，送往仙界或者地府。衆神的這種操作宗旨亦在於勸人為善，度人成仙。

總之，神的操作解決了人世間黑白不分、德福不一的矛盾，給行善者帶來光明和希望，給那些作盡壞事而未遭受懲罰的惡人敲響了喪鐘，因為神充分代表了公正、平等、無私、明察秋毫，神的審判分毫不差，萬無一失。神的手中有兩本帳，一本是善惡帳，一本是生死壽夭帳，而後一本帳是前一本帳計算所得結果，換言之，善惡帳是作判決的證據，生死壽夭帳是宣判的結果。神的操作即依此進行。在西方，以斯賓諾莎為代表的泛神論，只承認作為無限實體的神，包括人在內的一切存在者都不具有作為實體的獨特性，而只是內附於神。道教與此不同。其生命倫理學既承認神作為無限實體存在，發揮最高裁判的作用，又承認人作為實體的獨特性，人甚至可以經道德修養途徑而轉變為無限實體的神。所以神對人的賞罰實際上取決人的自我表現怎樣，神的操作與人的自我操作是交叉結合進行的。

宋徽宗註《西昇經》「罪有公私，明有纖密」時說：「為不善於顯明之中，人得而誅之；為不善於幽暗之中，鬼得而誅之。天網恢恢，疏而不失。曾何纖密之遺哉！」人神兩條線，人能察覺的罪惡由人的操作來解決，人未發現的罪惡由神的操作予以誅除，一明一暗，決不會有漏網之魚。如果說現代西方新托馬斯主義建立了「以神為中心的人道主義」，那麼可以說道教生命倫理學是種以「人為中心的神道主義」，表面上、形式上是神道，實際上、骨子裏是人道。其所渲染的種種神的操作方式，神對人的裁決，仍不脫傳統「神道設教」的窠臼。

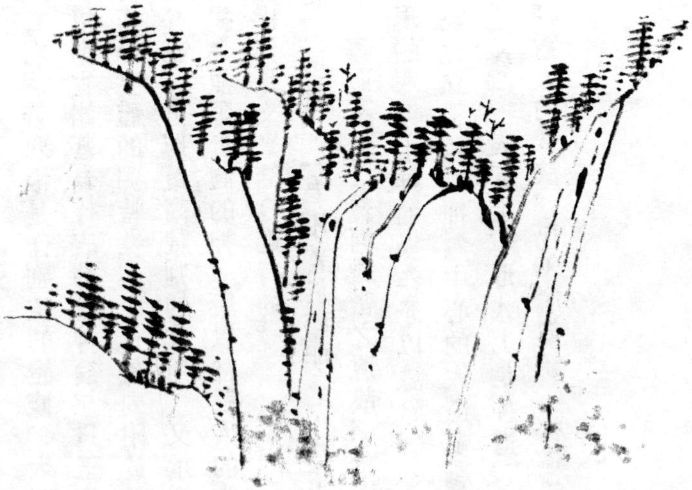

五、道教生命倫理學的功利性、形象示範性和融攝性

從橫切面剖視，道教生命倫理學的特徵還表現為功利性、形象示範性和融攝性，我們分三節予以察看。

（一）道教生命倫理學的功利性

在西方倫理文化中，有一大流派，那就是功利主義。功利原是種古老的倫理思想，但都不成系統。到十九世紀，英國功利主義學派的創始人傑利米·邊沁（一七四八——一八三二）比較系統地闡述了功利的原理，奠定了功利主義學說的基礎。以後詹姆士·穆勒（一七七三——一八三六）與約翰·斯圖加特·穆勒（一八〇六——一八七三）父子兩人追隨邊沁的功利

主義思想，形成了以邊沁為首的英國功利主義學派，成為當時在英國影響很大的一個學術流派。

進入本世紀六十年代以來，西方倫理學家對功利主義的興趣越來越大，本已沉寂的功利主義又成為西方倫理學界熱烈討論的課題。他們把解決倫理學發展方向問題的希望寄托於功利主義倫理學，認為它能令人信服地解決道德選擇的標準和道德根據等重要問題[1]。

中國倫理文化中，也有功利主義傳統。講功利主義道德觀較著名的學者有南宋時的陳亮和葉適，明末清初的唐甄、顏元等。陳亮、葉適主張道德與功利是統一的，道德修養切忌空談而是要有具體的事功，並認為道德與刑法也是統一的，應運用法律的『賞罰』以恢復人性之善。唐甄從『性、才、功』的統一和情慾合理論出發，主張『言道德必及事業』，反對不言功利的說法。顏元及其弟子李塨堅持『理氣統一』、『氣質為善』的人性論，主張『情慾合理』，贊成『正誼謀利，明道計功』，將義和利看成是統一的[2]。中國倫理文化的功利主義雖不像十九世紀以來西方的功利主義倫理學那樣成體系，但也有自己的一些特色。

在中國傳統倫理文化背景下形成的道教生命倫理學，也十分講求功利性，其所講功利，既有與中西倫理文化中的功利主義相同之處，也有自己的個性化特徵。本節將把道教與中西倫理文化中的功利主義作比較，在比較中顯示道教生命倫理學的功利性及其個性特徵。這種比較從以下幾方面進行：

一、趨樂避苦

一七八九年，邊沁在其《導論》一書中稱，他發現趨樂避苦是一條普遍的人性規律，任何個人行為及所有社會現象，無一例外地服從這條規律。邊沁認為：所謂功利是指一種外物具有『給利益有關的當事者求福避禍的那種特性』，即能給當事者（個人或社會）帶來『福澤、利益、快樂、善或幸福』，同時又使其避免『禍患、痛苦、惡與不幸』。所謂功利原理，是指某一行為『是增多還是減少當事者的幸福』，這種行為不僅指個人，也包括『政府的每一種措施』。當某種行為『增多社會幸福的趨勢大於減少社會幸福的趨勢時』。就符合功利原理。

一八二二年，《導論》再版時，邊沁又對『功利主義原理』作了修正，主張用『最大多數人的最大量幸福』一詞來代替『功利』，並將『最大多數人的最大量幸福原理』當作功利主義學說的最基本的原理。邊沁這種快樂、幸福的功利主義倫理觀的基本出發點，就是趨樂避苦的人性規律③。

---

① 參見石毓彬、楊遠《二十世紀西方倫理學》第五〇六頁，湖北人民出版社一九八六年版。

② 參見沈善洪、王鳳賢《中國倫理學說史》下卷，浙江人民出版社一九八八年版。

③ 參見周敏凱《十九世紀英國功利主義思想比較研究》第一六——一七頁，華東師範大學出版社一九九一年版。

以邊沁所講的功利原理，人性規律作為參照系，審視道教生命倫理學，便可發現道教同樣主張人性是趨樂避苦的，人毫無例外地追求幸福快樂，厭惡災禍痛苦，只要能給人帶來幸福歡樂的就是善，反之則是惡。正因為道教早已發現趨樂避苦是人的天性，所以它不斷地以幸福美滿的神仙世界來誘化人們行善，以充滿禍患不幸的地獄世界來警醒世人去惡，這是它針對人的本性症狀下藥，以求收取手到病除之效。因此可以說，所謂趨樂避苦的人性規律亦是道教生命倫理學的基本出發點。

早期道教有所謂『三官手書』，為病人解除病患，其方法是：『書病人姓名，說服罪之意。作三通，其一上之天，著山上，其一埋之地，其一沉之水』。又有所謂『靜室』，『使病者處其中思過』①。這是運用宗教式的道德修養解除人的肉體病痛，給人以感性快樂。古希臘的伊壁鳩魯曾說：『我們所謂的快樂，是指身體的無痛苦和靈魂的無紛擾』②。道教不僅讓人們身體無痛苦，而且力求使人們的心靈無紛擾。道教繼承發揚道家的心齋坐忘功夫，吸取佛教及宋明理學的心性之學，要人保持內心的寧靜淡泊，空明剔透，以求精神上的愉快。

《雲笈七籤》卷九《釋太上上皇民籍定真玉籙》要人培養慚愧之心，認為『治心之要，在乎慚愧』，慚愧不離心中，則神明定於心內，『內定則罪去，罪去則福來』。這是對精神幸福的追求，給人以理性快樂。

很明顯，道教生命倫理學是快樂主義的。人們通常將快樂主義分為兩類型態，一類是極端的快樂主義，即為了快樂可以置道德於不顧，是不講道德的快樂主義；另一類是合理的、溫和的快樂主義，即以美德作為獲得快樂的手段，以快樂作為道德的目的，是講道德的快樂主義。道教生命倫理學的快樂主義就屬於後一類型。它將快樂與道德相統一，快樂就寓於人的善行和美德之中，一個人只有生活得光明磊落、問心無愧、胸懷坦白，才談得上有快樂；反之，一個人懷鬼胎、笑裏藏刀，專搞邪門歪道的人，是不可與之言快樂的，正因為要照顧到道德的要求，所以道教主張人們追求合理的感官快樂，既不縱慾，也不禁慾，而是節慾，即恰當的節制自己的慾望，使之以不傷身為度。道教認為，有些快樂從長遠來看實際上是種痛苦，比如過度的宴飲，雖一時滿足了人們口腹的快感，但過後就會產生醉酒的痛苦或者肚子脹得難受，引發腸胃疾病等等，故道教要人『食不慾過飽』。又如情慾過度，雖一時滿足了性感，讓人高度興奮，但不久就淘虛人的身體，使人疾病纏身，痛苦難堪。此即俗話所說的酒色傷身。道教勸阻世人切勿作只貪圖一時快活的酒色之徒，而誤卻長遠的快樂。

在道教中比較接近於禁慾主義的全真道派乾脆勸人『斷酒色財氣』，以了卻修行之害，從而求取『得道』的真快活。在道教中，這種肉體的有節制的快樂是較低層次的快樂，為了

① 《三國誌·張魯傳》註引《典略》，中華書局標點本第一册第二六四頁。

② 《古希臘羅馬哲學》第三六八頁。

符合道德的要求，還必須讓精神得到安寧，獲得心靈的快樂，這是種更高層次的快樂。道教要人排除外界的種種干擾，因為這些干擾攪亂人心，給人帶來極大的痛苦，人們只要能夠對此處之泰然，保持心的寧靜，處於『不動心』的狀態，便是最大的快樂，因而也是最高的善。

祁志誠《西雲集》卷中《答友人問長安》歌唱道：『人惱自家心不動，算來只此是長安』。要想長久安樂，只有忘卻塵緣，『自家心不動』。

總之，道教將肉體快樂與精神快樂都統一於道德旗幟下，是種合理的快樂主義。

道教生命倫理學對於人生的基調是樂觀主義的，積極進取的追求生命的快樂。它不像佛教那樣整天嘴裏念叨人生是苦呀苦呀的，它對人生、對生命抱一種樂觀進取的態度，它高歌人生的樂趣，並試圖將此種樂趣永遠保持下去。王重陽要人行道斷除『憂愁思慮』①。白玉蟾教人唱《快活歌》：『快活快活真快活，虛空粉碎秋毫末。輪迴生死幾千生，這回大死方今活』；『朝朝暮暮打憨痴，且無一點閒煩惱。屍解飛昇總是閒，死生生死無不可，隨緣且吃人間飯』。雖然唱得有佛教的詞兒，但決無一點佛教的悲觀主義色彩，只有道家大智若愚的快樂，只有道教那種滲透生死的快活。生死都滲透了，哪裏還會有『一點閒煩惱』呢？人生當『隨緣』，『散手浩歌』，自在逍遙，作世外人，『吃人間飯』。這種快活是丟棄了儒家的功名利祿觀，閒散瘋狂的快活，誠所謂：『一個閒人天地間，大笑一聲天地闊。衣則四時惟一衲，飯則千家可一鉢。三家村裏弄風狂，十家街頭打鶻突』②。如此閒散無憂的人生理想在無名氏《自然集》的一首《正宮》曲子中亦可見：『撇了是和非，掉了爭和鬥，把俺這心猿意馬牢收，我則待舞西風兩葉寬袍袖，看日月搬昏晝。千家飯足可求，百衲衣不害羞，問什麼破漫漫遮著皮肉。傲人間伯子公侯，我則待閒遙遙唱個道情，醉醺醺的打個稽首，抄化聖湯仙酒。藜杖瓢鉢便是俺的行頭，我則待今朝有酒今朝醉，明日無錢明日求，到大來散袒無憂』。拋開人世的是非爭鬥，『閒遙遙』『散袒無憂』，過一種自然而然的快樂日子，在道教看來就是對神仙境界的追求。道教所描繪的神仙王國就是個流滿了快樂與幸福的世界，神仙們超越生死，自由自在，四處找樂子，從來不識愁滋味，因為『神仙肚裏無閒愁』③。在這個世界中，快樂與至善至美天衣無縫地合而為一，神仙是幸福快樂和真善美的化身。像神仙那樣快活地生活並最終成為神仙，這就是道教所希求的生命理想。

這樣一種快樂的生命理想，應該說是以個人利益為基礎的，因為成仙畢竟是每個個人的事，這種幸福只能體現於個人身上。但成仙又不得以犧牲他人的幸福為前提條件，不僅不能，而且必須考慮到社會的利益，照顧到他人的幸福，以增進『最大多數人的最大量幸福』

---

① 《重陽教化集》卷一。
② 見《修真十書》卷三九《上清集·快活歌》。
③ 白玉蟾《上清集·大道歌》。

為己任。因此，必須遵守社會公德，成為道德的楷模，這樣才有資格過上神仙般的快樂生活。道教生命倫理學是將個人幸福與社會幸福統一在一起的，以個人幸福作為社會幸福的基礎。

綜上可見，趨樂避苦既是道教生命倫理學的出發點，也是它所要爭取到達的目的地。這是種快樂主義的倫理學。

二、道德估算

邊沁認為，對道德行為作一般的是或非的定性判斷還不够，還必須進一步作定量判斷，使功利的道德判斷更具有科學性，使功利主義倫理學成為科學的倫理學。他將數學計算與化學分析方法引入倫理學，提出了功利主義的道德估算原理。所謂道德估算，就是對某事物或某行為給當事者（個人或社會）帶來的苦與樂的量進行數學運算。苦樂一般有種類與數量的差別，確定這些差別是道德估算的重要條件。

邊沁的道德估算原理對個人道德行為具有重要實際指導意義，它教給人一種精確的計算，一個適當的苦樂估量，就好比做一篇收支預算，人們每經過一次估算，就能得到一次善多於惡的結果。現實社會生活中出現的那些作惡者，就是因為他們在行為之前的道德估算有誤，造成估算結果不準確①。

道教雖然沒有在理論上明確提出道德估算原理，但在實際上卻大量地運用道德估算，以指導人們的道德行為。如果說邊沁將苦與樂作為道德估算的基本因數，那麼道教則是把善與惡作為道德估算的基本因數，對修道者的道德表現善與惡的量進行數學運算，通過計算，得出是善大於惡還是惡多於善，從而決定人的壽限與能否登仙。在道教中，道德估算與生命估算是連在一起的，道德估算就像是在為人的生命做一筆『收支預算』。收入的善越多，所支出的生命就越豐富，善功之量達到一定的尺度，人的生命便發生質的飛躍，變形為仙。反之，收入的惡越多，能夠支出的生命則越少，惡積累到一定的量，生命也發生質變，或中途夭折，或不得為人身，永淪地獄受苦。善與生命的數量關係成正比，惡與生命的數量關係為反比。

早在《太平經》中，已經提出『善自命長，惡自命短』的道德估算與生命估算原理，認為善行可以增加生命的『壽算』，惡行將減少『天算』。不過，《太平經》對於應建立多少善功才能成仙，尚未作出明確的數量規定。到魏晉時期，道教經典便建構了成仙的數學模型，

① 參見周敏凱《十九世紀英國功利主義思想比較研究》第二〇、二三頁。

明確規定『立三百善』可為地仙，『立千二百善』可為天仙[2]。

此後，南北朝隋唐五代的道教進一步作了發揮，儘管所說建立善功的量不一致，但其基本模式都一樣，即以道德估算作為生命類型的先決條件。到宋明道教勸善書的出現，道教的道德估算更為精確化、模式化。功過格甚至讓人每日計算自己的功與過，確定善惡的價值量，每月作一次統計，每年總計本年度的善惡數量，求出功是多少，過有若干，力求做到功大於過，假如罪過一年比一的減少以至於無，則離仙界不遠了。道教的這種道德估算與邊沁相同的是，既B重道德行為的客觀效果，又對道德動機、意向等心理因素不放過。道教誘導人們的道德意向趨於善，認為『善心』雖然看不見，摸不着，但也有一個積累的數量問題，也就是所謂『積心』。善心的積累同積木成林，積水成河，隨着善心的日積月累，有朝一日水到渠成，自然仙化。

故道教的道德估算不僅對人的道德行為進行數學計算，而且對人的道德動機和意圖也作統計，人所發善念多多益善。如果說人的善行由自己進行估算，或者由神在暗中進行計算，那麼人的善念則純由神作統計。一念萌發，便有神在暗中記錄，到考核你的生命進入哪類簿籍時，拿出來作為裁決依據。

總之，道教生命倫理學的道德估算與邊沁比較，有共通處也有相異處，最明顯的不同，就在於道教的道德估算是為其生命估算服務的，通過這種估算，促進人們為善成仙。

三、利己利他

從利己與利他角度審視，中西倫理文化都存在利己主義與利他主義。從利己主義來說，又有極端的利己主義與合理的利己主義（或者叫理性利己主義）之分。

在西方倫理學中，極端利己主義，我們以英國哲學家霍布士（一五八八——一六七九）為例。霍布士認為支配人的行動的根本力量是『自我保存』。處於『自然狀態』中的人，由自保原則起決定作用，每個人只顧自己的利益，而不惜侵犯別人的利益。於是，『人對人像狼一樣』，彼此間進行着殘酷的鬥争[2]。在霍布士看來，人的行為都是自私自利的，不可能有利他的表現，因為人性就是自保利己的。與此不同，十七世紀荷蘭的思想家斯賓諾莎（一六三二——一六七七）持理性利己主義態度。在人性論上，斯賓諾莎接近於霍布士，認為人是自然的一部分，而自然事物的本性就是自保，所以人的本性就不能不是自保。

按斯賓諾莎的意見，『自我保全』是人的各種熾情的根本動機，人的基本情感如痛苦、快樂、慾望全都是自私的，當自私的本性得到滿足，便產生快樂，否則就會產生痛苦。他認

---

① 《抱朴子内篇·對俗》引《玉鈐經中篇》。

② 參見汪子嵩等編著《歐洲哲學史簡篇》第六一頁，人民出版社一九七二年版。

為『自我保全』主宰着人的一切行為，在自然狀態中，人人都只顧自己的利益，不顧他人與社會。與霍布士不同的是，他把羣己統一、人我一致視為達到個人幸福的必要途徑。他認為，個人利益雖説是人們行為的最終目的，但要達到這一目的，就應在理性指導下恰當處理個人與他人的關係，把個人利益與他人利益結合起來。理性告訴人們：為了自保，必須利他利羣。這就是斯賓諾莎的理性利己主義[1]。

在利己與利他的問題上，英國功利主義學派的代表人物約翰·穆勒也認為，不應把功利主義當作單純的利己主義，還應接受利他主義，儘管追求個人幸福是實現公共幸福的前提，但個人還是要具備自我犧牲的精神，以促進一切人的可能的最大幸福。

中國倫理文化的傳統，一貫提倡大道之行天下為公。要求人們大公無私，公而忘私。在這樣的主旋律中，也有一些反調，主張自私自利的人性論，强調給私利留一席地位。宋代李覯、王安石認為，維護一定限度的個人利益是正當的，只不過對於不同社會階層的人這種限度也是不同的。他們反對私利的任意擴張，主張加以限制，使之合乎道德。在處理私利和公利的關係上，他們主張由民富而達到國富，把公私統一起來，以禮作為利的調節器。

明末清初的啟蒙主義思想家黃宗羲指出：有生之初，人各自私，人各自利，好逸惡勞為人之常情。主張人性是自私自利的，抨擊專制君主『以我之大私為天下之大公』，使天下之人不敢自私自利。在他看來，人要對社會盡義務，社會也必須給人以權利。

明末清初的另一思想家顧炎武提倡『合私成公』的人性論，認為人之有私，情不能免，人情懷私並非屬於不道德行為，應當『合天下之私，以成天下之公』。他指出，『有公而無私』、『以公滅私』，這都是『後代之美言，非先生之至訓』。

清代啟蒙思想家龔自珍也很贊成『人情懷私』說，專門作《論私》篇，認定人情皆私，揭示道學家所謂『大公無私』的虛偽性。

近代梁啟超在强調『利羣』、『益羣』的同時，也不排斥人們的個人利益，主張妥善處理『利己』與『利他』的關係。他一方面在《新民說·論公德》中說：『道德之立，所以利羣也』。另一方面又在《十種德性相反相成義》中提出：『天下之道德法律，未有不自利己而立』。在他看來，利己心與愛他心，是一而二、二而一的，善能利己者，必行利其羣。在利己與利他的關係問題上，梁啟超以利己作基礎，由『愛己之心』推導出『愛他之義』②。可以說，中國倫理文化中所發出的微弱的利己主義聲音，基本上是屬於合理利己主義範圍的，即把人我的統一作為獲得個人幸福的手段。

與上述中西倫理文化傳統對利己與利他關係的論述相比較，道教生命倫理學在這一問題

① 參見羅素《西方哲學史》下卷第九七頁；黃偉合《歐洲傳統倫理思想史》第三章，華東師範大學出版社一九九一年版。
② 以上參見沈善洪、王鳳賢《中國倫理學說史》下卷有關章節。

上的見解當屬於合理的利己主義，同斯賓諾莎的理性利己主義、穆勒的統一整體利益與個人利益以及梁啟超的『利己必先利羣』說相接近。

道教認為，處於自然狀態下的人，具有生命自保的本能，人的本性就是要保存自我生命，長生不死，這是人自然而然會產生的願望。這種生命自保原則與霍布士所謂人的本性即保全他自己的生命較為類似，即把保存自己生命有利的東西稱為善，而把不利於保全自我生命的東西看作惡。但道教反對在生命自保、求取神仙長生過程中做損人利己的事，更斥責那種為了保全自我而不惜殺生害命的劣行。

《元始天尊說藥王救八十一難真經》說：上古之人體性淳樸，形質固守，遵崇大道，所以少染疾病，壽延千歲。而近世之人心邪作惡，『殺生害命，利己損人』，所以多生疾患，心身恍惚，形體不寧，以致多病早夭。由此說來，上古之人不為了自己而損人，結果自己反而得天保全，健康長壽；後世之人極端利己，作惡多端，殺生害命，企圖損人來保全自己，結果反而不能保全，疾病纏身，短命夭亡。這叫損人不利己。修煉神仙之道也是如此，決不可存損人利己之心，否則必有魔障。

《呂祖全書》卷九說：『雖明丹理，不積行動，損他利己，魔來壍靈。』就是說，修煉內丹之道，即使已懂得其中妙理，但如果未積累道德上的『行功』盡幹些『損他利己』的事，那麼丹道也不能煉成。因此，呂祖勸人『博施普濟，以本以仁，方便利益，援溺救焚，扶危拯困』。即利益他人，方便衆生，拯救危困，在拯救他人中，自己也就得救了。呂祖又告訴人們：從前漢天師張道陵在米價高漲時，或以原價出售，或救濟貧民，分毫不取；許真君合藥治病，救死扶傷，建立大功；葛仙翁行祭煉法，拔度幽冥，一切有情，皆度超昇①。這幾位後來都得道成仙，可見仙道是利他的，修仙之人只要『博施普濟』他人，就能達到自己的目的。

《太上大聖朗靈上將護國妙經》也告誡人們：『無論綱常倫理，無論日用細微，皆當省身寡過，不可利己損人』。事不論大小，都不許為了達到自己的目的而損害他人。上述表明，道教反對損人利己的行為，認為損人並不利己，損人拯救不了自己的生命。

道教提倡什麼呢？它提倡先人後己，利人濟物，修己利他。《晉真人語録》教誨修道者：『若要真行，須要修仁蘊德。濟貧拔苦，見人患難，常懷拯救之心，或化誘善人入道修行；所為之事，先人後己，與萬物無私，乃真行也』。真正的品行，或者説神仙的品行，就在於常常懷揣着一顆『拯救』他人的熱心腸，濟貧扶危，勸人修道，然後再來了卻自家成仙得道的事，此即『先人後己』的内涵。這裏既講先人後己，又説要『無私』，顯然有點自相矛盾，因為『後己』雖然把利己放在利他之後，但畢竟還是有『私』，還是有利己之心。看

① 《呂祖全書》卷九。

來『無私』是沿襲正統儒家的說法，不過是個障眼法，其真正的含義還是允許『己』的存在，於利他中利己。或者，『後己』與『無私』比較起來，要低一個檔次，在有的道經中，即把『先人後己』作為中等的品行。《太上洞玄靈寶五顯靈觀華光本行妙經》就說：上元之人淳樸守道，克終壽命。中元之人謙和仁慈，後己先人。下元之人害人損物，致多夭喪。所謂『中元之人』，即指中等品行的人。既然『後己先人』是中等品行之人所為，那麼所謂『後己先人』當然也就談不上是最上乘之德行。

那是不是意謂着道教最終還是以否定自己為至善呢？決不是。道教所講的成仙、延長壽命等等，說到底都要落實到具體的某個人頭上，或張三，或李四，這樣一來，長生成仙離不開『己』。個體是神仙的載體，假如否定了個體生命，長生成仙豈不成了一句空話？所以，即便是淳樸守道的上品之人，也並沒有『忘己』、『無我』，他們只是超越了人與我的的對立，將利己利他統一起來，與道同體，證成生命的圓滿具足。因此，道教勸人為善，度人成仙，並不否定個人利益，更不否定個人的生命價值，而是充分肯定了個人在社會和宇宙中的地位，個人生命的不朽價值。只不過，道教要人把自己置於他人之後，只有普度衆生，才能最後拯救自己生命，先人後己才是求仙的正確途徑。

這一點，《太上洞玄靈寶三元品戒功德輕重經》說得很清楚：『大慈大道，度人為先，非功不賞，非德不遷，非信不度，非行不仙也。夫建功德者，一為天地，一為三光，一為帝王，一為兆民，一為祖世，一為家門，一為衆生，一為己身。經云：夫欲度身，當先度人；衆人不得度，終不度我身。」

神仙之道既以度人為先，那麼修仙者建功立德首先就是考慮他人他物，最後才是自己，即按照天地三光、帝王百姓、祖世家門的次序，把『己身』擺在這一切之後。道理很簡單，只有首先濟度他人生命，『我身』方可得度，『衆人不得度』，我的生命就進入不了神仙國度。這就是道教所謂『先人後己』的含義。

從《太微仙君功過格》所開列的立善功條目，也可看出道教主張既為人也為己做功德。如說：旦夕朝禮為國為衆焚修，一朝為二功；為己焚修，一朝為一功。章醮為國為民、為祖先、為孤魂、為尊親祈禳災害，一分為二功；為己一分為一功。為他人在先，而且立功的分量更大些，為自己在後，立功的比重也較小。這正是先人後己原則的體現。

長久以來，社會上有一誤解或偏見，以為道教的主張乃楊子為我之學，拔一毛以利天下而不為。長生成仙為極端利己主義的產物。對此，《呂祖全書》卷十七《修善崇行章第十五》作了辨解。它首先引《易》說：『君子以厚德載物。昔之聖賢，己立立人，己達達人』。然後筆鋒一轉，向世人說明『仙佛自度，亦即度人』。接着批評『世儒』戴起有色眼鏡看人，以成見『妄詆』道教：『若楊子為我，孟子辟之。世儒不察，妄詆吾道為楊墨之學，不知吾道慈悲廣大，無人不度，特不信者難度耳。楊子不能利人，豈吾道比乎？』正統儒家以自己的價值觀為參照系，認為道教修仙純粹只顧自己生命，與楊朱『為我』是一路貨色，殊不知道教『無人不度』，普救衆生，最後再來解救自己。這一辨解，正透示出世人誤解之深，露出道教求仙以先人後己為路徑的廬山真面目。

先人後己，説穿了就是既要利人也要利己，他人與自己雙方面都照顧到，利他利己並行不悖。《皇經集註》卷七稱：持誦此經，可以免除一切禍害，利己利他，利存利亡，無量度人，拔生死苦。言下之意，該經宗旨，既利他又利己，人我皆大歡喜。實際上，利己利他的兩全其美，也就是道教生命倫理學所要追求的價值目標，用道教的話來説就叫：『利己利人，千秋大道』①。

這一『千秋大道』，説穿了就是種變相的利己之心。近代哲人稱人類有兩種利己心，一種是本來之利己心，另一種是變相的利己心。所謂變相的利己心，即指利他之心。人要達到利己的目的，必以利他為手段，因為人是社會的動物，不能獨立生存，必須生活在羣體中而『與儔侶共營生存』，如果不顧他人的利害，其結果勢必是『己之利未見而害先睹』。理性告訴人們，為尊重自己的利益起見，應與他人結為友誼；人要保持自我的存在，最有價值的事，莫過於力求人人和諧一致。梁啟超，斯賓諾莎的這樣一些思想，可以説道教也是具有的。在道教看來，飛昇成仙雖説是一己私利的最終目標，但要實現這一目標，就須關懷和幫助他人，他人獲得救助，我必蒙其福利，得以建立功德，所建功德越多，自己獲利越大，最後了證生命不朽。為了更長遠的個人利益，有必要為他人犧牲某些當下的私利，這是道教開給修道者的一副秘方。其實這也就是梁啟超在《十種德性相反相成義》中所說的：『善能利己者，必先利其羣，而後己之利亦從而進焉』；『凡所以愛他者，亦為我而已』。

總之，在利己與利他的關係問題上，道教生命倫理學的立場是合理的利己主義，放長線釣大魚的利己主義。

與利己利他同類的是個體與羣體的關係問題，考察這個問題，可以幫助我們進一步理解道教生命倫理學在利己利他關係問題上的立場。中國傳統的四民社會是個典型的宗法社會，士農工商無論哪一個社會層面都以血緣宗法制來維持，講究尊尊、親親、個體服從於羣體，個人利益從屬於家族及社會利益。

在中國傳統倫理文化的熏陶下，國民養成了羣體意識而缺乏個體意識。儒家歷來提倡，在個體利益與羣體利益發生衝突時，應該毫不猶豫地犧牲自己以保全羣體。宋明理學更是以窒息個體來保存羣體，所謂『存天理，滅人慾』的命題，從羣體與個體的角度去審視，就是要個體無條件地服從羣體，强調羣體像『天理』一樣具有至高無上的權威。

在中國傳統文化具有個體意識的是道家，道家主張個體精神自由，獨與天地相往來，反

① 《吕祖全書》卷七序。

對以羣體為本位。道教繼承了道家的這種精神，以個人為本位，實現個性和獨立人格，相對儒家來説社會責任感不强。尤其是道教中的隱士人物，其人格超越羣體本位，脱離社會現實，躲進深山老林，專在自我生命上用功夫，以求自我超昇，完成個人精神生命與肉體生命的永恒。而以葛洪為代表的道教入世派，則比較關懷世俗政治，强調修仙不違背儒家綱常，即個體與羣體相統一，在完成羣體利益的同時達到個體的目標。以『山中宰相』聞名的陶弘景及其上清派後裔們，身在山林，心不忘廟堂，以穩定社會秩序為己任，趁時出山，輔佐『太平天子』。儘管如此，他們的終極關懷並非儒家式的治國平天下，垂名青史，他們最終關心的還是個體修仙了道，生命永恒。過問世事只不過是成仙中不可缺少的一環，按照道教的規定，缺少了拯救天下蒼生這一環，個體最終也不能得救。由上述可見，雖然道教中人對出世入世、個體羣體的關係所抱態度不相同，但從終極上説都以個體為本位，都以追求個體永恒為人生價值目標。

如果説弗洛伊德强調個體與羣體的衝突，認為社會必然要壓制人的本能，壓抑個人幸福，個體與羣體之間存在着無法解決的矛盾，那麽道教則盡力迴避這一矛盾，調和二者衝突。對於道教來説，這自有其不得已的苦衷。

中國宗法社會的特徵，儒家以羣體為本位的綱常倫理所佔的統治地位，這些都迫使道教不得不對道家那種個性自由的『逍遥遊』作某些修正，以適應中國社會的結構特徵，從而

『適者生存』。故在道教那裏，閉口不談個體與羣體的衝突，處處掩飾這種矛盾衝突，以便暗渡陳倉，偷偷地為個體保留一片聖土。在個體與羣體的關係問題上，折射出道教是利他與利己的統一論者。

四、建立功名

說到功名，人們自然會想起儒家那一套人生價值觀，經世致用，立德立言立功，修齊治平，青史留名等等。特別是儒家中的功利之學，專言事功，『彌綸以通世變』，建王霸之業，一統天下。陳亮自謂有『推倒一世之智勇，開拓萬古之心胸』①。東林黨人以『風聲、雨聲、讀書聲，聲聲入耳；家事、國事、天下事、事事關心』作為座右銘。唐甄以育天下、裁天下、匡天下、照天下為己任。顏元決心做一番斡旋乾坤，利濟蒼生的大事業。以任天下之重。凡此種種，皆可看出儒家功名心的價值取向所在。

道教生命倫理學的價值取向則與此不同，它的着眼點不是在於謀天下人之利，計天下之功，為天下人建功立業，擔負起社會道義，而是對個人生命道德擔戴，為成仙了道而努力奮鬥。因此，在道教看來，真正的功名不是去為社會立功立業，而是在於生命獲得拯救，神仙

① 《陳亮集·又甲辰秋書》，中華書局一九七四年版第二八〇頁。

榜上有名，不死國中有位。這也就是張伯端在《悟真篇自序》中所説的：『復陽生之氣，剥陰殺之形，節氣既周，脱胎神化，名題仙籍，位號真人，此乃大丈夫功成名遂之時也』。顯然，這樣的『功名心』對於儒家來説是當嗤之以鼻的，但在道教眼裏則當敝帚自珍。從道教所説『功名』的含義中，也可發現道教生命倫理學的功利性與儒家功利主義倫理觀的差別，這種差別剛好顯示了道教功利性的個我特徵。

（二）道教生命倫理學的形象示範性

中國傳統倫理文化有一個鮮明特色，那就是樹立典型形象，以道德楷模的現身説法，感染教化世人從善如流，從而善化天下。中國古代社會是以血緣為基礎的宗法家族社會，忠孝是維繫整個社會的基本道德規範，而忠臣孝子的道德模範形象也是世代輩出，鼓勵着人們效法，『高山仰止，景行行止』[1]。在忠臣形象中，有所謂『忠臣不怕死，怕死不忠臣』的比干，為盡忠剖心而死；有所謂『忠臣不事二君主』的關公，不忘故主，千里走單騎，過五關斬六將，回歸劉皇叔。這叫『忠則盡命』。

至於孝子形象，著名者有《二十四孝圖説》所標炳的虞舜『孝感動天』；周剡子『鹿乳奉親』；周仲由『為親負米』；漢文帝『親嘗湯藥』；『漢董永『賣身葬父』；後漢江革『行傭供母』等等。除此之外，還有不事二夫的烈女形象，各地為之樹貞節牌坊，以示表彰。在中國古代社會，統治者是『以忠詔天下』，『以孝治天下』，『以貞節勵天下』的，與此相對應，則是忠、孝、貞節典型形象的樹立和廣為宣傳，使他們的高風亮節婦孺皆知，人人效仿，也就達到統治者的政治目的了。

在這樣的倫理文化傳統下成長發育的道教生命倫理學，也標樹了許多勸人為善，度人為仙及積德成仙的形象。老子早就說過：『善人者，不善人之師』②。作為不善者老師的善人，並不因其品行惡劣而拋棄他，而是循循善誘，教誨引導他走上正路。怎樣教誨引導？其方法之一便是典型模範形象示範，使人自覺不自覺地學習仿照，照道德榜樣所顯示的品行安排自己的生活方式。

美國學者斯特倫在其所著《人與神——宗教生活的理解》第七章討論到道德是神聖意志的某種體現時說：『在有神論的社會中，由於人們認為神的意志體現在神聖的律法之中，因此個人行為的道德水準往往是以一種理想的道德行為來衡量。而這種理想的道德行為，則是由該社會的家長（祖先）、先知、教主、或開創者率先作出的。所以摩西、耶穌、穆罕默德

① 《詩經·小雅·車舝》。

② 《道德經》第二十七章。

的啟示與生活，乃是神的意志及其為「他的選民」設定的目標的具體體現。社會成員要盡其所能地效仿神的善，並在生活中奉行有關善良生活的神聖規定。』① 在道教中，理想的道德行為是在神仙身上體現出來的，修道者只有盡最大努力效仿神仙的『善良生活』，以此來衡量自己的道德水準，才能成為神仙之國的『選民』。

神仙是至善的化身，創造了一個充滿正義與善良的世界，並為人們建構了一套道德價值標準，人們的道德表現應聽命於神仙，以神仙的道德風範作為個人的楷模。這就是道教各類神仙形象給予人的啟示和示範。

道教的神仙系統主要由以下幾部分構成：一是自然神，由原始的自然崇拜發展而來，像日月星辰、風雨雷電、山河大地都可化為道教神仙。二是氏族神，由祖先崇拜演變而來，像宗族領袖、『有功烈於民』的英雄、『超羣的名人』等等都能成為道教神仙。三是職能神，像司命神、三尸神、竈神、門神等，具有某種特殊功能的神。四是至上神，化育萬有，支配世界的主宰，如三清尊神。這些來源各異、層次不同的神仙卻有一個共同的特徵，那就是在道德上『為人師表』，代表着善、正義、神聖。然而在道教的神仙和人之間並沒有一條不可逾越的鴻溝，神仙也並非人高不可攀的。有句俗話叫做『神仙也是人做的』，這道出人與神仙的角色轉換關係。

道教的神仙很有人情味，他們會思凡，也往往因此犯錯誤，被謫下凡間，稱為謫仙人。

道教的神仙除了一小部分為『此故事純屬虛構』之外，多係人轉化而成，神仙對於人來說並非可望不可及，神仙的確是人做的。既然神仙與人，角色可互換，人經努力可以成仙，那麼作道德楷模的神仙，對人來說就有種親切感，感到彼此間的距離並非那麼遥遠，感到自己同樣可躋身於仙家行列。這樣，神仙的形象示範作用就不是高懸在空中，而是落到實處，讓人看得見，够得着，切實可行。具體說來，道教塑造了這樣幾類神仙形象，以引導人們的道德生活，功德圓滿，羽化昇天。

一、拯救者形象

基督教由於悔罪，於是訴諸拯救，呼喚神性的救贖。中國傳統文化中，儒家没有罪惡意識，不講乞求神靈拯救；道家雖然說過：『聖人常善救人，故無棄人；常善救物，故無棄物』[②]，但救贖者是聖人而非神靈；只有道教，在罪惡感的驅使下，渴望神仙來拯救生命。道教儘管没有像基督教那樣塑造一個給所有人以拯救允諾的上帝形象，但卻設計了許多救贖者形象，這些形象或為神仙，或為凡人因拯救世人而最後成仙者，這是一幅拯救者羣體的可歌

①《人與神——宗教生活的理解》第一九一頁，上海人民出版社一九九一年版。
②《道德經》第二七章。

可泣的畫面。

在這幅畫面上，有以陰功陰德行救人救物的形象。《三洞羣仙録》卷十四引《高道傳》載：道士牛文侯，學洞古今，『多誨人為善』，每到冬天寒冷時，則佈灑穀子於地上，讓禽蟲之類有東西可吃。他所行的『陰功密惠，大以及於人，小以及於物。』如此『修身積德，久而愈篤』。所謂『陰功密惠』就是做了拯救蒼生之類的好人好事不張揚，不留名，世人雖不知，但神靈明鑑，故持久行之，早晚進入神仙班次。

《歷世真仙體道通鑑》卷二十一《王少道》載：王少道與同志李伯山，『常以陰德密惠，拯救於人，皆積世有道，至行所鍾，累功積德，以至成仙』。時時以陰德密惠拯救世人，日積月累，功成德就，便由人飛昇成仙，這樣的典型形象激勵着人們學習，見賢思齊，齊則同樣可以變化為仙。王少道也常常以自己為例，向人們宣講『功滿三千，白日衝天；修善有餘，坐降雲車；弘道不已，自致不死』的道理。這就是道德楷模的力量，這種力量在勸善度仙的過程中，遠比空洞的説教更有吸引力，更具説服力。另有韓西華者，不知何許人，『慈愛於物，常行陰功，至於蛸翅微命，皆愛而護之，學道得仙』[1]。這是以陰功愛物護物，拯救昆蟲之類的小生命，而終於『得道成仙』的典型人物。還有因得到神仙啟示，廣行陰功，造福世人的。

《太平廣記》卷十五引《神仙感遇傳》載：道士王纂，金壇人，居馬跡山，『常以陰功救物，仁逮蠢類』。當時正值西晉之末，中原喪亂，餓殍遍野，瘟疫流行，死亡者衆多。於是王纂在『静室飛章告玄』，請求神靈拯救。到第三夜，有光如晝照亮其家，又有瑞風景雲，異香天樂自空而降，原來是太上道君駕臨。道君告訴王纂說：『子愍念生民，形於章真，刳心投血，感動幽冥』。又向王纂指出：『季世之民，澆偽者衆，淳源既散，妖詐萌生，不忠於君，不孝於親，違三綱五常之教，自投死地』，因此『六天故氣魔鬼之徒』，殘害生民，最後以《神化》、《神咒》二經授給王纂，要他『按而行之，以拯護萬民』，並啟示他說：『勉而勤之，陰功克成，真階可冀』。於是王纂『按經品齋科，行於江表，疫毒鎮彌，生靈乂康，自晉及茲，蒙其福者不可勝紀』。這是神仙假手道士拯救亂世中水深火熱的人們。在這裏，有兩個形象，一個是人的形象，一個是神的形象。人之中常行陰功的道士王纂，面對一場大的自然災亂和社會動亂，深感自己的有心護物、無力救助，不得不乞請神靈的法力。果然，太上道君帶領衆神應邀而來，指明人間罪惡的根源在於背離了『三綱五常之教』，將神仙的無邊大法力傳授給善人王纂，教他如此這般『拯護萬民』，於是萬民蒙福者數不勝數，而王纂也終於因此登上『真階』。神仙不僅拯救了亂世的『萬民』，也拯救了道士王纂，使他最終生命得救，不死成仙。道士王纂則是一般人值得仿效的榜樣，人們只有像他那樣，生命才可

① 《歷世真仙體道通鑑後集》卷三。

望得救。

在這幅畫面上，又有救死扶傷、打鬼除病的形象。《神仙傳》卷三《劉根傳》載：劉根字君安，京兆長安人，曾舉孝廉，除郎中，後棄世學道。『潁川太守高府君到官，郡民大疫，死者過半，太守家大小悉得病』。高府君遣王珍前往劉根處求請『消除疫氣之術』，取得此術後，依之而行，『病者悉癒，疫氣尋絶，每用有效』。《神仙傳》卷五《欒巴傳》載：欒巴，蜀郡成都人，少而好道，不修俗事。當時江西的豫章，『郡多鬼，又多獨足鬼，為百姓病』。欒巴去那裏後，因為他能『治鬼護病』，故當地『更無此患，妖邪一時消滅』。《神仙傳》卷九《尹軌傳》載：尹軌字公度，太原人，博學五經，晚年才學道，常服黃精華，年數百歲，腰佩漆竹筒十數個，内裝有藥，言稱：『可辟兵疫』。常給某人一丸，令佩戴它，『會世大亂，鄉里多罹其難，惟此家免厄。又大疫時，或得粒許大塗門，則一家不病』。《續仙傳》卷下《曹德休傳》載：曹德休，自稱從東海青嶼山來，遊江西，人們見他已有三十多年，但容貌不改。『常行民間，有疾者，以符藥救之，無不癒』。《歷世真仙體道通鑑》卷四十《李老》載：李老，世代以醫為業。因醉酒，誤跌入枯井中，行到一洞門上，上題『玄都洞』，有道士抽架上素書展現，『乃療治三十六種風白丸子方』。道士要他回去配合成藥，『遍療世人』，功滿後再到此地。李老到家後，『遂合藥治病，無不痊癒』。據說，後來，李老訪枯井不歸，『疑得路而仙去矣』。

《仙苑編珠》卷下載：崔子文，太山人，好道賣藥。有次發生疫氣，『民死者萬計』，地方官請他治病救人，於是『文乃擁朱旛繫黃散藥以救民，飲者即癒，所癒萬計』。後來他到了蜀地『賣黃藥如初』。以符水草藥為人治病救命，本符籙派道士的專業，上述劾鬼除病的神仙形象可以說就是現實生活中符水道士的尊容。符水道士主要活動在社會底層，所謂『常行民間』即說的是他們常為普通百姓治病，偶爾也有一些官吏請他們療病，但官宦家出入更多的是高貴的金丹道士。這些符水道士往往在瘟疫流行時，挺身而出，大顯身手，以其妙手回春，造福一方百姓，而自己的生命也有了理想的歸宿。這樣的形象無疑對行進在求仙路上的人們是種感召，召喚他們以治病救人的精神去踐行神仙之道。

在這幅畫面上，還有志求濟生度死之術，以便助國救民，為民除害的形象。《歷世真仙體道通鑑》卷二十一《路大安》即描繪了這樣一位救苦救難的神仙。據載：真人路大安，西蜀大寧軍內黃縣人，為漢代路溫舒九世孫，博通經史，見仕途艱難，乃自嘆雖有濟世之才，奈何時與命違，於是功名之念頓息，遂棄家修道。出遊到河陽，欲投宿驛中，驛吏稱有妖，若宿必有禍害。大安說，我有神劍，能斬邪怪，不必多說。遂投宿。至夜半，有婦人悲告大安，請求『救拔』，稱此本張氏古宅，為寇劫掠，殺妾而埋此，若得收葬，可以投生。第二天，掘地果得屍首，遂葬之於高陵。從此大安『堅心慕道，廣求濟生度死之術』。到晉武帝大康五年（二八四）五月五日，於姑射逢一老叟，請教他，『願得濟生度死之術以救世』。老者說，道不可聲求，亦不容索，惟有留神恬淡，元氣長存，外物不擾，然後行功佈氣，漱液煉神，可以超凡入聖。大安說：『乞望先生明教一術，度人修己』。老者說，小子可教。於是以『六天如意大法經籙』教之，並告訴大安：『依此行持，濟生度死，妙用難思』。從此，大安往華山仙掌峰修煉。

到晉惠帝永熙二年（二九一）十月十五日，『夜半夢太上老君命右侍玉童賜玉鑰匙十事而參合前老叟法書』。夢醒後，神開意解，『自此書符行功佈氣，治病驅邪，無不應驗』。

到永康元年（三〇〇）三月，秦地降血雨，疫毒流行，『民遭橫夭』，大安『敬施符水，點混元燈』，平息了災難。永康二年（三〇一）正月，『虎兕入城，民心搖動，莫能禁止』。大安請纓，『乞與民除害。奉敕令任便行持，依混元法攝召虎兕』，然後『咒水噀之，化為蠅蟆，佈氣吞之，一城安靜』。晉惠帝欲賞賜金帛，大安『笑而不受，奏曰：助國救民，忍以財賄汙身。遂居華山，以混元籙傳之丁義，以混元經傳之郭璞，以混元法傳之許旌陽，以混元針灸傳之妙通朱仙』。

太安元年（三〇二）八月十二日，夜夢太上老君對他說：『年與名同，可以衝天，佐紫微北極大帝，職充司命真君。更宜每月三、九日下降人間，察其功過，應有災患急難，應聲度之』。夢醒後，飛舉昇天而去。其混元之法，流傳人世。這位路大安的事蹟的確令人感動，他實現不了儒者式的功名，便對自己的人生路向重新作了選擇，堅定不移者地信仰道教，四面八方尋求『濟生度死之術』。有志者事竟成，他終於滿足了自己的志向，以濟生度死術救世，為民除害。他功成不居，不貪圖世俗的名利，並將其法術廣為傳授，以解民倒懸。最後，他自己的生命也得到解救，成為仙官，輔佐北極大帝，拯救人間急難。從人到仙，既非垂手可得，也非遙遙無期；拯救他人，自己也必得救。路大安的形象示範，已向人們昭示了這一點。

濟世救人，是道教的一貫主張，尤其是道教靈寶派，更為樂此不疲。道教的這種主張，用比喻的話說，好比大乘佛教，可稱為大乘道教。大乘道教以拯救衆生為己任，先人後己，利他利己，在濟度他人的同時自己得救。貫徹大乘道教的這一宗旨，踏着拯救者羣體的足跡，以這些楷模的力量鞭策自己，總有一天也到那神仙國裏領略無限風光。這是拯救者形象帶給修道者的神聖啟示。

二、樂善好施者形象

很多宗教都勸人施捨窮人，道教也不例外。於是在道教樹起來為人起示範作用的神仙中，便少不了樂善好施的形象。《神仙傳》卷二《李阿傳》載：李阿，蜀人，常乞討於成都市上，『所得復散賜於貧窮者』。本身就一無所有，但卻能以行乞所得的東西散施貧窮者，這種精神實在難能可貴。同書卷三《李意期傳》載：李意期，蜀人，『乞食得物，即度於貧人』。也是靠要飯救度貧民。既然連叫化子也能救濟貧苦，可見施捨不在於財力大小，而在於是否具有這種品格。只要有此美德，腰無半文也可以想辦法救施窮人；假如沒有，身為百萬富翁也不過是吝嗇鬼。

《續仙傳》卷上《藍采和傳》的藍采和，同樣是乞丐，『每行歌於城市乞索』。他將別人給的錢，『以長繩穿，拖地行，或散失，亦不回顧，或見貧人，卻與之』。在道教看來，施捨窮人是種精神，應當大力提倡這種精神。

在道教的神仙形象中，較多的是將自己所掙得的錢散施於人，如替人看病或賣藥的收入施給貧苦者就是較突出的的例子。《神仙傳》卷五《壺公傳》載：壺公，不知其姓名，入市賣藥，人皆不識。他賣藥，『口不二價，治病皆癒』。賣藥治病所收入的錢日有數萬，『便施與市中貧乏饑凍者，唯留三五十』。

《續仙傳》卷上《賣藥翁傳》載：賣藥翁，不知姓名，常提一大葫蘆賣藥。『人告疾苦求藥，得錢不得錢悉與之無阻，藥皆稱神效。或無疾戲而求藥者，得必失之，由是人不敢妄求藥，敬之如神明』。他賣藥所『得錢亦與貧人』。

同書卷下《殷文祥傳》記載殷文祥自稱七七，周遊天下，每到一處就改換姓名，天下人

『久見之，不測其年壽』。曾去涇州賣藥，當時『疫病俱甚，得藥者，入口即癒，皆謂之神聖。得錢卻施與人』。《仙苑編珠》卷下『婁慶雲舉、韋俊龍躍』條載：婁善慶，『常賣赤白二藥，不言其價，有疾皆癒。得金帛以施孤貧』。後於西蜀市中白日輕舉。在道教的神仙傳記中，像上述賣藥治病，所得之錢佈施孤貧的例子是很多的，這裏略舉幾例，以見一斑。採藥診病，本為道士的一技之長，他們中有些人發揮這一專長，為人們服務，反過來又將所得報酬救濟窮苦。可以說，道教神仙中的此類形象是現實生活的反映，在現實中能夠找到其人物原型。

道教中除了乞兒仗義疏財的形象，也有富家子弟傾財竭家救人急難的形象。《雲笈七籤》卷一百六《紫陽真人周君內傳》載：紫陽真人周義山，汝陽人，漢丞相周勃七世之孫，世為貴宦，其父官至陳留刺史。他每『至月朔旦之日，輒遊市及閭閻陋巷之中，見窮乏饑餓之人，解衣與之』。有一年大旱，『斗米千錢，路多餓殍』。周義山於是『傾財竭家，以濟其困。陰行之，人亦不知是君之慈施也。對萬物如臨赤子，斯積善德仁愛之施矣』。正因有如此美德，他終得正果，『乘雲駕龍，白日昇天，上詣太微宮，受書為紫陽真人』。不論貧富貴賤，只要存一顆施捨之心，都可上昇仙界，不像有些宗教中，富人要想進天堂比駱駝穿過針眼還困難。

在道教中，除了賣藥治病所得散施與人的形象，也有靠某種道術扶貧救窮的形象。《神仙傳》卷四《陰長生傳》載：『陰長生，新野人，漢皇后的親屬，生長於富貴之門而不好榮貴，唯專務道術。聽説馬鳴生得度世之道，但尋求相見，『執奴僕之役』，如此十多年，堅持不懈。與他同時奉事鳴生的十二人先後離去，但他『執禮彌肅』。鳴生告訴他説：你是真正能得道的人。於是他帶他入青城山中，煮黃土為金以示之，立壇西面，乃以太清神丹經授之』。陰長生回去後按此丹經煉丹成，服半劑不盡即昇天。『乃大作黃金十數萬斤，以佈惠天下貧乏，不問識與不識者』。

運用道術煮煉黃土為金子，以佈施普天下窮苦百姓，這看起來好像一出荒誕不經的鬧劇，實際上包含着道教的一個美夢，這個美夢就是讓天下受窮受苦的人都過上富裕日子。

除了上述能在社會生活中找到原型人物的救施窮人的神仙形象，道教也虛構了不少現實中並無其人的神仙形象，這類形象是按照道教的道德理想追求來塑造的。《雲笈七籤》卷一百一《丹靈真老君紀》就塑造了這樣一位形象。據載：南方梵寶昌陽丹靈真老君姓鄭字仁安，生於禪黎世界赤明天中，三日能言，便知宿命。後於寒靈洞遇玄和先生，授以《靈寶赤書五氣玄天黑帝真文》一篇及智慧上品十戒。『仁安於是奉戒而長齋，大作功德；珍寶佈施，以拯諸乏；割口飴鳥，功名徹天』。

這位鄭仁安就純屬虛構，借此體現道教樂善好施的精神，並以此教化世人。

三、忠孝者形象

忠孝是道教勸人為善的核心內容，體現了道教生命倫理的宗法性特徵，在道教建構的神仙系統中，有大量忠君孝親者的形象。

忠與孝之中，孝是忠的基礎，無孝決無忠，故道教的神仙形象首重孝道。《太平廣記》卷十五引《十二真君傳》講述了蘭公行孝道的故事。據載：兗州曲阜縣高平鄉九原里有至人蘭公，家族有百餘口人，『精專孝行』，感動乾坤，忽有斗中真人降臨蘭公家，自稱『孝悌王』，說是『居日中為仙王，月中為明王，斗中為孝悌王』。並宣傳『孝至於天，日月為之明；孝至於地，萬物為之生；孝至於民，王道為之成』的孝道。又自稱：『吾於上清已下托化人間，示陳孝道之教。後晉代嘗有真仙許遜，傳吾孝道之宗，是為衆仙之長』。於是將至道秘旨教付蘭公，蘭公由此獲道。後蘭公昇仙，告訴人們說：『我自此每十日一至於斯，更逾數年，百日一降，施行孝道』。據說，蘭公所傳『孝道之秘法』，另有寶經一帙，金丹一口，銅符鐵券，『得之者唯高明大使許真君焉』。

蘭公故事中所提到的『真仙許遜』、『高明大使許真君』，也是個至孝者，傳說為晉代人，曾師事蘭公、諶母、吳猛等，得受孝道明王之法。曾為旌陽令，後於洪州西山（今江西新建）舉家飛昇。吳猛、許遜及其十個弟子，道教中稱為『晉洪州西山十二真君』。今《道藏》

洞玄部靈圖類有《許太史真君圖傳》二卷，以連環畫的形式宣傳許遜孝道事蹟，實為道教連環畫的珍品，在中國連環畫上也當佔有重要的一席之地①。

《圖傳》卷上《玉陛再詔》中稱：晉孝武帝寧康二年（三七四），有二仙人到許遜門庭，宣玉帝之旨，脱去學仙童子許遜『前世貪殺匿，不祀祖先之罪』，記録其『今生咒水行符治病，罰惡馘毒之功』，並令其舉家大小昇仙。為什麽脱去許遜的前世之罪呢？就在於他今生建有奇功，除了救災拔難、除害蕩妖、功濟生靈之外，最大的功勞就是推行孝道。據《圖傳》卷上説：許遜於晉太康元年（二八〇）出任蜀郡陽令後，『教民忠孝慈仁』，使民風淳化，『爭競日消，至於無訟』。後許遜辭官，受女師諶姆孝道明王之法。卷下載：許遜歸隱，與羣弟子講究真詮，精修至道，作《八寶訓》：『忠孝廉慎寬裕容忍。忠則不欺，孝則不悖……』云云。以此教化鄉里，『皆遷善遠罪，孝悌興行』。可見許遜不僅自己身體力行孝道，而且以此宣傳教化世人，使孝道『興行』，終於解脱前生所犯不孝之罪，舉家仙去。

《吕祖全書》中勸教故事所塑造的大孝子形象，也感化着人們行孝。該書卷二《孝感救母》的故事説：有孝子，因母親背上發病，多方醫治不好，便虔誠祈禱，感動吕祖。夜夢吕祖對他説：『公至孝感天，命余救拔』。於是授以靈寶膏方，服後即癒。這是以至孝感動上蒼，救了自己的母親。還有因孝而救一城百姓的。

《吕祖全書》卷十八引《文帝勸孝録》載：從前有座城市，皆種下夙孽，命中註定該遭屠戮。經獄府奏報，上帝不忍，『因舉龍顏於雲端觀察』。但見城中黑氣毒雲，聚集不散，突然間，有祥光一道，自城隅而起，直衝帝座。上帝說，善哉善哉，此孝子之光也！城中既然有此孝子，屠城可免。於是命貪狼星君，持節往護，遂使該城免遭屠戮。除孝子之外，一城之人都有罪孽，若非孝子積德，屠城難免。這就是『孝』的大法力！

《三洞羣仙錄》卷二十引《道學傳》所講以《孝經》治病的故事也頗有趣。據載：顧歡喜道術，有病邪者請教顧歡，歡問他家中有何書，答稱只有《孝經》。顧歡說，很好，可將它置於病人枕邊，『恭禮之』，病自然就好了。果然，病者照顧歡的方法去做，很快就復原了。這些故事所顯示的『孝』的力量，無疑鼓舞着人們行孝。

孝向外擴充便是『忠』，道教神仙中『忠』者的形象也非屈指可數。其中典型者，可以翊聖保德真君為例。據《雲笈七籤》卷一百三《翊聖保德真君傳》記載：翊聖保德真君不斷降言凡間，要人『盡力事君，以為忠臣』；『忠勤奉國，惠愛臨民』；『在家孝於父母，食祿忠於帝王』；『每存忠信』；『人臣依於忠，人子依於孝』。《歷世真仙體道通鑑後集》卷三《王奉仙》所載女仙王奉仙，也是以『忠孝正直之道，清淨儉約之言，修身密行之要，以教

① 順便提一下，南北朝隋唐已有畫於道教宮觀牆壁上關於老子化胡的連環畫。此《真君圖傳》出於元代，為現在所能見到的較早的刻本連環畫，治中國美術史者當引起B意。而道教連環畫也是個值得填補空白的研究領域。《許太史真君圖傳》下簡稱《圖傳》。

於士女，故遠近欽仰』。凡此均可見，神仙是大講特講忠孝的，並以此教化凡人。

四、積德成仙者形象

《神仙傳》卷八《沈羲傳》載：沈羲，吳郡人，學道於蜀中。『但能消災治病，救濟百姓，不知服藥物。功德感天，天神識之』。後遇神仙稱他『有功於民，心不忘道，自少小以來履行無過。壽命不長，年壽將盡，黃老今遣仙官來下迎之』。於是『載羲昇天』。功德感動天神，派遣仙官將其迎登天界，仙去不歸。

《續仙傳》中也有很多類似的積德成仙故事。卷上《宜君王老傳》說：王老，坊州宜君縣人。頗好道，務行陰德為善，其妻亦同心不倦。某日早上，有穿着破爛的老道士前來，王老與妻以禮待之，相處月餘，彼此歡洽。老道士突然全身長惡瘡，『王老乃求醫藥，看療益加勤切』。然而瘡日甚一日。道士對王老說，此瘡用不著以凡藥治療，只需數斛酒，浸之自然可癒。於是道士加藥在酒裏，浸泡其中，三日方出，容貌恢復為少年，肌膚若凝脂。道士告訴王老：『此酒可飲，能令人飛上天』。王老與妻及其他人共飲，都大醉。於是『祥風忽起，緑雲如蒸，屋舍草樹，全家人物鷄犬，一時飛去』。王老廣積陰德多行善，不僅不嫌棄又窮又老的道士，而且耐心地照料他，想盡辦法為他求醫問藥，終於德行圓滿，被道士度為神仙。

《續仙傳》卷上《金可記傳》載：金可記，新羅人，性沈靜好道。『務行陰德，人有所求』，有求必應。後於春光妍媚、花卉爛蔓的二月十五日『昇天而去』。這是位留在中國的洋道士，中途一度漂洋回國，但終於還是在中國堅持修道積德，實現了成仙的願望。《續仙傳》卷中《孫思邈傳》稱孫思邈仁善慈愛，任何行動都『務行陰德』，以『濟物為功』，又常『以藥救人極廣』。有次救了一條小青蛇，原來所救即龍子，由此得龍宮之報，獲仙家藥方三十副，頗有神效。後著《千金方》三十卷，『散龍宮之方在其內』，濟世救人，最終屍解成仙。此外，《三洞羣仙録》卷十四引《總仙秘録》講：真人王錫曾因大疫流行而入息山採藥，『散施活人無數』。忽遇一道士對他說：你有『風骨而又積德多矣』，因授以餐風飲露之術。有一日，天降甘露於王錫住所旁的竹木枝葉上，他飲後『遂昇天』。這些都是積功累德，功德具足圓滿，飛昇成仙的形象。這些形象對普通人有極大的感召力，召喚他們多行善事，長此不懈，總有一天，積德而成仙。

所謂『積德』的表現形式是多種多樣的，除了上述積陰德救人的形式外，精誠信道，不存邪念也是一種形式。《歷世真仙體道通鑑後集》卷三《王妙想》就刻畫了一位精誠奉道而昇仙的女真形象。王妙想自幼年入道，居蒼梧山黄庭觀修煉，幾十年如一日持念《黄庭經》，以其『精誠感通』仙官帝舜。帝舜對她講：我每欲誘教後人，使其知道，而世上無可教者。近來，『地司奏汝居山三十餘載，初終如一，守道不邪，存念精誠』，若不度你，那就是道棄於人了。人都想長生不死，可惜不能『精專勤久』，此乃人自棄於道。你『精誠一志，期以百生千生，望於所證不怠不退，深可愍也』。於是命侍從以《道德經》及駐景靈文授之。『後數年，妙想白日昇天』。真是精誠所至，金石為開。精誠信仰神仙之道，也就是在積德，不愁實現不了自我生命的永恒。

五、度人爲仙者形象

道教還塑造了不少引度凡人走上仙路的神仙形象。他們是人生路向的領路神，指導人們的生命如何進入神仙國度。這些神仙往往能察知某人世世代代善惡功過的情況，正如《神仙傳》卷二《伯山甫傳》所載：伯山甫，『到人家，即數人先世以來善惡功過，有如目見』。神仙們考察善惡的目的，就是據此決定此人是否可度為仙。善惡審察不是只看表面現象，如果那樣，行偽善而心藏奸的『鄉愿』不就混入神仙隊伍了嗎？故此種審察直指人心，心術不正者不得入仙班。

《神仙傳》卷二《王遠傳》載：王遠考察某人，要其向日而立，遠從背後觀看，說：『噫，君心邪不正，終未可教以仙道，當授君地上主者之職司』。可見，心的正邪關係到能否得授仙道。為了審察某人是否可以晉陞仙的世界，這些神仙們還用了種種測試手段，在測試中檢驗此人道德品行是否合格，決定其有無資格當神仙。

《神仙傳》卷二《李八百傳》講了這樣一個故事：李八百，蜀人，世人計其年齡有八百歲，因以為號。他知道漢中唐公房『有志不遇明師，欲教授之，乃先往試之，為作客傭賃者』。八百偽裝病重，奄奄一息，『公房即為迎醫合藥，費數十萬錢，不以為損，憂念之意，形於顏色』。以後八百又讓公房為他舐惡瘡。經過一番測試，八百才告訴公房自己是仙人，『子有志，故此相試，子真可教也，今當授子度世之訣』，又授以丹經一卷。後公房入雲臺山中煉藥，藥成，服之仙去。這是測試所度之人的善良程度，有無助人為樂、解人急難的精神，測試合格，即取得進入仙界的合格證書。

《神仙傳》卷八《陳安世傳》也講了一個很有趣的故事：陳安世，京兆人，稟性仁慈，不踐生蟲，從不殺物，為權叔本家傭工，叔本好道思神，有兩位神仙化為書生從叔本遊，『以觀試之』。久而久之，叔本追求神的意向『轉怠』。兩位神仙說，『叔本勤苦有年，今適值我二人，而乃懈怠，是其不遇，幾成而敗』。神仙又問安世是否好道，答稱好而無知，於是約定第二日一早，在道北大樹下相會。安世按時而往，等了一整天也不見那二人的影子，正欲回去，二人出現，授以藥二丸，稱可以不復飲食。後來『安世道成，白日昇天。臨去，遂以要道術授叔本，叔本後亦仙去』。這是神仙暗中測試人信道是否堅定不移、持之以恒。面對神仙的測驗，稍一懈怠，便可能半途而廢，或者『為山九仞，功虧一簣』。

《神仙傳》中最有名的故事，大約要數張陵七試趙昇了。據卷四《張陵傳》講：漢天師張陵七度試趙昇，昇都過關，乃傳授其丹經。這七試是：第一試，昇到，門不為通，使人罵辱四十餘日，露宿不去，乃收留。第二試，派昇於草中守黍驅獸，暮遣美女，托言遠行路過，請求寄宿，與昇接牀。第二天又稱脚痛不去，遂留數日，勾引趙昇，而『昇終不失正』。第三試，昇行於路上，忽見遺失的金子若干，昇走過不取。第四試，令昇入山採薪，三虎咬昇衣服，只不傷身，昇不怕，顏色不變。一會兒虎就跑開去了。第五試，昇買十餘疋絹，已付款，而賣主誣稱未收錢，昇乃脱己衣而補償之。第六試，昇守田穀，有人前往乞食，衣裳破爛，面目塵垢，滿身膿瘡，臭不可聞，昇十分可憐他，將自己的衣服給他穿，又以私糧設飯招待，又送其私米。第七試，陵帶諸弟子登高山絕壁，絕巖下有桃樹生石壁中，桃樹下萬丈深淵。陵告訴衆弟子，有人摘得桃子便授以仙道，無人敢去。只有昇一人挺身而出，將桃子摘下一一擲上山。能過了這七試關口。趙昇終與張陵、王長三人『白日衝天而去』。

這七試，試出了趙昇忍辱精進，不貪財，不好色，勇敢頑强，助人為樂，信道堅定，不惜為道犧牲等精神和美德，這樣趙昇便取得了得道成仙的『文憑』。

總之，神仙度人不是無條件的，條件就在於人的道德表現是否合格，經考試合格，就可拿到神仙家『文憑』。這種考試既是對人的道德品行的查驗，也是勸誘人不斷堅定神仙信仰，一往無前地朝着既定的人生目標走下去，經不起考驗者則自然被淘汰，拒之於神仙門外。受此形象的暗示，修煉者一旦遇到困難，心理上就會認為此乃神仙考驗於我，下定決心，克服萬難，曙光就在前頭。這就是此類形象所啟迪於人示範於人之處。

六、綜合上述者形象

從上述我們已經發現，各種神仙形象並非單打一，而是互有交叉，比如拯救者和施捨者多交叉在一起，又如忠孝和積德往往也是互有疊合的。實際上，道教中許多神仙既是積德而來，又拯世濟人，點化人為仙，像前面已提到的許遜就是較典型的一位。而此種綜合者形象最典型的當稱呂洞賓。呂洞賓由於八仙榜上排名，故其形象婦孺皆知。道教中記載呂洞賓事蹟的經書也很多，多講述其得道成仙，度化他人，解救危難的故事。

元代苗善時所編《純陽帝君神化妙通紀》記述了呂洞賓家世和悟道之事，又記載他顯化、神應、神顯、神警、點化等事蹟。《歷世真仙體道通鑑》卷四十五《呂嵒》載呂洞賓遇天下都散漢鍾離權，棄儒業而師事之，從而得道。其自傳說：我本京兆人，遊華山遇鍾離子傳授延命之術，得年五十道始成。第一度郭上竈，第二度趙仙姑，我授他們歸根復命法。我有三劍，一斷煩惱，二斷貪嗔，三斷色慾，是我的劍法。世有傳我之神，不如傳我之法，傳我之法不如傳我之行。據稱，呂洞賓自昇仙之後，『時降人間，化度有緣學仙之士，出入隱顯，不可測識』。

《呂祖全書》卷二一《靈應事蹟小序》說：呂洞賓初得仙道，即對正陽祖師發誓，『弟子願度盡一切衆生，方歸天上』。從此他『化形宇宙，混跡市塵，遍施法乳，澤沛環區』。所載呂祖靈應事蹟有『神通變化』十四條，『更名顯化』十三條，『晉謁儒門』六條，『經從道觀』四條，『市塵混跡』七條，『丹藥濟人』九條等等。多寫呂洞賓警世濟世，點化世人，扶危濟困，勸人忠孝，勸人修道等。從中可見呂洞賓確為綜合上述美德的神仙形象，為修道者心目中崇高的豐碑。

道教所塑造的這些神仙形象，多數都能在現實生活中發現其影子。在神話研究中，有種方法叫做『原型批評』，着眼於建立神話的『原型模式』，復現原始類型的象徵意義。按照這種方法，不難發現道教仙話中的神仙原型就是現實中的道士，其象徵的意義同美德、拯救、生存的觀念相關，構成勸善度仙的模式。不管各種仙話故事的具體内容如何，這一模式的基本構架相同，不脱勸人為善，度人成仙的套子。套子中的神仙形象則在不知不覺地為人作示範，就像當春發生的好雨那樣，潤物細無聲。

(二) 道教生命倫理學的融攝性

在中國傳統文化中，道家具有學術上的開放性和包容風格，它不拘一格，博採衆家之長，融匯貫通，正如司馬談論六家要旨時指出的：『道家因陰陽之大順，採儒墨之善，撮名法之要』。① 道家這種學術上的外向開放精神為道教所繼承，道教不僅不排斥其他思想流派，反而大膽攝取他門他派的思想原料，以滋養豐富自己。道教不僅勇於吸取本土傳統文化的營養成分，而且對外來佛教文化也抱着開放融通的態度，學習借鑑泊來品的精華，儘管這種學習是不公開的（拿古人的話說叫『偷取』），表面上還採取一些激烈的攻擊形式。可以這麼說，正是道家道教促成了佛學的中國化，從而使中國哲學的理論思辨性上昇到新的高度。作為古代印度文化載體的佛教，能在中土大地扎下根，並一步步中國化，為中國人逐漸認識，這與道家道教分不開。

漢人視佛教為一種道術，佛教因此而得以稍廣流傳。到魏晉，佛學又倚傍玄學道家而傳播。南北朝隋唐時，佛教逐步中國化，在這一中國化過程中對道家道教都有所吸取。比如，許多佛教高僧都熱心於註釋老子《道德經》。又如，受道家影響，中國佛學的理論具有自然主義特徵。再如，道教神仙長生的思想對佛教也有影響，天臺二祖南嶽慧思在《誓願文》中就發誓要『求長壽命』，『得好芝草及神丹』，『借外丹力修內丹』。這個時期，道教也大量吸收佛教的思想內容，甚至許多的名詞術語都佛教化了，以此來充實提高自己。這充分體現了道教理論形態的開放性和融貫性。

①《史記·太史公自序》。

比如《太上洞淵神咒經》吸收了般若本無論思想，《度人經》襲取三界及隨劫輪迴思想，《真誥》仿照《佛說四十二章經》，《本際經》講諸法空寂無常，一切果報皆由業緣，《洞玄靈寶定觀經》改造止觀和定慧說，道教老學重玄派對佛教中道觀的運用，司馬承禎吸收了三論宗思想和天臺宗止觀學說。如此等等，都說明道教對待異質文化的態度比保守的儒家開放，同時也表明佛學對道教的影響是普遍的，道教接受其影響也是廣泛的，不僅僅局限於一家一派。正是這種主動引進吸取異質文化的精神，使道教在理論上不斷進步。

當然，道教中對待外來文化的態度也並非鐵板一塊，完全一樣，也有持排斥保守態度的，著名的『三破論』即以『入國破國，入家破家，入身破身』為炮火，猛烈轟擊外來佛教文化。溫和一點的反對派，以『夷夏論』為武器，宣傳夷夏之間大防，華夏正宗，主張『以夏變夷』，反對『以夷變夏』，從而附和保守的儒家『夷夏之辨』的言論。但這都不是道教的主流。道教的主流，是以博大之胸懷去擁抱外來佛教文化，主張儒釋道三教同源異流，三教應當融匯合一，三家人成為一家人。南朝陶弘景，援引佛教輪迴說入道教，晚年受佛戒，臨死前又遺令僧人道士並在門中，僧人在左，道士在右[1]，實為三教合流思想的身體力行者。南北朝以降，尤其是宋元之後，道教中三教合流的呼聲越來越高。有的用詩歌吟唱：『三教由來總一家，道禪清靜不相差，仲尼百行通幽理，悟者人人跨彩霞』[2]；『釋道從來本一源，如來老氏共登天』[3]；『釋道從來是一家，兩般形貌理無差』；『儒門釋户道相通，三教從來一祖風』[4]；『儒釋道源三教祖，由來千聖古今同』[5]；『四相真忘盡，頓明佛是仙』；『三教歸一，弗論道禪』[6]。有的用道理宣講：『三教者如鼎三足，身同歸一，無二無三，三教者不離真道也』；『太上為祖，釋迦為宗，夫子為科牌』[7]；『三教殊途同歸，妄者自生分別』[8]『釋氏以空寂為宗，若頓悟圓通，則直超彼岸。如有習漏未盡，則尚徇於有生。老氏以煉養為真，若得其要樞，則立躋聖位；如其未明本性，則猶滯於幻形。

其次《周易》有窮理盡性至命之辭，《魯語》有「毋意、必、固、我」之說，此又仲尼極臻乎性命之奧也。……豈非教雖分三，道乃歸一。奈何後世黃緇之流，各自專門，互相非是，致使三家宗要，迷没邪歧，不能混一而同歸矣！』[9]有的則借神仙之口教誨人們。

---

① 參見《南史·陶弘景傳》。
② 譚處端《水雲集》卷上《三教》。
③ 李通玄《悟真集》卷上《道無二》。
④《重陽全真集》卷一。
⑤ 丘處機《磻溪集》卷一。
⑥ 劉處玄《仙樂集》卷二、三。
⑦《重陽真人金關玉鎖訣》。
⑧ 夏宗禹《黃帝陰符經講義》卷四。
⑨ 張伯端《悟真篇自序》。

《雲笈七籤》卷一百三《翊聖保德真君傳》載張守真問：『道釋經典並垂於世，未審崇奉何者即獲其福？』真君說：『《道德經》大無不包，細無不納，修身煉行，治家治國。世人若悟其指歸，達其妙用，造次於是，信奉而行，豈惟增福，諒無所不至矣。奉釋氏之《四十二章經》制心治性，去貪遠禍，垂慈訓戒，證以於惡，亦一貫於道矣。奉之求福，固亦無涯。至於周公、孔子，皆列仙品，而五經六籍，治世之法，治民之術，盡在此矣。世雖諷誦，多不依從。若口誦而心隨，心隨而事應，仁義信行禮智之道，常存於懷，豈惟正其人事，長生久視之理亦何遠矣！』照翊聖保德真君的意見，三教典籍皆有利於人求福昇仙，都是人們應該崇奉的，綜上可見，三教一理同源，三教同祖同風，三教名殊理不殊，三教殊途同歸合而為一的觀點，在道教中佔壓倒多數的地位，道教即循着這條化合三教的路，以自己為主，吸取他家，建構了一個開放的思想系統。

這個開放的思想系統中的道教生命倫理學，其本身就是三教合一的產物，從它身上，我們既能看到道家道教的軀幹，又能發現儒家、佛教的影子，它對儒佛的融匯攝取處處可見。下面我們先分別考察道教生命倫理學對儒、佛的融攝，然後看看它是如何貫通三家的。

一、對儒家的融攝

道教生命倫理學從它誕生伊始，便大量採取儒家倫理學規範裝扮自己，以期與宗法倫理社會的要求相一致。這從我們前述第一章中《太平經》、《抱朴子內篇》的觀點已清楚可見。以後，道教對儒家倫理範疇的吸納可以說是層層加碼，滴水不漏，逐步將其完全融匯進自己的戒律中。道教戒律是指導道士修煉的道德律令，是道士們的行為規範，由許多道德條目構成，從這些條目中，一目瞭然地反映了儒家倫理範疇的滲透。

《雲笈七籤》卷三十八《說十戒》指出：得仙的秘要在於慈善，而慈善之法就是『不違科戒』，中品之人當受『十戒』。這十戒中第一戒就是『不得違戾父母師長，反逆不孝』；第三戒為『不得叛逆君王，謀害家國』；第四戒為『不得淫亂骨肉，姑姨姊妹及佗婦女』；第七戒『不得欺凌孤貧，奪人財物』。這些都十分明顯取自儒家倫理規範。同卷『太上洞玄靈寶消魔寶真安志智慧本願大戒』告訴修行者：『學道不受大智慧道行本願上品大戒，無緣上仙』。大戒的內容有：若見衆人，當願一切推仁無争，懷道安世；若見善人，當願一切時刻存念，仰軌真道；若見惡人，當願一切棄凶即吉，不犯王法；若見貧人，當願一切損身施惠，後受大福；若見富人，當願一切救濟萬物，世世受禄；若見帝王，當願一切奉仰王道，孝如父母；若見主相，當願一切受其教制，四方歸仁；若見兵甲，當願一切各念仁心，天下讓賢；若見賢人，當願一切履行其德，道為世宗；若見聖人，當願一切尊禮侍見，諸國並瞻；勸助國王父母子民忠孝，令人世世多嗣，男女賢儒不受諸苦。這些也很顯然來自儒家。

《雲笈七籤》卷四十《說戒》載有『說百病』、『崇百藥』，也就是向人們指出道德上的病症和藥方。道德百病有：忘義取利是一病；快意逐非是一病；侮易孤弱是一病；以私亂公是一病；內疏外親是一病；蹲踞無禮是一病；輕易老少是一病等等。道德百藥包括：行寬心和是一藥；動靜有禮是一藥；起居有度是一藥；推分引義是一藥；不取非分是一藥；救禍濟難是一藥；扶接老弱是一藥；以力助人是一藥；與窮恤寡是一藥；尊奉老者是一藥；內修孝悌是一藥；助人執忠是一藥；清廉守分是一藥；直諫忠信是一藥；廉潔忠信是一藥；見賢自省是一藥；仁順謙讓是一藥等等。據說，能服此百藥，除此百病，不僅自身得益，而且『子孫蒙佑』。這百病百藥的許多內容同樣反映了儒家的道德情操和道德修養方法。具體說來，上述道教戒條吸收了哪些儒家的道德規範呢？略加分析，有這樣一些：

（一）仁。『仁』是儒家重要的道德條目，自孔子以來即要人具備的道德情操。據統計，《論語》中講到仁字的地方有一百多處，多指一種品德或道德意識，這種德行的關鍵詞就是『愛人』，所謂『仁者愛人』。孔子講的為仁之方主要有兩條，一是『己欲立而立人，己欲達而達人』；一是『己所不欲，勿施於人』[1]。就是推己及人，行忠恕之道。孟子進一步發展了『仁』的思想，使之與宗法社會的特徵結合更緊密，提出『仁之實，事親是也』；『未有仁而遺其親者』；强調親親之愛，認為『人能充無欲害人之心，而仁不可勝用』，『仁人無敵於天下』[2]。孔、孟關於仁的這些論述在道教生命倫理學中都能找到其蹤跡。上述『百病』中有一病就是『多憎少愛』，其他諸如『以力勝人』、『危人自安』、『憎人勝己』、『干預人事』、『强奪人物』等病態，都是不愛人的表現，都沒做到推己及人，『勿施於人』。而『仁』字在道教戒條中出現的頻律也是很高的，像上述『一切推仁』、『各念仁心』、『四方歸仁』等都顯示了這一點。

（二）義。『義』也是儒家重要的道德條目之一。《論語·述而》：『不義而富且貴，於我如浮雲』。又《季氏》：『行義以達其道』，『見得思義』。要人不得見利忘義，行為應講道義。《孟子·離婁上》：『義，人之正路也』。又《盡心下》：『人皆有所不為，達之於其所為，義也』。『義』是人間正道，人應該按照義的標準有所為而有所不為。道教戒條也講『義』，如『推分引義』、『退身讓義』、『不盜取非義財』、『守真讓義』等等，可以說都是儒家倫理意義的『義』。

（三）禮。『禮』是儒家維持宗法社會等級秩序的道德規範。《荀子·禮論》說：人生而有慾，有慾就有爭，爭則亂，亂則無法收拾。『先王惡其亂也，故制禮義以分之，以養人之慾，給人之求』。這是禮的起源。因此，荀子認為禮就是『養』；禮被用來使『貴賤有等，長幼有差，貧富輕重皆有稱』。賈誼在其上疏陳政事中說：『禮者禁於將然之前』，禮的功用可貴處

① 參見《論語》中《雍也》、《衛靈公》。
② 參見《孟子》中《離婁上》、《梁惠王上》、《盡心下》。

就在於『絕惡於未萌，而起教於微眇，使民日遷善遠辠而不自知也』③。說明『禮』的作用和道教戒條很相似，都用於防患於未然，使人們不知不覺地遠惡遷善。道教戒條的提倡『尊禮』，『動靜有禮』，『常時無事不得妄受人禮敬』，『不得妄假舉人物以為禮賂』；反對『躓踞無禮』等等，這些『禮』皆來自儒家。

（四）忠孝。孔子主張：『臣事君以忠』②；『弟子入則孝，出則弟』，『父在觀其志，父沒觀其行。三年無改於父之道，可謂孝矣』③。《禮記·儒行》說：『儒有不寶金玉，而忠信以為寶』；『忠信以為甲冑』。《大學》主張：『為人臣，止於敬。為人子，止於孝。』『孝者，所以事君也。弟者，所以事長也』。《孝經·開宗明義章》：『夫孝，德之本也，教之所由生也』。又《三才章》：『夫孝，天之經也，地之義也，民之行也』。《廣揚名章》：『君子之事親孝，故忠可移於君』。忠孝是三綱五常的核心內容，歷來為儒家所重視，以忠調節君臣關係，以孝調節父子關係。道教對忠孝之道毫無保留地全盤照收，並大張旗鼓地宣揚。除了前述其生命倫理學發展演化史及戒條中所涉及的之外，這裏再舉幾例，以見道教與儒家一樣將忠孝視為天經地義的道德信條，人必須絕對奉行。《雲笈七籤》卷三十七《洞玄靈寶六齋十直》所述『十善』的頭兩善就是：『一念孝順父母；二念忠事君師』。顯然以忠孝為十善之首。同書卷四十《初真十戒》的第九戒是：『不得不忠不孝，不仁不信，當盡節君親，推誠萬物』。《洞玄靈寶道要經》以宣傳孝道為要，認為『道在至孝，不孝非道』；『先當行孝，而後行道，故名孝道』；行孝道可以『永斷生死』。又指斥不忠不孝為十惡，稱踐行十惡的人『生犯王法，死入地獄』。《太上洞玄靈寶智慧罪根上品大戒經》卷上『一十四戒持身之品』要求：『與人兄言則悌於行，與人臣言則忠於君，與人子言則孝於親』。《靈寶天尊說洪恩靈濟真君妙經》誓以『忠孝仁義，永為身寶』，說是人要用忠孝仁義作為立身之本，既可以自己增福延年，又可以超度祖先，全家安寧。這些都表明『忠孝』也是道教生命倫理學最重要的道德範疇。

（五）誠。『誠』是儒家重要的道德理念。《孟子·離婁上》說：『誠者，天之道。思誠者，人之道也』。人的道德意識應向『誠』流動。《荀子·不苟》强調：『君子養心莫善於誠，致誠則無它事』；『誠心行義則理，理則明，明則能變』。道德意識修養功夫就在一個『誠』字上。《中庸》主張：『唯天下至誠，為能盡其性，則能盡人之性；能盡人之性，則能盡物之性；能盡物之性，則可以讚天地之化育；可以讚天地之化育，則可以與天地參矣。』人若能發揮至誠的道德理念，不僅可以窮盡人的本性，而且可以由此窮盡萬物的本性，讚助天地化生萬物，人與天地並立為三。周敦頤《通書》第一卷《誠上》：『誠者，聖人之本。大哉

①《漢書·賈誼傳》。
②《論語·八佾》。
③《論語·學而》。

乾元，萬物資始，誠之源也。乾道變化，各正性命，誠斯立焉，純粹至善者也。』作為聖人之本的誠，為一純粹至善的道德意識。可見儒家對『誠』之講究。道教戒條也是如此，要人誠心誠意，不得『為妄』，不得『欺詐他人』、『以虛為實』、『好自掩意』、『嗜得懷詐』、『多疑少信』。

除此而外，本書第一章所述《太平經》講『誠信』，也可表明，道教生命倫理學從一開始就攝取了儒家所謂『誠』的觀念，作為自己勸善的道德信條。

（六）四端。所謂『四端』是《孟子·公孫丑上》提出來的，指：『惻隱之心，仁之端也；羞惡之心，義之端也；辭讓之心，禮之端也；是非之心，智之端也。人之有是四端也，猶其有四體也。』又《告子上》也說：『惻隱之心，人皆有之。羞惡之心，人皆有之。恭敬之心，人皆有之。是非之心，人皆有之。惻隱之心，仁也。羞惡之心，義也。恭敬之心，禮也。是非之心，智也』。孟子講的『四端』，在道教戒條中也不時出現，要求修仙者具備這些善心，否則將不能克登仙位。

以上對儒家道德規範和道德意識的分析表明，道教生命倫理學的道德條目的主體成分基本上取自儒家，因此同儒家道德一樣，具有鮮明的宗法倫理特色。

道教中有少部分人，對這樣攝取儒家宗法倫理感到還不够，還不徹底，他們將儒家的捨生取義說也照搬進來，把道德價值放在高於一切的地位。衆所周知，當生命與道德價值發生衝突時，儒家首先選擇道德價值理想，生命可以為此而犧牲。《論語·衛靈公》載孔子說：『志士仁人，無求生以害仁，有殺身以成仁』。在孔子的『殺身成仁』說之後有孟子的『捨生取義』說。

《孟子·告子上》說：『魚，我所欲也；熊掌，亦我所欲也。二者不可得兼，捨魚而取熊掌者也。生，亦我所欲也；義，亦我所欲也。二者不可得兼，捨生而取義者也。』生命誠可貴，然而道德價更高，為了道德理想的實現，可將生命拋去。這是儒家的人生價值觀。與此不同，道教繼承中國古代宗教傳統的重生論，把生命放在人生價值的第一地位上，以證成不死為終極關懷，故對建立儒家式的功名不關心，至於人們在實現儒家式功名中將要付出的代價更不予問津。在道教中，一般沒有討論生命與道德價值出現矛盾時應怎樣解決，如何選擇；通常將解脱生命擺在首位，而以道德修養作為一種輔助手段，幫助生命實現長生不死。這在儒家的價值眼光中，自然被視為活命哲學，而在道教的價值坐標上，則把它奉為人生圭臬。在道教中，也有一小部分人，受儒家殺身成仁、捨生取義說影響，主張寧為玉碎，不為瓦全。他們借神仙之口教誨修道之士：『寧守善而死，不為惡而生』①。就是說當生命與善惡發生衝突時，應選擇善，為善而獻身，除此別無選擇。這與儒家的人生價值觀比較接近了。

① 《無上秘要》卷五。

當然，這樣的觀點在道教中不佔主導地位，道教生命倫理學的主流還是勸善成仙，不談善與生的矛盾，只關懷二者的統一，以及如何實現此種統一。

儘管道教的人生價值觀、對人生的終極關懷與儒家不同，但在具體的道德修養方法上，它還是融攝了儒家宗法倫理不少東西，並要求其教徒嚴格遵守儒家倫理規範，也就是不得越宗法社會的雷池一步，否則決不可能成仙。

二、對佛教的融攝

道教與佛教，既是互相競爭的對手，又是互相學習，互相取長補短的朋友。比較之下，道教向佛教學習的東西更多，對佛教所融攝的也更多些。道教生命倫理學對佛教的吸取，大約始於晉代，到南北朝隋唐而大盛，但生吞活剥的痕跡比較明顯，宋元以後才消化得差不多，臻於融滙貫通。所攝取的內容，有兩大類：一類是生命哲學方面的，另一類是佛教的因果報應觀以及道德戒條。關於對佛教生命哲學的借鑑吸收，在本書第二、三章的叙述中已多所涉及，此不贅。這裏我們着重分析一下佛教因果報應論及道德戒條對道教的影響。

○因果報應論

佛教講『業』。所謂業，指的是『造作』，即人的身心活動。佛教有『三業』之說，即身業、口業、意業。道教攝取了三業說。《雲笈七籤》卷三十八《太霄琅書十善十惡》說：『隨緣所得，無數諸戒，無央科律，皆輔一神，攝於三業。三業者，口、身、心也，運動造作善惡無量』。這與佛教的三業說完全一致。即把人的身、口、意造作善與惡，稱為身業、口業、意業』。又認為無量善惡，十為惡端。一是妄言，二是綺語，三是兩舌，四是罵詈，此四項屬於『口惡』，如能反其道而行之則善。五是貪愛，六是竊盜，七是奸淫，這三項屬於身業。八是嫉妒，九是恚瞋，十是邪痴，這三項為心業，『心業最重，為十惡根』。這是對佛教三業說的具體運用。

佛教認為，業的生滅相續，必感苦樂等果，果為『業果』，結果之因稱為『業因』。由業的因果關係，佛教主張『業報』，即業的報應。《成實論》卷七說業報有三種：『善、不善、無記』；『善得愛報，不善得不愛報，無記無報』。照佛教看來，人生的一切都決定於因果關係，人的生命以及命運的好壞，都是自己的造因，自己受果，都有因果報應，亦即都會產生業報。衆生造作的善業與惡業引起相應的果報，善有善報，惡有惡報，業的性質不一，所得報應就不同。佛教又將業報與輪迴結合，形成業報輪迴說，認為修善者隨福業而上昇，作惡者隨罪業而下墮；現世的禍福由前世的業緣所引起，而現世造作的業又決定來世的命運。

佛教的這種業報輪迴說，完全為道教所認同。《北極真武普慈度世法懺》卷二首先從『業因』上去找人與人之間善惡不同的原因：『人生天地之間，善惡不同，各自先身業緣所致』。人們前世所造之『業』，決定其現在的善惡狀況，這是用佛教的『業因』說解釋人間善惡之別的來源。接着，它又用業報說闡明善惡之報：『修善善至，修福福來，如影隨形，似聲應響。悟則見道，迷則居塵，有如寶珠，照鑑隨物，又如明鏡，黑白自彰。若修十善，克感天神，扶護世族，克昌後世，衣食自然，無窮壽量。若修十惡，凶神降附，苦病切身，輪轉受生，應諸惡報』。它舉了一個例子講惡報：按修真第二戒所說，不得殺害含生以充滋味。然而某弟子卻違背戒條，為滿足口腹之慾，四處捕殺飛禽走獸，根本不考慮『輪迴於惡道』，更不知道他所吃的東西『或眷屬以業報而改形，或姻親以罪緣而受果，反餐其肉，欲潤爾身，不復識知』。他這樣殺害含生之類所造作的『諸業』，使他『見在世中，疾體纏綿，壽命夭促。死墮地獄，長幼受苦，苦盡復生，遂入惡道。報盡復還生於茲世，以前業報，尚有餘殃，受報未已』。這就是俗語所謂自作自受，自己釀製的苦酒自己咽，而其理論根據則是佛教的業報論。

同書卷十也講到：『人之受生，未有不從先業來者，故禀神挺質，各有因緣，罪福吉凶，悉從其業。所有壽夭、貴賤、富貧、好醜、智愚等，各不同，乃至鳥獸蟲魚鷄犬草木亦復然』。得生為人，已是很不易的，如若不是『先業』修善，大約不太可能生而為人。而人生的際遇，命運是凶還是吉，是福還是禍，都由『業』所決定。佛教把決定個人窮福、壽夭、命運的業叫做『滿業』，所得果報叫『別報』。《北極真武普慈度世法懺》這裏所說的

『業』，即相當於佛教的『滿業』，所得之報為『別報』。

唐以前所出《太上洞玄靈寶業報因緣經》，比較集中地宣傳了因果報應論，從中可見道教對佛教業報因緣說的無保留接受。該經突出地宣揚善有善報，惡有惡報。

卷二《善對品》許願說：如有善男子善女人，廣造經像，置觀度人，佈施齋戒，濟死度生，普救一切衆生，大弘誓願，作大福田，善根不斷，利益衆生，就可以『生天王國主身』。如能做到持齋奉戒，誦經禮念，燒香禮拜三寶大道，廣建福田，就會『生皇后國母身』。如果供養三寶，造經鑄像，就能『得生天王門身』。如若信樂經法，持齋念道，佈施立功，就會『生富貴智慧端嚴身』。如若七世樂道奉戒，佈施救貧，濟生度死，常行慈悲，供養三寶不怠倦，『得生出家身』。如果世世積善，廣建福田，誦念大乘，修身行業，不犯戒律，可『得生大德法師』。衆人尊仰，生生信奉，深重大法，修行供養，『生天人中見世清淨長命富貴身』。供養三寶，出家法身，則『生長命端正身』。成就觀宇，建立玄壇，『生大富貴身』。敬重三寶，愛行佈施，救濟貧寒，成就功德，可以『得生中國長命富貴身』。不殺生偷盜，不貪酒食肉，則『生長命具足身』。常憐念一切物，慈悲於含生之類，可生『高上貴豪身』。並告訴人們：今世作帝王國主的人，是從累動修齋奉戒，廣種福田，濟度法界等之中來；今世作皇后國母、帝子王孫、公主王妃，都是從歷劫修善，作種種功德中來。這些都旨在表明，行善，生命就有善報，投生於帝王富貴之家，享不盡的榮華歡樂；或者『長命富貴』，既富且壽；或者成為衆人尊仰的大德法師。『善根不斷』的至善之人甚至可上生天界，成為天上的『國主』。此處所講的相當於佛教所謂『五道』的人、天兩道。佛教以人作善業的大小分別得不同的果報，善業大者上生天界，稍次的生於人間，生於人間帝王富貴之家而非貧窮之家，由宿世積善而來。

《無量壽經》卷上說：『世間帝王，人中獨尊，皆由宿世積德所致。慈惠博施，仁愛兼濟，履信修善，無所違淨，是以壽終福應，得昇善道。上生天上，享茲福樂。積善餘慶，今得為人，遇生王家，自然尊貴』。試拿上述道教的說法與此相比較，了無二致，都認為要想生為世間帝王富貴之家，必須積善。這是善有善報。

在談到惡有惡報時，《太上洞玄靈寶業報因緣經》卷二《惡報品》警告說：若有衆生毀壞天尊大道形象，死入九幽十八地獄，萬劫受苦，苦盡方生為人，且得腫癩病，遍身膿血，臭不可聞，人不喜見，如果呰毀三洞大法經典，死歷九幽，並入豐都，經千百萬劫，方遇聖人救拔，生野獸中，受無量苦，然後得生人中，而且舌根爛壞，常有纏喉之疾。如有誹謗出家法身者，現世得蟲癩病，過去生六畜身。不信經法宿命報對的人，現世盲聾，過去生鳥獸中，經無量劫方可得脫。不信罪福因緣的人，現世為奴婢，過去生蠻夷中。輕慢出家法身的人，現世跛躄，過去生猪狗中、屎尿之中。好色者，現世患風邪癲狂惡病，過去生猳猪中，經數劫，生諸般野牛之中。偷盜三寶財物者，現世貧窮，過去生奴婢，復生六畜種種禽獸之中，難復人身。偷盜齋食及供養寶器法食者，現世逢霹靂雷電惡鬼所傷，過去生蟒蛇，身死墮餓鬼中。偷食上真獻御之食者，永墮惡趣，常作餓鬼。這些說法也來自佛教。

佛教有所謂『三惡道』，認為衆生按所造之惡業分別墮入『地獄道』、『餓鬼道』、『畜生道』這三種罪惡的地方。道教這裏所說的『惡報』，其實就是講作惡者將使生命沉淪於『三惡道』中，永世不得翻身。再比較佛教經典《法苑珠林》卷七十《惡報部》，就益可發現道教對佛教的襲取。據稱：如身行殺生，則墮屠裂斤割地獄中。以此殺生，故於地獄中窮年極劫受劇苦，受苦完畢，復墮畜生道作猪羊牛馬鷄狗等。又引《地持經》說：殺生之罪，能令衆生墮三惡道。若生人中，得二種果報，一者短命，二者多病。如果十惡具備，就會受地獄苦，出為畜生，復為餓鬼。即使得生為人，也短壽多病。很顯然，道教與此所說完全一樣。佛教的業報輪迴說已為道教生命倫理學兼容。

道教還認為，善惡之報如影隨形，善果為吉，惡對為凶，就像栽什麼樹苗結什麼果一樣，絕對不差。《太上妙始經》說：『人生之時，施行善惡而罪福自應，如影之隨形，響之應聲』。《太上老君說五斗金章受生經》講：『既有人倫，宿命因緣，有善有惡，有長有短，有貴有賤，有富有貧。善惡之報，如影逐形，如響應聲。作善善應，作惡惡成；種蘭得香，種粟得糧。為善降祥，為惡降殃』。這些思想都取材於佛教。

慧遠《明報應論》稱：『心以善惡為形聲，報以罪福為影響』。《法苑珠林》卷七十《惡報部》說：有形則影現，有聲則響應；未見形存而影亡，聲續而響乖。善惡相報，道理與此相同。一經比較，便發現二者雷同。

道教堅信：『修善者福到』；『修善得福』；『唯修善者得福』；『福者善之果』；『積善隆福基』①。然而世間明明有修善不得福的現象，對此作何解釋？

《太上洞神太元河圖三元仰謝儀》解釋說：『常情之內暗惑者，多見為善者致災，即謂修善無益，不知前世之餘殃未盡，殃盡則福來。見為惡者安寧，即謂為惡無損，不知前世之餘福未盡，福盡即禍隨』。

《呂祖全書》卷二十八的解釋是：『至於生平無一善行善狀，或福祿富貴不失者，或由於祖宗之積累，或本於前世之修為』。這些解釋自然也是源於佛教的報應論。

慧遠曾因世俗之人懷疑善惡報應而作《三報論》。慧遠指出：有懷疑佛教者，看見『或有積善而殃集，或有凶邪而致慶』的社會現象，便說『積善之無慶，積惡之無殃』。實際上這是不明『三報』的道理所致。『經說業有三報：一曰現報，二曰生報，三曰後報。現報者，善惡始於此身，即此身受。生報者，來生便受。後報者，或經二生三生，百生千生，然後乃受。……應有遲速，故報有先後』。此即俗話所說：不是不報，時候未到；時候一到，一切皆報。如果懂得了這一『三報』的道理，以觀察人生的『窮通之分』，那麼『尼父之不答仲由，顏、冉對聖匠如愚』，就都清楚了。也就是說，今生行善不得福報，乃是前世造業所致，而今世的努力為善，又為來世的獲福奠定了『業因』。道教的解釋亦即如此，為佛教三報論在道教中的再現。

總之，道教生命倫理學對佛教因果報應論的融攝是無可置疑的。佛教因果報應論以善有善報、惡有惡報闡明德福一致，善惡與生命的好壞結果一致，對人生現象中德福不一的情況則用業報輪迴說予以解釋，這就促使人們趨向於行善，以免遭惡報。道教對佛教因果報應論的攝取，其用意也在於此。

○ 佛教道德戒條

佛教有所謂戒、定、慧三學，其中戒、定之學為佛教的道德學說，慧學中也有一些。戒是為出家及在家信徒制定的戒規，用於防非止惡。定指禪定，修行者集中B意力，『令心不散』，既是種認識方法，又是種道德修養論。特別是佛教戒學，道教生命倫理學對其吸收頗多。佛教有五式、八戒、十戒、具足戒等。佛教的五戒是：（一）不殺生；（二）不盜；（三）不邪淫；（四）不妄語；（五）不飲酒。道教也有五戒。據《初真戒》說，道教的『老君五戒』是：『一者不得殺生；二者不得葷酒；三者不得口是心非；四者不得偷盜；五

① 參見《正一法文天師教戒科經》、《太上老君經戒註》、《太上三洞傳授道德經紫虛籙拜表儀》。

者不得邪淫』。內容和佛教五戒一樣，只是各戒的先後順序不同。佛教的五戒是應當終身奉持的，道教也是如此。《雲笈七籤》卷三十九《老君說五戒》稱：『五戒者，持身法之根，善男子善女人，願樂善法，受持終身不犯，是為清信，得經得法，永成道真』。

佛教的『八關齋戒』是（一）不殺生；（二）不偷盜；（三）不淫慾；（四）不妄語；（五）不飲酒；（六）不眠坐高廣華麗之牀；（七）不裝飾、打扮及觀聽歌舞；（八）不食非時食。道教也有八齋戒。據《雲笈七籤》卷四十《受持八戒齋文》載，八齋戒是：『一者不得殺生以自活；二者不得淫慾以為悅；三者不得盜他以自供給；四者不得妄語以為能；五者不得醉酒以恣意；六者不得雜卧高廣大牀；七者不得普習香油以為華飾；八者不得躭著歌舞以作倡伎』。與佛教大同小異，小異之處其模仿的痕跡也依稀可見。

佛教的十戒是：（一）不殺生；（二）不偷盜；（三）不淫；（四）不妄語；（五）不飲酒；（六）不塗飾香鬘；（七）不聽視歌舞；（八）不坐高廣大牀；（九）不非時食；（一〇）不蓄金銀財寶。

道教也有十戒，且有不同的幾種。《雲笈七籤》卷三十八《說十戒》就載有兩種十戒，其中當終身奉持的十戒是：一不得違戾父母師長，反逆不孝；二不得殺生屠害，割截物命；三不得叛逆君王，謀害家國；四不得淫亂骨肉，姑姨姊妹及佗婦女；五不得毀謗道法，輕泄經文；六不得汙漫靜壇，單衣裸露；七不得欺凌孤貧，奪人財物；八不得裸露三光，猒棄老病；九不得躭酒任性，兩舌惡口；十不得兇豪自任，自作威利。

另外一種《思微定志經十戒》：一者不殺，當念衆生；二者不淫，犯人婦女；三者不盜取非義財；四者不欺，善惡反論；五者不醉，常思淨行；六者宗親和睦，無有非親；七者見人善事，心助歡喜；八者見人有憂，助為作福；九者彼來加我，志在不報；十者一切未得道，我有不吝。這些既有佛教的教戒精神，也有儒家的道德訓條。

經上述對佛、道二教宗教教戒的比較，不難看出道教對佛教道德戒條的融攝是多方面的，這些融攝，有的是照搬進來，拿來主義，有的則稍作加工，去掉不適合宗法社會的成分。經過這樣的的融匯消化，道教生命倫理學便變得豐滿起來。

(三)、貫通道儒釋三家

道教生命倫理學對儒、釋的攝取並非只是單純地照抄照搬（有一些是如此），而是將它們融匯在一起，以闡發自己的主張。儘管這種融匯貫通的工作做得不算太好，但畢竟有所消化吸收，對於豐富道教的宗教倫理思想起到了一定的作用。在許多道教經典中，對道、儒、釋三家的思想都有所援引，以分別應付不同的理論問題。

《上清金匱玉鏡修真指玄妙經》認為天地萬物都由炁所化生，炁以形作為載體，形以炁來充實自己，炁飽和則形體得以保存，要想形體長存，必須首先養炁；這個炁，『至大至剛，充塞乎天地之間』。所謂養至大至剛之炁，除了『炁』是道教本身創造的產物，其他皆取自孟子。

《孟子·公孫丑上》說：『我善養吾浩然之氣』。那麼什麼是『浩然之氣』呢？孟子說：『其為氣也，至大至剛，以直養而無害，則塞於天地之間』。可見這裏道教所謂有『養炁』。炁『至大至剛，充塞乎天地之間』確實採取孟子的說法，只不過將『氣』換成了『炁』。同書中又借取了儒家倫理規範，要人『忠孝友睦，正己化人，矜孤恤寡，敬老懷幼』。

還有所謂『承其宿業，因緣運全』等等，則顯然是佛教的說法。至於求天仙當立一千三百善，地仙當立三百善云云，不用說是道教的傳統講法。另外，經中勸人積善功與修行並舉，指出：有善功而不修行，魔障難除，不能成仙；如果既有善功又修持道行，則『仙真自舉』。這是仙佛合宗而產生的觀點。

在不少道經中，往往認為道、儒、釋三教所講的宗旨是一致的，不必強作三教的分別，而應對它們同等看待。《太上開明天地本真經》即認為三教的宗旨都在於『返本歸真』，說是：『儒務本不致於淫，合天地之德；道守本溫養為功，含天地之化；釋返本明瞭真歸，超天地之表』。三教返本的目的都在於解決人的生命問題。在該經看來，所謂本真就是大道，本真與道是一體化的，而人的生命維繫於本真，『生從本真來，死因本真去』。自天地開闢以來，人淳樸而長壽，因為其本真未迷失，以後衆智漸生，本真迷失，人的壽命也就減短了。

三教的宗旨就是要解決人類迷失本真，誤入歧途的問題，這樣生命才可以超凡入聖。這是從學說的宗旨上把三教融匯貫通。

在很多有關道戒的經典中，表現出結合三教思想議論生命倫理觀。這裏以《太上洞玄靈寶智慧罪根上品大戒經》為例。其卷上說：凡一心信向道教者『皆得長年，有生嫉害惡逆不忠，皆夭。壽命便有罪福因緣之根』。又說：『欲安身治國，使門户清貴，天神佑護，地祇敬愛，當修善功，勤心齋戒，廣施法門，先人後身，有惠於萬物，功普於一切，功滿三千，白日昇天。修善有餘，天降雲車；弘道無已，自致不死』。

這些敘述中，三教的思想都有所貫穿。從該經所載『十善因緣』、『十戒』、『十惡』、『十二可從戒』的內容，也可發現三教融匯的痕跡。如『退身護義，不争功名，抱素守樸，行應自然』；『平等一心，仁孝一切』；『常行慈心，願念一切，普得見法，開度廣遠，無有障礙』；『潔身持戒，修齋建功，廣救羣生，咸得度脱』等等，儒道釋三家的思想揉在在一起，勸人一心行善，以便『世世長存』。

總之，道教生命倫理學是道儒釋三教匯流的產物，沒有對儒釋二家攝取，將其與道家道教融匯在一起，便沒有道教生命倫理學的存在，即使存在，也顯得營養不良，站立不起！

大展出版社有限公司
品冠文化出版社

圖書目錄

地址：台北市北投區(石牌)
致遠一路二段12巷1號
電話：(02)28236031
28236033
郵撥：0166955～1
傳真：(02)28272069

・法律專欄連載・電腦編號 58

台大法學院　　法律學系／策劃
法律服務社／編著

1. 別讓您的權利睡著了 [1]		200 元
2. 別讓您的權利睡著了 [2]		200 元

・武術特輯・電腦編號 10

1. 陳式太極拳入門	馮志強編著	180 元
2. 武式太極拳	郝少如編著	150 元
3. 練功十八法入門	蕭京凌編著	120 元
4. 教門長拳	蕭京凌編著	150 元
5. 跆拳道	蕭京凌編譯	180 元
6. 正傳合氣道	程曉鈴譯	200 元
7. 圖解雙節棍	陳銘遠著	150 元
8. 格鬥空手道	鄭旭旭編著	200 元
9. 實用跆拳道	陳國榮編著	200 元
10. 武術初學指南	李文英、解守德編著	250 元
11. 泰國拳	陳國榮著	180 元
12. 中國式摔跤	黃　斌編著	180 元
13. 太極劍入門	李德印編著	180 元
14. 太極拳運動	運動司編	250 元
15. 太極拳譜	清・王宗岳等著	280 元
16. 散手初學	冷　峰編著	180 元
17. 南拳	朱瑞琪編著	180 元
18. 吳式太極劍	王培生著	200 元
19. 太極拳健身和技擊	王培生著	250 元
20. 秘傳武當八卦掌	狄兆龍著	250 元
21. 太極拳論譚	沈　壽著	250 元
22. 陳式太極拳技擊法	馬　虹著	250 元
23. 二十四式/三十二式 太極 拳/劍	闞桂香著	180 元
24. 楊式秘傳 129 式太極長拳	張楚全著	280 元
25. 楊式太極拳架詳解	林炳堯著	280 元

26. 華佗五禽劍	劉時榮著	180 元
27. 太極拳基礎講座：基本功與簡化 24 式	李德印著	250 元
28. 武式太極拳精華	薛乃印著	200 元
29. 陳式太極拳拳理闡微	馬　虹著	350 元
30. 陳式太極拳體用全書	馬　虹著	400 元

・原地太極拳系列・電腦編號 11

1. 原地綜合太極拳 24 式	胡啟賢創編	200 元
2. 原地活步太極拳 42 式	胡啟賢創編	200 元
3. 原地簡化太極拳 24 式	胡啟賢創編	200 元
4. 原地太極拳 12 式	胡啟賢創編	200 元

・道學文化・電腦編號 12

1. 道在養生：道教長壽術	郝　勤等著	250 元
2. 龍虎丹道：道教內丹術	郝　勤著	300 元
3. 天上人間：道教神仙譜系	黃德海著	250 元
4. 步罡踏斗：道教祭禮儀典	張澤洪著	250 元
5. 道醫窺秘：道教醫學康復術	王慶餘等著	250 元
6. 勸善成仙：道教生命倫理	李　剛著	250 元
7. 洞天福地：道教宮觀勝境	沙銘壽著	250 元
8. 青詞碧簫：道教文學藝術	楊光文等著	250 元
9. ：道教格言精粹	朱耕發等著	250 元

・秘傳占卜系列・電腦編號 14

1. 手相術	淺野八郎著	180 元
2. 人相術	淺野八郎著	180 元
3. 西洋占星術	淺野八郎著	180 元
4. 中國神奇占卜	淺野八郎著	150 元
5. 夢判斷	淺野八郎著	150 元
6. 前世、來世占卜	淺野八郎著	150 元
7. 法國式血型學	淺野八郎著	150 元
8. 靈感、符咒學	淺野八郎著	150 元
9. 紙牌占卜學	淺野八郎著	150 元
10. ESP 超能力占卜	淺野八郎著	150 元
11. 猶太數的秘術	淺野八郎著	150 元
12. 新心理測驗	淺野八郎著	160 元
13. 塔羅牌預言秘法	淺野八郎著	200 元

・趣味心理講座・電腦編號 15

1.	性格測驗① 探索男與女	淺野八郎著	140 元
2.	性格測驗② 透視人心奧秘	淺野八郎著	140 元
3.	性格測驗③ 發現陌生的自己	淺野八郎著	140 元
4.	性格測驗④ 發現你的真面目	淺野八郎著	140 元
5.	性格測驗⑤ 讓你們吃驚	淺野八郎著	140 元
6.	性格測驗⑥ 洞穿心理盲點	淺野八郎著	140 元
7.	性格測驗⑦ 探索對方心理	淺野八郎著	140 元
8.	性格測驗⑧ 由吃認識自己	淺野八郎著	160 元
9.	性格測驗⑨ 戀愛知多少	淺野八郎著	160 元
10.	性格測驗⑩ 由裝扮瞭解人心	淺野八郎著	160 元
11.	性格測驗⑪ 敲開內心玄機	淺野八郎著	140 元
12.	性格測驗⑫ 透視你的未來	淺野八郎著	160 元
13.	血型與你的一生	淺野八郎著	160 元
14.	趣味推理遊戲	淺野八郎著	160 元
15.	行為語言解析	淺野八郎著	160 元

・婦 幼 天 地・電腦編號 16

1.	八萬人減肥成果	黃靜香譯	180 元
2.	三分鐘減肥體操	楊鴻儒譯	150 元
3.	窈窕淑女美髮秘訣	柯素娥譯	130 元
4.	使妳更迷人	成　玉譯	130 元
5.	女性的更年期	官舒妍編譯	160 元
6.	胎內育兒法	李玉瓊編譯	150 元
7.	早產兒袋鼠式護理	唐岱蘭譯	200 元
8.	初次懷孕與生產	婦幼天地編譯組	180 元
9.	初次育兒 12 個月	婦幼天地編譯組	180 元
10.	斷乳食與幼兒食	婦幼天地編譯組	180 元
11.	培養幼兒能力與性向	婦幼天地編譯組	180 元
12.	培養幼兒創造力的玩具與遊戲	婦幼天地編譯組	180 元
13.	幼兒的症狀與疾病	婦幼天地編譯組	180 元
14.	腿部苗條健美法	婦幼天地編譯組	180 元
15.	女性腰痛別忽視	婦幼天地編譯組	150 元
16.	舒展身心體操術	李玉瓊編譯	130 元
17.	三分鐘臉部體操	趙薇妮著	160 元
18.	生動的笑容表情術	趙薇妮著	160 元
19.	心曠神怡減肥法	川津祐介著	130 元
20.	內衣使妳更美麗	陳玄茹譯	130 元
21.	瑜伽美姿美容	黃靜香編著	180 元
22.	高雅女性裝扮學	陳珮玲譯	180 元
23.	蠶糞肌膚美顏法	坂梨秀子著	160 元

24. 認識妳的身體	李玉瓊譯	160 元
25. 產後恢復苗條體態	居理安・芙萊喬著	200 元
26. 正確護髮美容法	山崎伊久江著	180 元
27. 安琪拉美姿養生學	安琪拉蘭斯博瑞著	180 元
28. 女體性醫學剖析	增田豐著	220 元
29. 懷孕與生產剖析	岡部綾子著	180 元
30. 斷奶後的健康育兒	東城百合子著	220 元
31. 引出孩子幹勁的責罵藝術	多湖輝著	170 元
32. 培養孩子獨立的藝術	多湖輝著	170 元
33. 子宮肌瘤與卵巢囊腫	陳秀琳編著	180 元
34. 下半身減肥法	納他夏・史達賓著	180 元
35. 女性自然美容法	吳雅菁編著	180 元
36. 再也不發胖	池園悅太郎著	170 元
37. 生男生女控制術	中垣勝裕著	220 元
38. 使妳的肌膚更亮麗	楊　皓編著	170 元
39. 臉部輪廓變美	芝崎義夫著	180 元
40. 斑點、皺紋自己治療	高須克彌著	180 元
41. 面皰自己治療	伊藤雄康著	180 元
42. 隨心所欲瘦身冥想法	原久子著	180 元
43. 胎兒革命	鈴木丈織著	180 元
44. NS 磁氣平衡法塑造窈窕奇蹟	古屋和江著	180 元
45. 享瘦從腳開始	山田陽子著	180 元
46. 小改變瘦 4 公斤	宮本裕子著	180 元
47. 軟管減肥瘦身	高橋輝男著	180 元
48. 海藻精神秘美容法	劉名揚編著	180 元
49. 肌膚保養與脫毛	鈴木真理著	180 元
50. 10 天減肥 3 公斤	彤雲編輯組	180 元
51. 穿出自己的品味	西村玲子著	280 元
52. 小孩髮型設計	李芳黛譯	250 元

・青 春 天 地・電腦編號 17

1. A 血型與星座	柯素娥編譯	160 元
2. B 血型與星座	柯素娥編譯	160 元
3. O 血型與星座	柯素娥編譯	160 元
4. AB 血型與星座	柯素娥編譯	120 元
5. 青春期性教室	呂貴嵐編譯	130 元
7. 難解數學破題	宋釗宜編譯	130 元
9. 小論文寫作秘訣	林顯茂編譯	120 元
11. 中學生野外遊戲	熊谷康編著	120 元
12. 恐怖極短篇	柯素娥編譯	130 元
13. 恐怖夜話	小毛驢編譯	130 元
14. 恐怖幽默短篇	小毛驢編譯	120 元
15. 黑色幽默短篇	小毛驢編譯	120 元

16. 靈異怪談 小毛驢編譯 130元
17. 錯覺遊戲 小毛驢編著 130元
18. 整人遊戲 小毛驢編著 150元
19. 有趣的超常識 柯素娥編譯 130元
20. 哦！原來如此 林慶旺編譯 130元
21. 趣味競賽100種 劉名揚編譯 120元
22. 數學謎題入門 宋釗宜編譯 150元
23. 數學謎題解析 宋釗宜編譯 150元
24. 透視男女心理 林慶旺編譯 120元
25. 少女情懷的自白 李桂蘭編譯 120元
26. 由兄弟姊妹看命運 李玉瓊編譯 130元
27. 趣味的科學魔術 林慶旺編譯 150元
28. 趣味的心理實驗室 李燕玲編譯 150元
29. 愛與性心理測驗 小毛驢編譯 130元
30. 刑案推理解謎 小毛驢編譯 180元
31. 偵探常識推理 小毛驢編譯 180元
32. 偵探常識解謎 小毛驢編譯 130元
33. 偵探推理遊戲 小毛驢編譯 180元
34. 趣味的超魔術 廖玉山編著 150元
35. 趣味的珍奇發明 柯素娥編著 150元
36. 登山用具與技巧 陳瑞菊編著 150元
37. 性的漫談 蘇燕謀編著 180元
38. 無的漫談 蘇燕謀編著 180元
39. 黑色漫談 蘇燕謀編著 180元
40. 白色漫談 蘇燕謀編著 180元

・健 康 天 地・ 電腦編號 18

1. 壓力的預防與治療 柯素娥編譯 130元
2. 超科學氣的魔力 柯素娥編譯 130元
3. 尿療法治病的神奇 中尾良一著 130元
4. 鐵證如山的尿療法奇蹟 廖玉山譯 120元
5. 一日斷食健康法 葉慈容編譯 150元
6. 胃部強健法 陳炳崑譯 120元
7. 癌症早期檢查法 廖松濤譯 160元
8. 老人痴呆症防止法 柯素娥編譯 130元
9. 松葉汁健康飲料 陳麗芬編譯 130元
10. 揉肚臍健康法 永井秋夫著 150元
11. 過勞死、猝死的預防 卓秀貞編譯 130元
12. 高血壓治療與飲食 藤山順豐著 180元
13. 老人看護指南 柯素娥編譯 150元
14. 美容外科淺談 楊啟宏著 150元
15. 美容外科新境界 楊啟宏著 150元
16. 鹽是天然的醫生 西英司郎著 140元

17. 年輕十歲不是夢	梁瑞麟譯	200 元
18. 茶料理治百病	桑野和民著	180 元
19. 綠茶治病寶典	桑野和民著	150 元
20. 杜仲茶養顏減肥法	西田博著	170 元
21. 蜂膠驚人療效	瀨長良三郎著	180 元
22. 蜂膠治百病	瀨長良三郎著	180 元
23. 醫藥與生活(一)	鄭炳全著	180 元
24. 鈣長生寶典	落合敏著	180 元
25. 大蒜長生寶典	木下繁太郎著	160 元
26. 居家自我健康檢查	石川恭三著	160 元
27. 永恆的健康人生	李秀鈴譯	200 元
28. 大豆卵磷脂長生寶典	劉雪卿譯	150 元
29. 芳香療法	梁艾琳譯	160 元
30. 醋長生寶典	柯素娥譯	180 元
31. 從星座透視健康	席拉・吉蒂斯著	180 元
32. 愉悅自在保健學	野本二士夫著	160 元
33. 裸睡健康法	丸山淳士等著	160 元
34. 糖尿病預防與治療	藤田順豐著	180 元
35. 維他命長生寶典	菅原明子著	180 元
36. 維他命 C 新效果	鐘文訓編	150 元
37. 手、腳病理按摩	堤芳朗著	160 元
38. AIDS 瞭解與預防	彼得塔歐爾著	180 元
39. 甲殼質殼聚糖健康法	沈永嘉譯	160 元
40. 神經痛預防與治療	木下真男著	160 元
41. 室內身體鍛鍊法	陳炳崑編著	160 元
42. 吃出健康藥膳	劉大器編著	180 元
43. 自我指壓術	蘇燕謀編著	160 元
44. 紅蘿蔔汁斷食療法	李玉瓊編著	150 元
45. 洗心術健康秘法	竺翠萍編譯	170 元
46. 枇杷葉健康療法	柯素娥編譯	180 元
47. 抗衰血癒	楊啟宏著	180 元
48. 與癌搏鬥記	逸見政孝著	180 元
49. 冬蟲夏草長生寶典	高橋義博著	170 元
50. 痔瘡・大腸疾病先端療法	宮島伸宜著	180 元
51. 膠布治癒頑固慢性病	加瀨建造著	180 元
52. 芝麻神奇健康法	小林貞作著	170 元
53. 香煙能防止癡呆？	高田明和著	180 元
54. 穀菜食治癌療法	佐藤成志著	180 元
55. 貼藥健康法	松原英多著	180 元
56. 克服癌症調和道呼吸法	帶津良一著	180 元
57. B 型肝炎預防與治療	野村喜重郎著	180 元
58. 青春永駐養生導引術	早島正雄著	180 元
59. 改變呼吸法創造健康	原久子著	180 元
60. 荷爾蒙平衡養生秘訣	出村博著	180 元

61. 水美肌健康法　井戶勝富著　170 元
62. 認識食物掌握健康　廖梅珠編著　170 元
63. 痛風劇痛消除法　鈴木吉彥著　180 元
64. 酸莖菌驚人療效　上田明彥著　180 元
65. 大豆卵磷脂治現代病　神津健一著　200 元
66. 時辰療法—危險時刻凌晨 4 時　呂建強等著　180 元
67. 自然治癒力提升法　帶津良一著　180 元
68. 巧妙的氣保健法　藤平墨子著　180 元
69. 治癒 C 型肝炎　熊田博光著　180 元
70. 肝臟病預防與治療　劉名揚編著　180 元
71. 腰痛平衡療法　荒井政信著　180 元
72. 根治多汗症、狐臭　稻葉益巳著　220 元
73. 40 歲以後的骨質疏鬆症　沈永嘉譯　180 元
74. 認識中藥　松下一成著　180 元
75. 認識氣的科學　佐佐木茂美著　180 元
76. 我戰勝了癌症　安田伸著　180 元
77. 斑點是身心的危險信號　中野進著　180 元
78. 艾波拉病毒大震撼　玉川重德著　180 元
79. 重新還我黑髮　桑名隆一郎著　180 元
80. 身體節律與健康　林博史著　180 元
81. 生薑治萬病　石原結實著　180 元
82. 靈芝治百病　陳瑞東著　180 元
83. 木炭驚人的威力　大槻彰著　200 元
84. 認識活性氧　井土貴司著　180 元
85. 深海鮫治百病　廖玉山編著　180 元
86. 神奇的蜂王乳　井上丹治著　180 元
87. 卡拉 OK 健腦法　東潔著　180 元
88. 卡拉 OK 健康法　福田伴男著　180 元
89. 醫藥與生活(二)　鄭炳全著　200 元
90. 洋蔥治百病　宮尾興平著　180 元
91. 年輕 10 歲快步健康法　石塚忠雄著　180 元
92. 石榴的驚人神效　岡本順子著　180 元
93. 飲料健康法　白鳥早奈英著　180 元
94. 健康棒體操　劉名揚編譯　180 元
95. 催眠健康法　蕭京凌編著　180 元
96. 鬱金（美王）治百病　水野修一著　180 元
97. 醫藥與生活(三)　鄭炳全著　200 元

・實用女性學講座・電腦編號 19

1. 解讀女性內心世界　島田一男著　150 元
2. 塑造成熟的女性　島田一男著　150 元
3. 女性整體裝扮學　黃靜香編著　180 元
4. 女性應對禮儀　黃靜香編著　180 元

5. 女性婚前必修 小野十傳著 200元
6. 徹底瞭解女人 田口二州著 180元
7. 拆穿女性謊言88招 島田一男著 200元
8. 解讀女人心 島田一男著 200元
9. 俘獲女性絕招 志賀貢著 200元
10. 愛情的壓力解套 中村理英子著 200元
11. 妳是人見人愛的女孩 廖松濤編著 200元

・校園系列・電腦編號 20

1. 讀書集中術 多湖輝著 180元
2. 應考的訣竅 多湖輝著 150元
3. 輕鬆讀書贏得聯考 多湖輝著 150元
4. 讀書記憶秘訣 多湖輝著 180元
5. 視力恢復！超速讀術 江錦雲譯 180元
6. 讀書36計 黃柏松編著 180元
7. 驚人的速讀術 鐘文訓編著 170元
8. 學生課業輔導良方 多湖輝著 180元
9. 超速讀超記憶法 廖松濤編著 180元
10. 速算解題技巧 宋釗宜編著 200元
11. 看圖學英文 陳炳崑編著 200元
12. 讓孩子最喜歡數學 沈永嘉譯 180元
13. 催眠記憶術 林碧清譯 180元
14. 催眠速讀術 林碧清譯 180元
15. 數學式思考學習法 劉淑錦譯 200元
16. 考試憑要領 劉孝暉著 180元
17. 事半功倍讀書法 王毅希著 200元
18. 超金榜題名術 陳蒼杰譯 200元
19. 靈活記憶術 林耀慶編著 180元

・實用心理學講座・電腦編號 21

1. 拆穿欺騙伎倆 多湖輝著 140元
2. 創造好構想 多湖輝著 140元
3. 面對面心理術 多湖輝著 160元
4. 偽裝心理術 多湖輝著 140元
5. 透視人性弱點 多湖輝著 140元
6. 自我表現術 多湖輝著 180元
7. 不可思議的人性心理 多湖輝著 180元
8. 催眠術入門 多湖輝著 150元
9. 責罵部屬的藝術 多湖輝著 150元
10. 精神力 多湖輝著 150元
11. 厚黑說服術 多湖輝著 150元

12. 集中力	多湖輝著	150 元
13. 構想力	多湖輝著	150 元
14. 深層心理術	多湖輝著	160 元
15. 深層語言術	多湖輝著	160 元
16. 深層說服術	多湖輝著	180 元
17. 掌握潛在心理	多湖輝著	160 元
18. 洞悉心理陷阱	多湖輝著	180 元
19. 解讀金錢心理	多湖輝著	180 元
20. 拆穿語言圈套	多湖輝著	180 元
21. 語言的內心玄機	多湖輝著	180 元
22. 積極力	多湖輝著	180 元

・超現實心理講座・電腦編號 22

1. 超意識覺醒法	詹蔚芬編譯	130 元
2. 護摩秘法與人生	劉名揚編譯	130 元
3. 秘法！超級仙術入門	陸明譯	150 元
4. 給地球人的訊息	柯素娥編著	150 元
5. 密教的神通力	劉名揚編著	130 元
6. 神秘奇妙的世界	平川陽一著	200 元
7. 地球文明的超革命	吳秋嬌譯	200 元
8. 力量石的秘密	吳秋嬌譯	180 元
9. 超能力的靈異世界	馬小莉譯	200 元
10. 逃離地球毀滅的命運	吳秋嬌譯	200 元
11. 宇宙與地球終結之謎	南山宏著	200 元
12. 驚世奇功揭秘	傅起鳳著	200 元
13. 啟發身心潛力心象訓練法	栗田昌裕著	180 元
14. 仙道術遁甲法	高藤聰一郎著	220 元
15. 神通力的秘密	中岡俊哉著	180 元
16. 仙人成仙術	高藤聰一郎著	200 元
17. 仙道符咒氣功法	高藤聰一郎著	220 元
18. 仙道風水術尋龍法	高藤聰一郎著	200 元
19. 仙道奇蹟超幻像	高藤聰一郎著	200 元
20. 仙道鍊金術房中法	高藤聰一郎著	200 元
21. 奇蹟超醫療治癒難病	深野一幸著	220 元
22. 揭開月球的神秘力量	超科學研究會	180 元
23. 西藏密教奧義	高藤聰一郎著	250 元
24. 改變你的夢術入門	高藤聰一郎著	250 元
25. 21 世紀拯救地球超技術	深野一幸著	250 元

・養生保健・電腦編號 23

1. 醫療養生氣功	黃孝寬著	250 元

2. 中國氣功圖譜	余功保著	250 元
3. 少林醫療氣功精粹	井玉蘭著	250 元
4. 龍形實用氣功	吳大才等著	220 元
5. 魚戲增視強身氣功	宮　嬰著	220 元
6. 嚴新氣功	前新培金著	250 元
7. 道家玄牝氣功	張　章著	200 元
8. 仙家秘傳袪病功	李遠國著	160 元
9. 少林十大健身功	秦慶豐著	180 元
10. 中國自控氣功	張明武著	250 元
11. 醫療防癌氣功	黃孝寬著	250 元
12. 醫療強身氣功	黃孝寬著	250 元
13. 醫療點穴氣功	黃孝寬著	250 元
14. 中國八卦如意功	趙維漢著	180 元
15. 正宗馬禮堂養氣功	馬禮堂著	420 元
16. 秘傳道家筋經內丹功	王慶餘著	280 元
17. 三元開慧功	辛桂林著	250 元
18. 防癌治癌新氣功	郭　林著	180 元
19. 禪定與佛家氣功修煉	劉天君著	200 元
20. 顛倒之術	梅自強著	360 元
21. 簡明氣功辭典	吳家駿編	360 元
22. 八卦三合功	張全亮著	230 元
23. 朱砂掌健身養生功	楊永著	250 元
24. 抗老功	陳九鶴著	230 元
25. 意氣按穴排濁自療法	黃啟運編著	250 元
26. 陳式太極拳養生功	陳正雷著	200 元
27. 健身祛病小功法	王培生著	200 元
28. 張式太極混元功	張春銘著	250 元
29. 中國璇密功	羅琴編著	250 元
30. 中國少林禪密功	齊飛龍著	200 元

・社會人智囊・電腦編號 24

1. 糾紛談判術	清水增三著	160 元
2. 創造關鍵術	淺野八郎著	150 元
3. 觀人術	淺野八郎著	200 元
4. 應急詭辯術	廖英迪編著	160 元
5. 天才家學習術	木原武一著	160 元
6. 貓型狗式鑑人術	淺野八郎著	180 元
7. 逆轉運掌握術	淺野八郎著	180 元
8. 人際圓融術	澀谷昌三著	160 元
9. 解讀人心術	淺野八郎著	180 元
10. 與上司水乳交融術	秋元隆司著	180 元
11. 男女心態定律	小田晉著	180 元
12. 幽默說話術	林振輝編著	200 元

13. 人能信賴幾分	淺野八郎著	180元
14. 我一定能成功	李玉瓊譯	180元
15. 獻給青年的嘉言	陳蒼杰譯	180元
16. 知人、知面、知其心	林振輝編著	180元
17. 塑造堅強的個性	坂上肇著	180元
18. 為自己而活	佐藤綾子著	180元
19. 未來十年與愉快生活有約	船井幸雄著	180元
20. 超級銷售話術	杜秀卿譯	180元
21. 感性培育術	黃靜香編著	180元
22. 公司新鮮人的禮儀規範	蔡媛惠譯	180元
23. 傑出職員鍛鍊術	佐佐木正著	180元
24. 面談獲勝戰略	李芳黛譯	180元
25. 金玉良言撼人心	森純大著	180元
26. 男女幽默趣典	劉華亭編著	180元
27. 機智說話術	劉華亭編著	180元
28. 心理諮商室	柯素娥譯	180元
29. 如何在公司崢嶸頭角	佐佐木正著	180元
30. 機智應對術	李玉瓊編著	200元
31. 克服低潮良方	坂野雄二著	180元
32. 智慧型說話技巧	沈永嘉編著	180元
33. 記憶力、集中力增進術	廖松濤編著	180元
34. 女職員培育術	林慶旺編著	180元
35. 自我介紹與社交禮儀	柯素娥編著	180元
36. 積極生活創幸福	田中真澄著	180元
37. 妙點子超構想	多湖輝著	180元
38. 說NO的技巧	廖玉山編著	180元
39. 一流說服力	李玉瓊編著	180元
40. 般若心經成功哲學	陳鴻蘭編著	180元
41. 訪問推銷術	黃靜香編著	180元
42. 男性成功秘訣	陳蒼杰編著	180元
43. 笑容、人際智商	宮川澄子著	180元
44. 多湖輝的構想工作室	多湖輝著	200元
45. 名人名語啟示錄	喬家楓著	180元
46. 口才必勝術	黃柏松編著	220元
47. 能言善道的說話術	章智冠編著	180元
48. 改變人心成為贏家	多湖輝著	200元
49. 說服的ＩＱ	沈永嘉譯	200元
50. 提升腦力超速讀術	齊藤英治著	200元
51. 操控對手百戰百勝	多湖輝著	200元
52. 面試成功戰略	柯素娥編著	200元
53. 摸透男人心	劉華亭編著	180元
54. 撼動人心優勢口才	龔伯牧編著	180元
55. 如何使對方說yes	程　羲編著	200元
56. 小道理・美好人生	林政峯編著	180元

・精選系列・電腦編號 25

1.	毛澤東與鄧小平	渡邊利夫等著	280 元
2.	中國大崩裂	江戶介雄著	180 元
3.	台灣・亞洲奇蹟	上村幸治著	220 元
4.	7-ELEVEN 高盈收策略	國友隆一著	180 元
5.	台灣獨立（新・中國日本戰爭一）	森詠著	200 元
6.	迷失中國的末路	江戶雄介著	220 元
7.	2000 年 5 月全世界毀滅	紫藤甲子男著	180 元
8.	失去鄧小平的中國	小島朋之著	220 元
9.	世界史爭議性異人傳	桐生操著	200 元
10.	淨化心靈享人生	松濤弘道著	220 元
11.	人生心情診斷	賴藤和寬著	220 元
12.	中美大決戰	檜山良昭著	220 元
13.	黃昏帝國美國	莊雯琳譯	220 元
14.	兩岸衝突（新・中國日本戰爭二）	森詠著	220 元
15.	封鎖台灣（新・中國日本戰爭三）	森詠著	220 元
16.	中國分裂（新・中國日本戰爭四）	森詠著	220 元
17.	由女變男的我	虎井正衛著	200 元
18.	佛學的安心立命	松濤弘道著	220 元
19.	世界喪禮大觀	松濤弘道著	280 元
20.	中國內戰（新・中國日本戰爭五）	森詠著	220 元
21.	台灣內亂（新・中國日本戰爭六）	森詠著	220 元
22.	琉球戰爭①（新・中國日本戰爭七）	森詠著	220 元
23.	琉球戰爭②（新・中國日本戰爭八）	森詠著	220 元

・運動遊戲・電腦編號 26

1.	雙人運動	李玉瓊譯	160 元
2.	愉快的跳繩運動	廖玉山譯	180 元
3.	運動會項目精選	王佑京譯	150 元
4.	肋木運動	廖玉山譯	150 元
5.	測力運動	王佑宗譯	150 元
6.	游泳入門	唐桂萍編著	200 元
7.	帆板衝浪	王勝利譯	300 元

・休閒娛樂・電腦編號 27

1.	海水魚飼養法	田中智浩著	300 元
2.	金魚飼養法	曾雪玫譯	250 元
3.	熱門海水魚	毛利匡明著	480 元
4.	愛犬的教養與訓練	池田好雄著	250 元
5.	狗教養與疾病	杉浦哲著	220 元

6. 小動物養育技巧　三上昇著　300元
7. 水草選擇、培育、消遣　安齊裕司著　300元
8. 四季釣魚法　釣朋會著　200元
9. 簡易釣魚入門　張果馨譯　200元
10. 防波堤釣入門　張果馨譯　220元
20. 園藝植物管理　船越亮二著　220元
30. 汽車急救ＤＩＹ　陳瑞雄編著　200元
31. 巴士旅行遊戲　陳羲編著　180元
32. 測驗你的ＩＱ　蕭京凌編著　180元
33. 益智數字遊戲　廖玉山編著　180元
40. 撲克牌遊戲與贏牌秘訣　林振輝編著　180元
41. 撲克牌魔術、算命、遊戲　林振輝編著　180元
42. 撲克占卜入門　王家成編著　180元
50. 兩性幽默　幽默選集編輯組　180元
51. 異色幽默　幽默選集編輯組　180元

・銀髮族智慧學・電腦編號 28

1. 銀髮六十樂逍遙　多湖輝著　170元
2. 人生六十反年輕　多湖輝著　170元
3. 六十歲的決斷　多湖輝著　170元
4. 銀髮族健身指南　孫瑞台編著　250元
5. 退休後的夫妻健康生活　施聖茹譯　200元

・飲 食 保 健・電腦編號 29

1. 自己製作健康茶　大海淳著　220元
2. 好吃、具藥效茶料理　德永睦子著　220元
3. 改善慢性病健康藥草茶　吳秋嬌譯　200元
4. 藥酒與健康果菜汁　成玉編著　250元
5. 家庭保健養生湯　馬汴梁編著　220元
6. 降低膽固醇的飲食　早川和志著　200元
7. 女性癌症的飲食　女子營養大學　280元
8. 痛風者的飲食　女子營養大學　280元
9. 貧血者的飲食　女子營養大學　280元
10. 高脂血症者的飲食　女子營養大學　280元
11. 男性癌症的飲食　女子營養大學　280元
12. 過敏者的飲食　女子營養大學　280元
13. 心臟病的飲食　女子營養大學　280元
14. 滋陰壯陽的飲食　王增著　220元
15. 胃、十二指腸潰瘍的飲食　勝健一等著　280元
16. 肥胖者的飲食　雨宮禎子等著　280元

・家庭醫學保健・電腦編號 30

1. 女性醫學大全	雨森良彥著	380 元
2. 初為人父育兒寶典	小瀧周曹著	220 元
3. 性活力強健法	相建華著	220 元
4. 30 歲以上的懷孕與生產	李芳黛編著	220 元
5. 舒適的女性更年期	野末悅子著	200 元
6. 夫妻前戲的技巧	笠井寬司著	200 元
7. 病理足穴按摩	金慧明著	220 元
8. 爸爸的更年期	河野孝旺著	200 元
9. 橡皮帶健康法	山田晶著	180 元
10. 三十三天健美減肥	相建華等著	180 元
11. 男性健美入門	孫玉祿編著	180 元
12. 強化肝臟秘訣	主婦の友社編	200 元
13. 了解藥物副作用	張果馨譯	200 元
14. 女性醫學小百科	松山榮吉著	200 元
15. 左轉健康法	龜田修等著	200 元
16. 實用天然藥物	鄭炳全編著	260 元
17. 神秘無痛平衡療法	林宗駛著	180 元
18. 膝蓋健康法	張果馨譯	180 元
19. 針灸治百病	葛書翰著	250 元
20. 異位性皮膚炎治癒法	吳秋嬌譯	220 元
21. 禿髮白髮預防與治療	陳炳崑編著	180 元
22. 埃及皇宮菜健康法	飯森薰著	200 元
23. 肝臟病安心治療	上野幸久著	220 元
24. 耳穴治百病	陳抗美等著	250 元
25. 高效果指壓法	五十嵐康彥著	200 元
26. 瘦水、胖水	鈴木園子著	200 元
27. 手針新療法	朱振華著	200 元
28. 香港腳預防與治療	劉小惠譯	250 元
29. 智慧飲食吃出健康	柯富陽編著	200 元
30. 牙齒保健法	廖玉山編著	200 元
31. 恢復元氣養生食	張果馨譯	200 元
32. 特效推拿按摩術	李玉田著	200 元
33. 一週一次健康法	若狹真著	200 元
34. 家常科學膳食	大塚滋著	220 元
35. 夫妻們閱讀的男性不孕	原利夫著	220 元
36. 自我瘦身美容	馬野詠子著	200 元
37. 魔法姿勢益健康	五十嵐康彥著	200 元
38. 眼病錘療法	馬栩周著	200 元
39. 預防骨質疏鬆症	藤田拓男著	200 元
40. 骨質增生效驗方	李吉茂編著	250 元
41. 蕺菜健康法	小林正夫著	200 元

42. 赧於啟齒的男性煩惱	增田豐著	220 元
43. 簡易自我健康檢查	稻葉允著	250 元
44. 實用花草健康法	友田純子著	200 元
45. 神奇的手掌療法	日比野喬著	230 元
46. 家庭式三大穴道療法	刑部忠和著	200 元
47. 子宮癌、卵巢癌	岡島弘幸著	220 元
48. 糖尿病機能性食品	劉雪卿編著	220 元
49. 奇蹟活現經脈美容法	林振輝編譯	200 元
50. Super SEX	秋好憲一著	220 元
51. 了解避孕丸	林玉佩譯	200 元
52. 有趣的遺傳學	蕭京凌編著	200 元
53. 強身健腦手指運動	羅群等著	250 元
54. 小周天健康法	莊雯琳譯	200 元
55. 中西醫結合醫療	陳蒼杰譯	200 元
56. 沐浴健康法	楊鴻儒譯	200 元
57. 節食瘦身秘訣	張芷欣編著	200 元
58. 酵素健康法	楊皓譯	200 元
59. 一天 10 分鐘健康太極拳	劉小惠譯	250 元
60. 中老年人疲勞消除法	五味雅吉著	220 元
61. 與齲齒訣別	楊鴻儒譯	220 元
62. 禪宗自然養生法	費德漢編著	200 元
63. 女性切身醫學	編輯群編	200 元

・超經營新智慧・電腦編號 31

1. 躍動的國家越南	林雅倩譯	250 元
2. 甦醒的小龍菲律賓	林雅倩譯	220 元
3. 中國的危機與商機	中江要介著	250 元
4. 在印度的成功智慧	山內利男著	220 元
5. 7-ELEVEN 大革命	村上豐道著	200 元
6. 業務員成功秘方	呂育清編著	200 元
7. 在亞洲成功的智慧	鈴木讓二著	220 元
8. 圖解活用經營管理	山際有文著	220 元
9. 速效行銷學	江尻弘著	220 元
10. 猶太成功商法	周蓮芬編著	200 元
11. 工廠管理新手法	黃柏松編著	220 元

・親子系列・電腦編號 32

1. 如何使孩子出人頭地	多湖輝著	200 元
2. 心靈啟蒙教育	多湖輝著	280 元
3. 如何使孩子數學滿分	林明嬋編著	180 元
4. 終身受用的學習秘訣	李芳黛譯	200 元

5.	數學疑問破解	陳蒼杰譯	200 元

・雅致系列・電腦編號 33

1.	健康食譜春冬篇	丸元淑生著	200 元
2.	健康食譜夏秋篇	丸元淑生著	200 元
3.	純正家庭料理	陳建民等著	200 元
4.	家庭四川菜	陳建民著	200 元
5.	醫食同源健康美食	郭長聚著	200 元
6.	家族健康食譜	東畑朝子著	200 元

・美術系列・電腦編號 34

1.	可愛插畫集	鉛筆等著	220 元
2.	人物插畫集	鉛筆等著	180 元

・勞作系列・電腦編號 35

1.	活動玩具ＤＩＹ	李芳黛譯	230 元
2.	組合玩具ＤＩＹ	李芳黛譯	230 元
3.	花草遊戲ＤＩＹ	張果馨譯	250 元

・心靈雅集・電腦編號 00

1.	禪言佛語看人生	松濤弘道著	180 元
2.	禪密教的奧秘	葉逯謙譯	120 元
3.	觀音大法力	田口日勝著	120 元
4.	觀音法力的大功德	田口日勝著	120 元
5.	達摩禪 106 智慧	劉華亭編譯	220 元
6.	有趣的佛教研究	葉逯謙編譯	170 元
7.	夢的開運法	蕭京凌譯	180 元
8.	禪學智慧	柯素娥編譯	130 元
9.	女性佛教入門	許俐萍譯	110 元
10.	佛像小百科	心靈雅集編譯組	130 元
11.	佛教小百科趣談	心靈雅集編譯組	120 元
12.	佛教小百科漫談	心靈雅集編譯組	150 元
13.	佛教知識小百科	心靈雅集編譯組	150 元
14.	佛學名言智慧	松濤弘道著	220 元
15.	釋迦名言智慧	松濤弘道著	220 元
16.	活人禪	平田精耕著	120 元
17.	坐禪入門	柯素娥編譯	150 元
18.	現代禪悟	柯素娥編譯	130 元
19.	道元禪師語錄	心靈雅集編譯組	130 元

20. 佛學經典指南	心靈雅集編譯組	130 元
21. 何謂「生」阿含經	心靈雅集編譯組	150 元
22. 一切皆空　般若心經	心靈雅集編譯組	180 元
23. 超越迷惘　法句經	心靈雅集編譯組	130 元
24. 開拓宇宙觀　華嚴經	心靈雅集編譯組	180 元
25. 真實之道　法華經	心靈雅集編譯組	130 元
26. 自由自在　涅槃經	心靈雅集編譯組	130 元
27. 沈默的教示　維摩經	心靈雅集編譯組	150 元
28. 開通心眼　佛語佛戒	心靈雅集編譯組	130 元
29. 揭秘寶庫　密教經典	心靈雅集編譯組	180 元
30. 坐禪與養生	廖松濤譯	110 元
31. 釋尊十戒	柯素娥編譯	120 元
32. 佛法與神通	劉欣如編著	120 元
33. 悟（正法眼藏的世界）	柯素娥編譯	120 元
34. 只管打坐	劉欣如編著	120 元
35. 喬答摩・佛陀傳	劉欣如編著	120 元
36. 唐玄奘留學記	劉欣如編著	120 元
37. 佛教的人生觀	劉欣如編譯	110 元
38. 無門關(上卷)	心靈雅集編譯組	150 元
39. 無門關(下卷)	心靈雅集編譯組	150 元
40. 業的思想	劉欣如編著	130 元
41. 佛法難學嗎	劉欣如著	140 元
42. 佛法實用嗎	劉欣如著	140 元
43. 佛法殊勝嗎	劉欣如著	140 元
44. 因果報應法則	李常傳編	180 元
45. 佛教醫學的奧秘	劉欣如編著	150 元
46. 紅塵絕唱	海　若著	130 元
47. 佛教生活風情	洪丕謨、姜玉珍著	220 元
48. 行住坐臥有佛法	劉欣如著	160 元
49. 起心動念是佛法	劉欣如著	160 元
50. 四字禪語	曹洞宗青年會	200 元
51. 妙法蓮華經	劉欣如編著	160 元
52. 根本佛教與大乘佛教	葉作森編	180 元
53. 大乘佛經	定方晟著	180 元
54. 須彌山與極樂世界	定方晟著	180 元
55. 阿闍世的悟道	定方晟著	180 元
56. 金剛經的生活智慧	劉欣如著	180 元
57. 佛教與儒教	劉欣如編譯	180 元
58. 佛教史入門	劉欣如編譯	180 元
59. 印度佛教思想史	劉欣如編譯	200 元
60. 佛教與女性	劉欣如編譯	180 元
61. 禪與人生	洪丕謨主編	260 元
62. 領悟佛經的智慧	劉欣如著	200 元

・經 營 管 理・電腦編號 01

◎ 創新經營管理六十六大計(精)	蔡弘文編	780 元
1. 如何獲取生意情報	蘇燕謀譯	110 元
2. 經濟常識問答	蘇燕謀譯	130 元
4. 台灣商戰風雲錄	陳中雄著	120 元
5. 推銷大王秘錄	原一平著	180 元
6. 新創意・賺大錢	王家成譯	90 元
10. 美國實業 24 小時	柯順隆譯	80 元
11. 撼動人心的推銷法	原一平著	150 元
12. 高竿經營法	蔡弘文編	120 元
13. 如何掌握顧客	柯順隆譯	150 元
17. 一流的管理	蔡弘文編	150 元
18. 外國人看中韓經濟	劉華亭譯	150 元
20. 突破商場人際學	林振輝編著	90 元
22. 如何使女人打開錢包	林振輝編著	100 元
24. 小公司經營策略	王嘉誠著	160 元
25. 成功的會議技巧	鐘文訓編譯	100 元
26. 新時代老闆學	黃柏松編著	100 元
27. 如何創造商場智囊團	林振輝編譯	150 元
28. 十分鐘推銷術	林振輝編譯	180 元
29. 五分鐘育才	黃柏松編譯	100 元
33. 自我經濟學	廖松濤編譯	100 元
34. 一流的經營	陶田生編著	120 元
35. 女性職員管理術	王昭國編譯	120 元
36. ＩＢＭ的人事管理	鐘文訓編譯	150 元
37. 現代電腦常識	王昭國編譯	150 元
38. 電腦管理的危機	鐘文訓編譯	120 元
39. 如何發揮廣告效果	王昭國編譯	150 元
40. 最新管理技巧	王昭國編譯	150 元
41. 一流推銷術	廖松濤編譯	150 元
42. 包裝與促銷技巧	王昭國編譯	130 元
43. 企業王國指揮塔	松下幸之助著	120 元
44. 企業精銳兵團	松下幸之助著	120 元
45. 企業人事管理	松下幸之助著	100 元
46. 華僑經商致富術	廖松濤編譯	130 元
47. 豐田式銷售技巧	廖松濤編譯	180 元
48. 如何掌握銷售技巧	王昭國編著	130 元
50. 洞燭機先的經營	鐘文訓編譯	150 元
52. 新世紀的服務業	鐘文訓編譯	100 元
53. 成功的領導者	廖松濤編譯	120 元
54. 女推銷員成功術	李玉瓊編譯	130 元
55. ＩＢＭ人才培育術	鐘文訓編譯	100 元

56. 企業人自我突破法	黃琪輝編著	150 元
58. 財富開發術	蔡弘文編著	130 元
59. 成功的店舗設計	鐘文訓編著	150 元
61. 企管回春法	蔡弘文編著	130 元
62. 小企業經營指南	鐘文訓編譯	100 元
63. 商場致勝名言	鐘文訓編譯	150 元
64. 迎接商業新時代	廖松濤編譯	100 元
66. 新手股票投資入門	何朝乾編著	200 元
67. 上揚股與下跌股	何朝乾編譯	180 元
68. 股票速成學	何朝乾編譯	200 元
69. 理財與股票投資策略	黃俊豪編著	180 元
70. 黃金投資策略	黃俊豪編著	180 元
71. 厚黑管理學	廖松濤編譯	180 元
72. 股市致勝格言	呂梅莎編譯	180 元
73. 透視西武集團	林谷燁編譯	150 元
76. 巡迴行銷術	陳蒼杰譯	150 元
77. 推銷的魔術	王嘉誠譯	120 元
78. 60 秒指導部屬	周蓮芬編譯	150 元
79. 精銳女推銷員特訓	李玉瓊編譯	130 元
80. 企劃、提案、報告圖表的技巧	鄭汶譯	180 元
81. 海外不動產投資	許達守編譯	150 元
82. 八百伴的世界策略	李玉瓊譯	150 元
83. 服務業品質管理	吳宜芬譯	180 元
84. 零庫存銷售	黃東謙編譯	150 元
85. 三分鐘推銷管理	劉名揚編譯	150 元
86. 推銷大王奮鬥史	原一平著	150 元
87. 豐田汽車的生產管理	林谷燁編譯	200 元

・成　功　寶　庫・電腦編號 02

1. 上班族交際術	江森滋著	100 元
2. 拍馬屁訣竅	廖玉山編譯	110 元
4. 聽話的藝術	歐陽輝編譯	110 元
9. 求職轉業成功術	陳義編著	110 元
10. 上班族禮儀	廖玉山編著	120 元
11. 接近心理學	李玉瓊編著	100 元
12. 創造自信的新人生	廖松濤編著	120 元
15. 神奇瞬間瞑想法	廖松濤編譯	100 元
16. 人生成功之鑰	楊意苓編著	150 元
19. 給企業人的諍言	鐘文訓編著	120 元
20. 企業家自律訓練法	陳義編譯	100 元
21. 上班族妖怪學	廖松濤編著	100 元
22. 猶太人縱橫世界的奇蹟	孟佑政編著	110 元
25. 你是上班族中強者	嚴思圖編著	100 元

30. 成功頓悟 100 則	蕭京凌編譯	130 元
32. 知性幽默	李玉瓊編譯	130 元
33. 熟記對方絕招	黃靜香編譯	100 元
37. 察言觀色的技巧	劉華亭編著	180 元
38. 一流領導力	施義彥編譯	120 元
40. 30 秒鐘推銷術	廖松濤編譯	150 元
42. 尖端時代行銷策略	陳蒼杰編著	100 元
43. 顧客管理學	廖松濤編著	100 元
47. 上班族口才學	楊鴻儒譯	120 元
48. 上班族新鮮人須知	程羲編著	120 元
49. 如何左右逢源	程羲編著	130 元
50. 語言的心理戰	多湖輝著	130 元
55. 性惡企業管理學	陳蒼杰譯	130 元
56. 自我啟發 200 招	楊鴻儒編著	150 元
57. 做個傑出女職員	劉名揚編著	130 元
58. 靈活的集團營運術	楊鴻儒編著	120 元
60. 個案研究活用法	楊鴻儒編著	130 元
61. 企業教育訓練遊戲	楊鴻儒編著	120 元
62. 管理者的智慧	程義編譯	130 元
63. 做個佼佼管理者	馬筱莉編譯	130 元
67. 活用禪學於企業	柯素娥編譯	130 元
69. 幽默詭辯術	廖玉山編譯	150 元
70. 拿破崙智慧箴言	柯素娥編譯	130 元
71. 自我培育・超越	蕭京凌編譯	150 元
74. 時間即一切	沈永嘉編譯	130 元
75. 自我脫胎換骨	柯素娥譯	150 元
76. 贏在起跑點　人才培育鐵則	楊鴻儒編譯	150 元
77. 做一枚活棋	李玉瓊編譯	130 元
81. 瞬間攻破心防法	廖玉山編譯	120 元
82. 改變一生的名言	李玉瓊編譯	130 元
83. 性格性向創前程	楊鴻儒編譯	130 元
84. 訪問行銷新竅門	廖玉山編譯	150 元
85. 無所不達的推銷話術	李玉瓊編譯	150 元

・處　世　智　慧・電腦編號 03

1. 如何改變你自己	陸明編譯	120 元
6. 靈感成功術	譚繼山編譯	80 元
8. 扭轉一生的五分鐘	黃柏松編譯	100 元
10. 現代人的詭計	林振輝譯	100 元
14. 女性的智慧	譚繼山編譯	90 元
16. 人生的體驗	陸明編譯	80 元
18. 幽默吹牛術	金子登著	90 元
24. 慧心良言	亦奇著	80 元

國家圖書館出版品預行編目資料

勸善成仙：道教生命倫理 / 李剛編著
. -- 初版. -- 臺北市：大展，民 89
面；21 公分. --（道學文化；6）

ISBN 957-468-024-X（平裝）
1. 道教 – 哲學,原理　2. 人生哲學
230.1　　　　89010754

四川人民出版社授權中文繁體字版

勸善成仙：道教生命倫理　ISBN 957-468-024-X

編 著 者／李　剛
發 行 人／蔡 森 明
出 版 者／大展出版社有限公司
社　　址／台北市北投區（石牌）致遠一路 2 段 12 巷 1 號
電　　話／（02）28236031・28236033・28233123
傳　　真／（02）28272069
郵政劃撥／01669551
E - mail／dah-jaan@ms9.tisnet.net.tw
登 記 證／局版臺業字第 2171 號
承 印 者／高星印刷品行
裝　　訂／日新裝訂所
排 版 者／千兵企業有限公司
初版 1 刷／2000 年（民 89 年）9 月

定價／250 元

大展好書 好書大展

大展好書 好書大展